금강경육조대사구결

# 금강경육조대사구결

金剛經六祖大師口訣

육조六祖 술술述 ― 백운白雲 광론廣論 ― 이동형李東炯 역譯

운주사

# 초판 서문

어떤 승려가 조주선사에게 여쭈었다.

청정한 가람은 어떤 것입니까?

숫처녀이다.

가람 속의 사람은 어떤 것입니까?

숫처녀가 잉태를 하였다.

僧問 如何是淸淨伽藍

師云 丫角女子

僧問 如何是伽藍中人

師云 丫角女子有孕

이 말은 법신불을 말하는 문구이다. 불교는 법신불을 증득하는 데에 있는 것이다. 이것이 바로 불교의 진리이다. 그러므로 이는 모든 경에 설법되어져 있다. 이 법신불이 바로 실상반야이며 중도인 것이다. 그러나 문자반야가 아니면 중생들은 더욱 알지 못하게 되어 미혹에 싸이게 된다. 이에 육조 스님께서 이를 생각하시어 한 문구를 가진 실상반야를 상세하게 설명해 주셨다. 또 여기에 장상영 거사가 각 품마다 해의를 덧붙여서 실상반야의 의미를 더해주고 있다.

장상영 거사가 일찍이 말했다.

"옛 부처님께서 말씀하시기를 '한 털끝에 보왕寶王의 국토가 나타나고 미진 속에서도 대법륜大法輪을 굴리는 것이 바로 진실한 뜻이다.'라고 하셨다. 법화회상에서 다보여래가 보탑에 있으면서 석가모니 부처님과 반씩 자리를 나누어 가진 것은 과거의 부처와 현재의 부처가 한자리에 앉은 것인데, 이는 참다운 것이지 법을 드러내기 위한 것이 아니다."

이를 중생들이 깨달아서 이 세상을 무쟁無諍의 상태로 만드는 것이 불자의 사명이지, 과거의 석가와 육조가 중요한 것이 아님을 명심해야 하는 것이 아닌가? 그러기에 이 시대의 사명을 정확히 아는 방편지를 구족해야 하며, 이것은 바로 근본지에 철저해야만 얻어지는 것이다.

강호제현들이여!

이 책 속에서 빨리 법신불을 증득하여 이 세상을 안락한 곳으로 이끄는 위대한 보살의 원을 일으키기를 간절히 바라며, 이 글이 조금이라도 도움이 되기를 바랄 뿐이다.

끝으로 이 책은 1084년 나적羅適의 판본인 『금강경해의金剛經解義』를 근거로 하였음을 밝혀둔다.

1996년 음 6월 18일 지장재일에

범연 이동형 식

# 증보판 서문

초판이 간행되고 많은 사람들의 질문과 질책이 있었음을 기쁘게 생각하는 바이다. 또 이 책을 강의할 때에 잘못된 점을 발견함과 동시에, 많은 사람들이 『금강경구결』의 의미를 정확하게 이해하지 못하여 강의하는 데에 많은 어려움이 있었다. 이는 전적으로 필자의 잘못으로, 이에 증보판을 내야겠다는 생각을 쉬어 본 적이 없었다. 왜냐하면 하나의 책으로 많은 사람을 미혹하게 한 죄는 무간지옥을 들어가서 다시 빠져 나올 수 없는 업장業障을 짓는 것이기 때문이다. 이제 인연이 있어서 이 글을 다시 정리하게 해주신 부처님께 진심으로 감사한 마음을 드린다.

20여 년 전 단하丹霞 김영두 선생님이 중국의 백운선사白雲禪師[1]가 지은 『혜능대사慧能大師』라는 책을 주시면서 꼭 읽어보라고 권했었다. 그리고 세월이 흘러 책을 다시 들여다보니, 백운선사가

---

1 백운선사(白雲禪師, 1915~2011): 대만의 저명한 선사. 속성은 구양歐陽이고 자는 몽수夢殊이다. 7세 때 호남성 부구산浮丘山 천악문天岳門의 허인虛因법사에게 출가하였다. 젊을 때부터 오대산 등지로 운수행각하며 고행한 것으로 유명하여 사람들로부터 '몽두타夢頭陀'로 불렸다. 1937년에 위앙종潙仰宗의 광수화상廣修和尙의 법맥을 전승하였으며, 아울러 임제종臨濟宗 천악天岳 제9대 제자가 되어 임제종 적손 제40대가 되었다. 대만에서는 임제종 천불산파千佛山派를 창립해 후학들을 가르치다가 2011년 97세의 나이로 입적하였다.

북송 때의 저명한 불교학자인 나적羅適[2]의 『금강경해의』를 주석한 「금강경해의광론廣論」이 있어서 많은 도움이 되었다. 이로 인하여 『금강경구결』이 더욱 확실하게 필자에게 다가왔으며, 이를 모든 불자들과 같이 나누고픈 생각에 덧붙여 펴내게 되었다.

자본의 논리, 힘의 논리가 지배하는 현대 물질문명 속에서 불교의 진리가 무슨 소용이 있느냐고 반문하는 사람도 있겠지만, 나는 그렇게 생각하지 않는다. 왜냐하면 과거나 현재나 미래에서나 우리는 진리를 신봉하는 위에 서서 이 세상 문제를 인식해야 하기 때문이다. 과거의 지나간 사상에만 매달리면 우리는 후퇴하는 것이며, 미래의 이상에만 매달리면 우리는 이상주의자로 항상 현실을 무시한 공허한 인간으로 남을 뿐이다. 여기에서 우리는 바로 불교의 선수행禪修行이 필요함을 느끼게 되는 것이다. 육조六祖는 바로 중국에서 불교가 공론空論에 휩싸여 있을 때에 과감히 수행의 불교를 우리에게 보여준 선각자로서 우리의 귀감이 된 분이다.

오늘날 우리 사회를 보아도 말만으로 모든 것을 해결하려는 현상이 어디에나 만연해 있음을 느낀다. 행동으로 이 모순을 해결하려는 보살의 사명은 어디에다 팽개쳐버리고, 또 말로만 대승大乘을 외치는 사람들은 얼마나 많은가? 진정한 대승의 뜻은 바로 모두에게 법신불法身佛이 있음을 보여주는 것, 즉 본체에 충실한 인간의

---

2 나적(羅適, 1029~1101): 북송 때 관리이자 불교학자. 자는 정지正之이고 호號는 적성赤城이며 절강성浙江省 삼문현三門縣 출신이다.

모습을 보여주는 것이다. 그러나 본체는 어디에 팽개쳐두고 가짜인 화신化身과 응신應身만을 진정한 것으로 믿고 거기에 끌려 다니면서 하루하루를 보내고 있음을 우리는 주위에서 많이 보고 있다. 화신과 응신도 법신法身에 의하여 가치를 발휘하게 되는 것임을 우리는 자각해야 한다. 그러므로 우리는 법신을 증득하여 이를 이해하고 이에 의한 방편지를 구족하는 것이 필요하다.

색신은 바로 부처가 아니고
음성 또한 그런 것.
또한 색과 성을 저버리지 않고도
부처의 신통력을 볼 수 있으리.
色身非是佛 音聲亦復然
亦不離色聲 見佛神通力

2015년 10월
김포 우거寓居에서
범연 이동형 두 손 모음

## 일러두기

1. 이 책의 판본은 북송 때 학자인 나적羅適이 지은『금강경해의金剛經解義』(속
   장경 24책 No.459, P.533b)를 저본으로 하고, 대만에서 간행한『금강경해의,
   금강경구결 합본』(大衆印務書局, 1981)을 참고로 하였다.
2. 본문의 [광론廣論]은 대만의 백운白雲선사가 지은『혜능대사慧能大師』(佛印
   月刊社, 1967)라는 책에서『금강경해의』를 다시 주석한「금강경해의광론金
   剛經解義廣論」 부분을 번역한 것이다.
3. 구결의 현토는 육조혜능의 구결에 한글로 토를 달고 번역한『언해 금강경육
   조해金剛經六祖解』(한국학자료집)를 따랐다.

# 금강반야바라밀경
## 金剛般若波羅蜜經


금강반야바라밀경金剛般若波羅蜜經  서序


조계육조대사曹谿六祖大師 혜능찬慧能撰

夫金剛經者는 無相으로 爲宗하시고 無住로 爲體하시고 妙有로 爲用하시니 自從達摩西來하여 爲傳此經之意하사 令人悟理見性이어시니 祇爲世人이 不見自性하사 是以로 立見性之法하시니 世人이 若了見 眞如本體하면 卽不假立法이시니라 此經을 讀誦者는 無數하며 稱讚者는 無邊하며 造疏及註解者는 凡八百餘家이로대 所說道理는 各隨所見하니 見雖不同하나 法卽無二하니라 宿植上根者는 一聞하고 便 了이어니와 若無宿慧者는 讀誦이 雖多하나 不悟佛意할새 是故로 解釋聖義하여 斷餘學者의 疑心하노니 若於此經에 得旨無疑하면 不假 解說이니라 從上하여 如來의 所說善法은 爲除凡夫의 不善之心이시니 經은 是聖人語이니 敎人聞之하여 超凡悟聖 하여 永息迷心이시니 此一卷經은 衆生性中에 本有이언마는 不自見者는 但讀誦文字하나니 若悟本心하면 始知此經이 不在文字하리니 若能明了自性하면 方 信一切諸佛이 從此經出이리니 今恐世人이 身外에 覓佛하며 向外하여 求經하고 不發內心하며 不持內經하여 故로 造此經訣하여 令諸學

者는 持內心經하여 了然自見하여 淸淨佛心이 過於數量하여 不可思
議하게하노니 後之學者는 讀經有疑하니 見此解義하면 疑心이 釋然하
여 更不用訣이리니 所冀는 學者가 同見鑛中金性하여 以智慧火로 鎔
鍊하여 鑛去하고 金存이니라 我釋迦本師는 說金剛經하실제 在舍衛
國하사 因須菩提의 起問하사 佛이 大悲로 爲說하시니 須菩提가 聞法하
옵고 得悟하여 請佛與法安名하와 令後人으로 依而受持하게 하니 故로
經에 云하대 佛告須菩提하대 是經이 名爲金剛般若波羅蜜이니 以是
名字로 汝當奉持하라고 하시니 如來所說金剛般若波羅蜜이 喩法爲
名하신 其意謂何오 以金剛은 世界之寶라 其性이 猛利하여 能壞諸物
하나니 金雖至堅하나 羖羊角이 能壞하나니 金剛은 喩佛性하시고 羖羊
角은 喩煩惱하시니 金雖堅剛하나 羖羊角이 能碎하며 佛性이 雖堅하나
煩惱는 能亂하며 煩惱는 雖堅하나 般若智가 能破하며 羖羊角이 雖堅
하나 鑌鐵이 能壞하나니 悟此理者는 了然見性하리니 涅槃經에 云하대
見佛性者는 不名衆生이라하나라 不見佛性을 是名衆生이라하니 靜慮
之 再思之 如來所說金剛喩者는 祇爲世人이 性無堅固하여 口雖誦
經하나 光明이 不生하고 外誦內行하여 光明이 齊等하며 內無堅固하면
定慧가 卽亡하고 口誦心行하여 定慧가 均等하니 是名究竟이라 金在
山中에 山不知是寶하며 寶亦不知是山하나니 何以故오 爲無性故라
人則有性하여 取其寶用하대 得遇金師하여 鏨鑿山破하여 取鑛烹鍊
하여 遂成精金하여 隨意使用하여 得免貧苦하나니 四大身中에 佛性
도 亦爾하니 身은 喩世界하시고 人我는 喩山하시고 煩惱는 喩鑛하시고
佛性은 喩金하시고 智慧는 喩工匠하시고 精進勇猛은 喩鏨鑿하시니

身世界中에 有人我山하고 人我山中에 有煩惱鑛하고 煩惱鑛中에 有佛性寶하고 佛性寶中에 有智慧工匠하니 用智慧工匠하여 鑿破人我山하여 見煩惱鑛하여 以覺悟火로 烹鍊하여 見自金剛佛性이 了然明淨할새 是故로 以金剛으로 爲喩하시고 因爲之名也하시니 空解不行하면 有名無體하고 解義修行하면 名體俱備하나니 不修하면 卽凡人이오 修하면 卽同聖智할새 故로 名金剛也이시니라 何名般若오 般若是梵語이며 唐言智慧라 智者는 不起愚心이오 慧者는 有其方便이니智는 是慧體요 慧는 是智用이니 體若有慧하면 用智하면 不愚하며 體若無慧하면 用愚하고 無智하나니 祇爲愚癡未悟하사 故로 修智慧하사 以除之也이시니라 何名波羅蜜고 唐言到彼岸이니 到彼岸者는 離生滅한 義이니 祇緣世人이 性無堅固하여 於一切法上에 有生滅相하여 流浪諸趣하여 未到眞如之地하나니 並是此岸이니 要具大智慧하여 於一切法에 圓滿하여 離生滅相이니 卽是到彼岸也라 亦名하대 心迷則此岸이오 心悟則彼岸이며 心邪則此岸이오 心正則彼岸이라 口說心行하면 卽自法身이 有波羅蜜이오 口說心不行하면 卽無波羅蜜也니라 何名爲經고 經者는 徑也이니 是成佛之道路也라 凡人이 欲臻斯路인대 當內修般若行하여 以至究竟이니 如或但能誦說하고 心不依行하면 則無經이오 實見實行하면 自心이 則有經일새 故로 此經을 如來가 號爲金剛般若波羅蜜經이라하시니라

금강경(Vajracchedikā Prajñāpāramitā Sūtra)은 무상(無相: 서로 분별이 없는 것을 말함)을 종지宗旨로 하고, 무주(無住: 자기에게 집착하

지 않는 마음)를 본체로 하고, 묘유(妙有: 모든 것이 진심에서 보면 천연스러운 그것)를 용(用: 작용하여 나타나는 현상)으로 한다. 달마 대사께서 서쪽에서 오신 것은 이 경(經: 진리)의 뜻을 전하기 위함이 었으며, 사람들에게 진리를 깨달아 견성見性하게 하기 위함이지만, 세상 사람들이 자성自性을 보지 못하므로 견성의 방법을 성립한 것이다. 세상 사람들이 진여본체眞如本體를 명료하게 깨달았다면, 가차假借하여 법을 만들지 않았을 것이다.

이 경을 독송하는 사람도 수없이 많고, 칭송하는 사람도 끝이 없으며, 소疏와 주해註解를 한 사람도 800여 명이나 된다. 설명한 도리는 각기 보는 견해에 따른 것이며 견해가 같지 않아도 법에는 둘이 있을 수가 없는 것이다. 숙업(宿業: 전생에서부터 진리를 알고자 한 습기)이 훌륭한 사람은 한 번 듣고 알아듣지만, 숙업의 지혜가 없는 사람은 비록 많이 듣고 독송을 하여도 부처님의 참다운 뜻을 깨닫지 못한다. 그러므로 성의(聖意: 불법진리)를 해석하여 배우는 사람들의 의심을 끊어 없애고자 하는 것이다.

만약 이 경에서 종지를 획득하여 의심함이 없으면 구차하게 해설하지 않을 것이며, 예전부터 여래께서 말씀하신 선법善法은 범부의 옳지 않은 마음을 없애기 위한 것이다. 경은 성인의 말씀이니, 사람들이 가르침을 받아들여 범인의 경지를 초탈하여 성인의 경지를 깨닫게 되면 영원히 미심(迷心: 미혹한 마음)이 쉬게 되는 것이다. 이 한 권의 경은 중생의 성품 가운데에 본래 있건마는 스스로 보지 못하는 사람은 다만 문자만을 독송하나니, 만약 본심(本心:

진여심)을 깨달으면 비로소 이 경이 문자에 있는 것이 아니라는 것을 알게 될 것이다. 만약 자성을 명확하게 요달了達하면 일체의 모든 부처가 이 경에서 나온 것을 믿게 될 것이다. 이제 세상 사람이 자신을 벗어나 부처를 찾고 밖을 향하여 경을 구하면서, 내심(內心: 깨닫고자 하는 마음)을 일으키지 않고 내경(內經: 진여심)을 지니지 않으므로 이 경의 구결口訣을 지은 것이다.

지금 모든 학자들이 안으로는 심경心經을 지니고, 요연히 청정한 불심佛心을 스스로 볼 수 있는 것이 수량보다 많다면 불가사의한 것이다. 후에 배우는 사람은 경을 읽으면서 의심이 있으면 이 해의解義를 보고 의심이 석연(釋然: 분명하게 알게 됨)해지면 다시는 이 비결을 사용하지 말라. 바라는 것은, 배우는 사람이 모두 광석 가운데에 금성(金性: 금의 성질로 불성)을 말함을 보고 지혜화(智慧火: 지혜의 불꽃으로 육바라밀에 의해 이루어지는 것)로 용련鎔鍊하면 광석은 없어지고 금만 남게 된다.

우리 석가모니 큰 스승께서는 금강경을 설하실 때에 사위국에 계시면서 수보리의 질문에 따라 대비大悲한 마음으로 설법하셨으며, 수보리는 법(眞理)을 듣고 깨달음을 증득했고 부처님께 법에 따른 명(名: 경의 이름)을 요청하여 후세 사람들에게 수지하게 하였다. 그러므로 경에 말하기를 "부처님께서 수보리에게 이르기를, 이 경은 금강반야바라밀이라고 하며, 이 이름으로 너는 반드시 받들고 지녀라"고 하셨다.

여래께서 설법하신 금강반야바라밀은 법을 이름에 비유한 것인데 그 뜻은 어떤 것인가? 금강(다이아몬드)은 세계에서 제일의 보물이고, 그 성질은 맹리(猛利: 강하고 예리함)하여 모든 사물을 부술수도 있다. 금강이 비록 견고하다지만 암양의 뿔로 부술 수도 있나니, 금강은 불성에 비유하고 암양의 뿔은 번뇌에 비유한다. 금강이 비록 견고하고 강하다고 해도 암양의 뿔이 부술 수 있는 것은 불성이 비록 견고해도 번뇌가 어지럽게 할 수 있고, 번뇌가 비록 견고해도 반야지般若智가 부술 수 있으며, 암양의 뿔이 비록 견고해도 빈철(鑌鐵: 아주 강한 철)로써 파괴할 수 있다. 이 이치를 깨닫는 사람은 마침내 견성見性할 것이다.

『열반경』에 말씀하시기를 "불성을 본 사람은 중생이라고 하지 않고 불성을 보지 못한 사람을 중생이라 하느니라"라고 하셨다. 마음을 가다듬고 고요히 생각하고 또 생각하라. 여래께서 금강에 비유하여 설하신 것은 세상 사람들의 본성이 견고하지 못하여 입으로는 경을 독송하지만 광명이 일어나지 못하며, 입으로 독송하고 안으로 수행하면 광명이 고르게 되고, 안에서 견고함이 없으면 정혜定慧가 없어지고, 입으로 독송하고 마음으로 수행하여 정혜定慧가 모두 같아진 것을 구경究竟이라고 한다. 금은 산 속에 있으나 산은 보배를 알지 못하고 보배 또한 이 산을 알지 못한다. 왜냐하면 본성(佛性)이 없는 까닭이다. 사람은 본성이 있어서 그 보배를 얻어야만 사용한다. 금사(金師: 조련사, 스승을 말한다)를 만나면 산을 속히 뚫고 파괴하여 광석을 취하여 삶고 정련하여 반드시 금을 얻어 뜻대로 사용하여 가난한 고통을 면하게 된다.

사대(四大: 地水火風)로 된 몸속의 불성도 이와 같아서 몸은 세계에
비유하고, 인아(人我: 人執과 我執)는 산에 비유하고, 번뇌는 광석
에 비유하며, 불성은 금에 비유하고, 지혜는 공장(工匠: 공장의
기술자)에 비유하며, 용맹정진은 속히 뚫고 파괴하는 것이다. 몸의
세계 속에 인아산(人我山: 四相)을 말함이 있고, 인아산 속에 번뇌
광산이 있고, 번뇌 광산 속에 불성의 보배가 있으며, 불성의 보배
속에 지혜가 있는 기술자가 있는 것이다. 지혜가 있는 기술자는
인아산을 뚫고 파괴하여 번뇌가 섞여 있는 광석을 보고 각오화覺悟
火로써 정련하면 스스로 금강불성이 요연了然해져서 명정明淨함을
볼 것이다. 이로써 금강에 비유하여 이름하였으며 헛되이 해석하고
수행하지 않으면 이름만 있고 본체가 없는 것이며, 뜻을 해석하고
수행하면 이름과 본체를 모두 갖추게 된다. 수행하지 않으면 범부이
며 수행하면 모두가 성지聖智로서 금강이라 한다.

무엇을 반야般若라고 하는가? 반야(Prajñā)는 범어로서 지혜라고
번역한다. 지智는 어리석은 마음이 일어나지 않는 것이며, 혜慧는
방편이 있는 것이다. 지는 혜의 본체이며, 혜는 지의 용(用: 작용)이
다. 본체에 혜가 있으면 지를 작용함에 어리석음이 없고, 본체에
혜가 없으면 어리석어져서 지가 없는 것이다. 단지 우치하여 깨닫지
못하므로 지혜를 닦아서 이를 없애는 것이다.

무엇을 바라밀(波羅蜜, Pāramitā)이라 하는가? 피안에 이른다고
번역하며, 피안에 이른다는 것은 생멸을 벗어난다는 뜻이다. 단지
세상 사람의 본성이 견고하지 못하여 일체법 위에 생멸상이 있게

되어 모든 취(趣: 六趣로서 천, 인, 아수라, 아귀, 축생, 지옥을 말함)에 유랑하면서 진여眞如에 이르지 못함에 연유한 이것이 차안此岸이다. 대지혜를 갖추어 일체법이 원만해져 생멸상을 벗어나면 이것이 피안彼岸에 이른 것이다. 또 마음이 미혹하면 차안이고 마음이 깨달으면 피안이다. 마음이 삿되면 차안이고 마음이 바르면 피안이다. 입으로 설하고 마음으로 수행하면 스스로 법신法身에 바라밀이 있는 것이며, 입으로 설하고 마음이 수행하지 않으면 바라밀이 아니다.

무엇을 경이라고 하는가? 경은 진리로의 길이며 이는 성불의 도리이다. 범인이 깨달음에 이르고자 하면 마땅히 안으로 반야행般若行을 닦아야 구경에 이르게 된다. 만약 독송하고 설하기만 하고 마음이 수행에 의지하지 않으면 경이 없는 것이며, 진실로 보고 진실로 행하면 자기의 마음이 곧 경이 된다. 그러므로 여래께서 이 경을 금강반야바라밀이라고 이름하였다.

〔광론廣論〕

與其說此段文字爲〔口訣〕序 倒不如說是經題之解義 或者命爲代序之題反而得洽當 惠能大師註此金剛般若波羅密經 相傳係其口述 故後人稱之謂〔口訣〕可惜年代已久 無法查考 究竟成就於何種方式 在此不敢置評 筆者論說本文 完全是以禪行者的態度 主張乾淨俐落 斬釘切鐵的手法而廣論之

以下廣論本文之時 爲了章節分明 六祖〔口訣〕與金剛經原文對照

而能一目暸然起見 仍以不離俗套的排列方式 分別標出 經文〔口
訣〕廣論三個綱目 務期達到緣起過程結論等完善之理想 一則適
於文理論三者對照 二則供給分析 比較評議之方便 臻於論者有據
釋者有歸 投機不得本色 這也正是佛教文學 例身中文學的一大特
色 最能引起共鳴的特色

그 설명과 더불어 이 단락의 문자는 '(구결口訣)서序'가 되고, 거꾸로
경經 제목의 해의解義라는 것만 못하지만 사람들은 '대서代序'의 제목
이 도리어 적당하다고 한다.

혜능대사가 주해한 금강반야바라밀경이 상전相傳한 것은 구술로
이어졌으므로 후세 사람들이 '구결口訣'이라 하였다. 세월이 오래
되어 조사하여 밝히려 하여도 끝내 어떤 방식으로도 성취할 수
없으니 이에 감히 논평할 수도 없다. 필자가 본문을 논설하는 것은
완전히 선禪을 수행하는 태도로 건정이락乾淨俐落[3]을 주장하고 참정
절철斬釘切鐵[4]의 수법으로 이를 광론廣論하였다.

아래에서 본문을 광론할 때에는 장과 절을 분명하게 하고, 육조구결
과 금강경 원문을 대조하여 일목요연하게 드러내면서 바로 세속의
전례前例로 배열하는 방식을 벗어나지 않도록 분별하여 표출하였다.
경문과 구결과 광론의 세 개 강목으로 연기緣起와 과정과 결론과

---

3 건정이락乾淨俐落: 건정이락乾淨利落이라고도 한다. 건정乾淨은 무여無餘를
  말하며, 이락俐落은 사리사욕마저 없어진 경지이다.
4 참정절철斬釘切鐵: 참정절철斬釘截鐵이라고도 한다. 의지가 견고하여 변하지
  않음이다.

같은 완선完善의 이상을 구축하고자 하였다. 첫째, 문장과 이치와 논리를 대조하였으며, 둘째, 분석과 비교와 평의評議의 방편으로 논자의 논거를 모았다. 해석함에는 귀납歸納이 있어야 하는데 투기投機로는 본색本色을 얻지 못한다. 이것이 바로 불교문학이며 중국문학의 하나의 특색이니 커다란 공명을 불러일으키는 특색이 있을 것이다.

# 법회인유분法會因有分 제일第一

丞相[5]張無盡居士云 非法無以談空 非會無以說法 萬法森然[6]曰因 一心
應感曰由 故首以法會因由分

승상 장무진 거사가 말하기를, "법이 아닌 것으로 공空을 말할 수
없으며, 모임이 아닌 데서 법을 설할 수 없다. 모든 법이 장엄한
것을 일러 원인(因)이라 하고, 한마음에 감응하는 것을 일러 까닭(由)
이라 한다. 그러므로 첫머리를 법회인유분이라고 한다."라고 하였다.[7]

〔증신서證信序〕

如是我聞

이와 같음을 내가 들었다.

---

5 승상丞相: 임금을 돕는 최고의 벼슬. 정승이라고도 함.

6 삼연森然: 수목이 무성한 모양. 장엄한 모양을 말함.

7 이 구절은 송나라 때 야보도천冶父道川 선사의 『천로금강경川老金剛經』 첫머리
  에 나오는 장영상(張商英, 1043~1122)의 글이다.

24

〔구결口訣〕

如者는 指義오 是者는 定詞이니 阿難[8]이 自稱하대 如是之法을 我從佛
聞이라하니 明不自說也이니 故로 言如是我聞이라 又我者性也는 性
이 卽我也이니 內外動作이 皆由於性하여 一切를 盡聞할새 故稱我聞
也이니라

여如는 뜻을 가리키는 것이고 시是는 올바르게 결정된 말이다.
아난이 스스로 여시如是한 법이라고 일컬은 것은 자기가 부처님을
따라 들은 것이지 스스로가 말한 것이 아님을 밝히는 것이다.
그러므로 '여시아문如是我聞'이라고 하였다. 또 아我는 성품이며
성품이 바로 아我이니, 안과 밖의 행동은 모두 성품으로부터 말미암
아 다 듣게 되므로 아문我聞이라고 한 것이다.

〔광론廣論〕

我乃主體 具見聞之用 善惡正邪 起於一念 成道成魔 自心所造 然而
造作之能起於五蘊 五蘊變化 色爲之因 猶如月亮 光非已有 月色自
具 日暘照射 因緣成相 諸境顯矣 阿難云聞 見性使然 承先道說 謂如
是言 性是我體 聞爲過客 如是境相 如是言說 故如是也

아我는 주체로서 듣고 보는 작용을 갖추고 있으며, 선악과 정사正邪
는 한 생각에서 일어나 도道를 이루고 마魔를 이루는 것으로 자기
마음이 만드는 것이다. 하지만 조작하는 기능은 오온五蘊에서 일어

---

8 아난阿難: 아난다Ānanda, 아난타阿難陀의 준말, 환희歡喜, 경희慶喜라고 번역
하며, 해반왕解飯王의 자식으로 제바달다의 아우이며 부처님의 사촌이다.

나고, 오온이 변화하는 것은 색色이 인因이 되어서이다. 마치 달은 빛을 자기가 가지고 있는 게 아니라 달빛 스스로가 갖추고 있는 것과 같으며, 해가 떠서 빛을 비추면 그 인연으로 모습(相)을 이루어 모든 경계가 드러나는 것과 같다. 아난이 '들었다'고 말한 것은 보는 성품(見性)이 그렇게 한 것이며, 앞서 도를 말한 것(부처님의 말씀)을 이어받은 것을 일러 '여시'라고 말한 것이다. 성품은 나의 본체本體이고 들음은 지나가는 나그네이며, 여시는 경계의 모습(境相)이고 언설이므로 여시라고 한 것이다.

一時佛在舍衛國 祇樹給孤獨園
한때에 부처님께서 사위국의 기수급고독원에 계셨다.

〔구결口訣〕

言一時者는 師資가 會遇하여 齊集之時也라 佛者는 是說法之主이시고 在者는 欲明處所라 舍衛國者는 波斯匿王所在之國이라 祇者는 太子의 名也오 樹는 是祇陀太子의 所施한 故로 言祇樹也라 給孤獨者는 須達長者之異名이오 園者는 本屬須達할새 故로 言給孤獨園이니라 佛者는 梵語이니 唐言覺也이니 覺義는 有二하니 一者는 外覺이니 觀諸法空이오 二者는 內覺이니 知心空寂하여 不被六塵의 所染하여 外不見人過惡하며 內이니 不被邪迷所惑할새 故名覺이니 覺이 卽是佛也이시니라

'한때(一時)'란 스승과 제자가 만나 함께 모인 때를 말한다. '불佛'은

설법의 주인이며, '재在'는 처소를 밝히고자 한 것이다. '사위국舍衛國'은 파사익왕이 있는 나라이다. '기祇'는 태자의 이름이다. '수樹'는 기타태자가 보시한 것이므로 기수祇樹라고 한다. '급고독給孤獨'은 수달장자의 별명이다. '원園'은 원래 수달의 것이었으므로 '급고독원給孤獨園'이라고 한다.

불佛은 범어이며 각覺이라고 번역한다. 각의 뜻에는 두 가지가 있으니 하나는 외각外覺으로 모든 법이 공空함을 관하는 것이다. 둘은 내각內覺으로 마음이 공적空寂한 것을 알아서 육진六塵에 염착하지 않는 것이다. 밖으로는 남의 허물을 보지 않고, 안으로는 삿되고 혼미함에 미혹당하지 않으므로 각이라고 하나니, 각은 바로 부처이다.

〔광론廣論〕
時地乃事故之首要 方所爲事發之重證 也就是現今之所謂 在什麼地方 是誰在 描述一番 以證不欺 唯於宗下 似嫌懀懼[9] 涉及經敎 無可厚非 仍不失實相般若之妙 向上一著 般若爲最 不執不捨 方是之道

때와 장소는 바로 어떤 일의 연고에 첫째로 중요하니, 장소는 일이 일어나는 중요한 증거가 된다. 다시 말해 지금 현재 이른바 '어느 지방에 있는가? 누가 있는가?'를 한번 기술하면 이 증거는 속일 수 없다. 오직 근본 자리에서 수치스럽도록 부끄러워하면서 경의

---

9 마라懀懼: 수치스러울 정도로 부끄러운 것.

가르침을 섭렵해야만 더욱 그릇되지 않고 바로 실상반야의 묘함을
잃지 않는다. 반야가 가장 으뜸이 되어 집착하거나 버리지 않으니,
이것이 바로 도이다.


與大比丘衆 千二百五十人俱
위대한 비구들 천이백오십 인과 함께 계셨다.


〔구결口訣〕
言與者는 佛與比丘[10]와 同住金剛般若無相道場하실새 故言與也라
大比丘者는 是大阿羅漢故라 比丘者는 梵語이니 唐言能破六賊이니
故名比丘라 衆은 多也라 千二百五十人[11]者는 其數也라 俱者는 同
處平等法會라

'함께(與)'란 부처님이 비구들과 함께 금강반야인 무상도량에 함께
계시므로 여與라고 말하였다. '위대한 비구(大比丘)'란 위대한 아라

---

10 비구(比丘, bhikṣu): 20살 이상 된 남자로서 출가하여 계를 수지한 사람.
삼의三衣와 하나의 발우를 가지고 걸식하며 살아가고, 적정처滴定處에 주하
면서 적은 욕망에 지족知足함을 느끼면서 정진하여 도를 닦아 열반을 증득하
기를 기원하는 출가인.

11 천이백오십인千二百五十人: 참가한 청중들을 말한다. 한편 이를 역학易學적으
로 해설하면, '一', '二', '五'는 대도의 숫자로서 무극無極인 '一'에서 음양陰陽의
'二가 생기고, '二'에서 오행五行인 '五'가 생겨서 만물이 화생化生한다. 그러므
로 '一', '二', '五'는 바로 인성人性으로 천명天命의 수리數理와 합한다고 풀이하
기도 한다.

한[12]인 까닭이다. 비구比丘란 범어인데 중국어로는 '육적六賊[13]'을 깨트릴 수 있다'는 뜻이므로 비구라고 한다. '중衆'은 많다는 뜻이며, '천이백오십 인'이란 그 숫자를 말하며, '함께'란 평등한 법회에 함께 있다는 뜻이다.

〔광론廣論〕
已知在什麼地方 是誰在 繼吏與會者尚有何人 依舊是不可忽略的 問題 譬如約會 不知就裡 無異鴻門起宴 是爲無明 不免煩惱 不過 六祖一貫灑脫不羈 却表現如此耐心 誠屬可學處 倘使換了野老 很 可能發一聲口令 立正站好 凝神斂氣 拭目以待 聽候綸旨 也不失乾 淨俐落之步數 嗨 在場者 可有聽令的

이미 어떤 장소인지를 알았고 누가 있는지를 알았으니, 계속하여 함께 모인 사람들은 또한 어떤 사람들이 있는가? 이것도 여전히 소홀히 할 수 없는 문제이다. 비유하자면 만나기를 약속했는데 그 속내를 알지 못한다면 홍문기연[14]과 다름이 없는 것과 같다.

---

12 아라한(阿羅漢, Arhan): 소승의 깨달음이 극에 이른 사람을 말한다. 번뇌의 적을 죽인다는 뜻으로 살적殺賊이라고도 번역하고, 인천의 공양을 받는다는 뜻으로 응공應供이라고도 번역하고, 열반에 들어 다시는 생사의 과보를 받지 않는다고 하여 불생不生이라고도 번역한다.
13 육식六識에 의해 일어나는 것이 깨달음의 적이 되므로 이렇게 말하였다.
14 홍문기연鴻門起宴: 보통 홍문지연鴻門之宴이라고 한다. 초楚나라와 한漢나라가 전쟁을 할 때 항우項羽는 홍문鴻門에 있으면서 유방劉邦을 치려고 하였다. 유방이 이를 두려워하여 앞에 나아가 사죄하자 항우가 주연酒宴을 베풀었는

이는 무명이며 번뇌를 면할 수가 없다. 육조가 일관되게 거리낌이 없고 걸림이 없는 것은 오히려 이와 같은 인내심을 표현한 것이니, 진실로 배울 수 있는 것에 속한다. 만약 제멋대로 구는 사람들을 부르려면 한 목소리를 질러 명령하여 바로 세우고 좋게 세워, 정신을 모으고 기를 수렴하여 눈을 씻고 기다려 임금의 말씀을 듣게 하면 또한 이끌어 청결하고 상쾌한 걸음을 잃지 않을 것이다. 오호라! 도량에 있는 사람들은 이 명령을 들을 수 있을 것이다.

〔발기서發起序〕

爾時世尊食時 著衣持鉢 入舍衛大城 乞食於其城中

이때에 세존께서 공양을 하실 때여서 법의를 걸치시고 발우를 지니시고 사위국에 들어가셔서 그 성에서 걸식을 하셨다.

〔구결口訣〕

爾時者는 當此之時니 是今辰時니 齋時가 欲至也라 著衣持鉢者는 爲顯示迹故也라 入者는 爲自城外而入也라 舍衛大城者는 名舍衛國豊德城也니 卽波斯匿王所居之城일새 故言舍衛大城이라 言乞食者는 表如來가 能下心於一切衆生也라

---

데, 이때 항우의 모사인 범증范增이 항장項莊에게 칼춤을 추게 하며 유방을 죽이려고 하였다. 다행히 유방은 항우의 숙부 항백項伯의 도움으로 번쾌樊噲가 들어올 때를 기다려 죽음을 면하게 되었다는 데서 나온 고사성어. 상대의 속내를 모르고 만났다가 어려움에 처하는 경우를 말한다.

'이시爾時'는 '때가 이르렀다'는 것으로 지금의 진시(辰時: 오전 7~9
시)로서 공양하실 때가 가까웠음을 말하는 것이다. '착의지발著衣持
鉢'은 가르침을 나타내기 위한 것이며, '들어간다(入)'는 것은 성
밖에서 성 안으로 들어가는 것이다. '사위대성'은 사위국의 풍덕성
豊德城을 말하며, 바로 파사익왕이 거처하는 곳이다. 그러므로
사위대성이라고 한다. '걸식'은 여래께서 모든 중생에게 하심下心을
나타내고자 하는 것을 표시하는 것이다.

〔광론廣論〕

民以食爲天 帝王也不例外 山珍海味 貪欲自嘲謂之口福 世尊雖然
不捨飮食 却能下心平等 以乞禁戒貪欲 得養色身足矣 我國自百丈
而淸規 有不作不食之典範 旨在禁戒貪欲 勤勞儉樸 爲助道之因
緣耳

사람들이 먹는 것은 천연적인 것이어서 제왕帝王도 이와 다르지
않다. 산해진미를 탐하고 욕심내는 것을 스스로 경멸하여 구복口福
이라고 한다. 세존께서도 비록 음식을 버리지는 않으셨지만 하심下
心으로 평등하게 구걸하심으로써 탐욕을 금계禁戒하셨으니, 색신色
身을 양육하는 것으로 만족하라! 중국에서는 백장百丈 선사의 「청규
淸規」에 "일하지 않으면 먹지 않는다"는 전범典範이 있었는데, 그
취지는 탐욕을 금계하는 데 있다. 열심히 노력하면서 검소하면
도를 돕는 인연이 되는 것이다!

次第乞已 還至本處 飯食訖 收衣鉢 洗足已 敷座而坐

차례로 걸식을 마치시고 계시던 곳으로 다시 돌아오셔서 공양을
마치시고, 의발을 거두시고 발을 씻으시고 자리를 깔고 앉으셨다.

〔구결口訣〕

次第者는 不擇貧富하사 平等以化也라 乞已者는 如多乞을 不過七
家이니 七家數滿커든 更不至餘家也라 還至本處者는 佛意에 制諸比
丘하사 除請召外에 不得輕向白衣舍[15]케하실새 故로 云爾니라 洗足者
는 如來가 示現 順同凡夫하실새 故言洗足이라 又大乘法은 不獨以洗
手足으로 爲淨이라 蓋淨은 洗手足이라도 不若淨心하면 一念에 心淨하
면 則罪垢가 悉除矣리라 如來가 欲說法時에 常儀가 敷旃檀[16]座하실새
故로 言敷座而坐也라.

'차제次第'는 빈부를 가리지 않고 평등하게 교화하려는 것이다.
'걸이乞已'는 많이 걸식해야 일곱 집을 넘어서지 않고, 일곱 집이
채워지면 다시 다른 집에 가지 않는 것이다. '환지본처還至本處'는
부처님의 뜻은 모든 비구를 단속하고 청하거나 부르는 것이 없으면
똑바로 속인의 집으로 향하지 않게 하려고 이처럼 행하신 것이다.
'세족洗足'은 여래께서 시현示現하시는 것이 범부와 같이 수순하시
므로 세족이라고 한다. 또 대승법大乘法은 다만 수족만을 씻는다고
청정해지는 것이 아니고 손발을 씻는다고 정심淨心이 되는 것도

---

15 백의사白衣舍: 속인의 집을 말함.
16 전단旃檀: Candana. 향본香本의 이름으로 여락與樂이라고도 번역한다.

32

아니지만, 한 생각의 마음이 청정하면 바로 죄에 물든 것이 모두
없어지는 것이다. 여래께서 설법하실 때에 항상 전단좌旃檀座에
앉으시므로 '부좌이좌敷座而坐'라고 한다.

〔광론廣論〕

依其德養 次第乞食 七家不得 當愧然而還 食爲使色身不壞 便於修
行 成就智與覺之法身 猶若洗足 去汚除垢 不絶汚垢 入慧悟之淨境
不爲垢染 卽得淸淨 乃六祖謂大乘法 一念心淨 罪垢悉除 是其眞義
中國祖禪 旨在明心見性 心性之明見 當數修養爲最 不然 乞食儉樸
省却草鞋錢 亦僅貧窮俗子無異 何道之有

그 덕을 양육하는 것에 의거하면, 차례로 걸식하여 일곱 집에 이르면
구걸하지 않고 응당 부끄러워하면서 돌아온다. 음식은 색신色身이
무너지지 않게 하기 위함이며, 바로 수행에서 지혜와 깨달음의
법신을 성취하는 것이다. 비유하면 발을 씻는 것은 더러움을 없애는
것이고, 더러움을 끊지 않고 혜오慧悟의 청정한 경지에 들어가는
것과 같으니, 오염되지 않는 게 바로 청정이다. 바로 육조가 말하는
대승법은 한순간의 마음이 청정하면 죄의 오염됨이 모두 없어지는
게 참다운 뜻이다. 중국 조사선祖師禪의 종지宗旨는 명심견성明心見
性에 있으며, 심성心性이 명견明見하려면 당연히 틈틈이 수양하는
것이 매우 좋다. 그렇지 않고 걸식하면서 검소하여 짚신과 돈도
버리면 역시 빈궁한 속인과 다를 게 없으니 어찌 도가 있으리오!

# 선현기청분善現起請分 제이第二

從空起慧 請答雙彰 故受之善現起請分

공에 따라서 지혜가 일어나서 묻고 답하는 것 모두가 밝게 드러나므로
선현기청분善現起請分으로 이를 받았다.


〔구의口儀〕

時長老須菩提

이때에 장로 수보리가


〔구결口訣〕

何名長老오 德尊年高할새 故名長老라 須菩提[17]는 是梵語이니 唐言
解空也라

어째서 장로라고 하는가? 덕이 높고 나이가 많아서 장로라고 한다.

---

**17** 수보리須菩提, Subhuti: 선현善現, 선길善吉, 선실善實, 선업善業, 묘생妙生
등으로 의역한다. 부처님의 10대 제자 가운데서 무쟁삼매無諍三昧에 머무는
데 제일인자이다.

수보리는 범어인데 중국어로 해공解空이라 번역한다.

〔광론廣論〕

德尊不是位尊 年高更非年邁 智慧來自知識經驗 知識經驗成自時
空 長老者 時空過程之歷鍊也 猶若百鍊金鋼 具不朽與精英之實質
積時空之久遠 表現於後生之啓導 其功德具饒益者 解空之道 序幕
之標 或謂未來境相之隱言 捨此 莫以爲無之矢的 切要

덕존德尊은 지위가 존귀한 게 아니고, 연고年高는 다시 나이가 늙은
게 아니며, 지혜는 지식과 경험에서 오고 지식과 경험은 시공時空으
로부터 성취된다. 장로란 시공의 과정을 겪어서 단련되었다는 말이
다. 마치 백번 정련精鍊한 금강이 불후不朽와 정영精英의 실질實質을
갖추고 있는 것과 같다. 시공이 오래 쌓이면 후생後生의 계도啓導를
나타낼 수 있으며, 그 공덕은 요익饒益을 갖추고 있음이다. 해공解空
의 말은 서막序幕을 표시하고 또는 미래 경상境相의 비밀스러운
말을 말한다. 이를 버리고 '무無'라고 하지 말지니, 이 점이 중요하다.

在大衆中 卽從座起 偏袒右肩 右膝著地 合掌恭敬 而白佛言
대중들 속에서 바로 자리에서 일어나 오른쪽 어깨 한쪽을 벗고,
오른쪽 무릎을 땅에 대고 합장 공경하면서 부처님께 여쭈었다.

〔구결口訣〕

隨衆生所坐할새 故云卽從座起라 弟子가 請益할제 行五種儀하나니

一者는 從座而起오 二者는 端整衣服이오 三者는 偏袒右肩하고 右膝著地오 四者는 合掌[18]하여 瞻仰尊顔하와 目不暫捨오 五者는 一心恭敬하와 以申問辭라

중생들과 함께 앉은 곳에서 일어나므로 '즉종좌기卽從座起'라고 한다. 제자가 이익을 청하는 데는 다섯 가지의 의식을 행하여야 한다.

첫째는 앉은 곳에서 일어나는 것이며(身業淸淨),

둘째는 의복을 단정히 하는 것이며(身業淸淨),

셋째는 오른쪽 어깨 한쪽을 벗고 오른쪽 무릎을 땅에 대는 것이며(身業淸淨),

넷째는 합장하면서 존안을 똑바로 쳐다보되 잠시도 한눈을 팔지 말아야 하며(意業淸淨),

다섯째는 일심으로 공경하며 질문을 해야 하는 것이다(語業淸淨).

〔광론廣論〕

一聲哈囉一聲嗨 一聲威武一聲喏 不是曙色啓明星 不是開鑼鬧臺鼓 喂 您說是什麽 常言道 打躬作揖 必有所求 阿諂奉承 馬屁拍盡 爲何要討好來着 多少人 不都說 我卽是佛麽 到頭來 眼高手低 又不願打落牙齒和血呑 試問 能如何 能如何 因此 勸君爲人處世 謙虛的 就是佔便宜

---

18 불교에서 공경을 표시하는 예법으로 두 손을 마주보게 하여 열손가락을 모두 가슴에 놓는 것이다. 합십合十이라고도 한다.

한 소리는 하하 웃고 한 소리는 해해 하며, 한 소리는 위무威武하고 한 소리는 예 하지만, 새벽빛인 계명성啓明星이 아니고 시끄러운 징소리를 두드려 시끄럽게 하고 북을 두드릴 것도 아니라네. 여보게! 그대는 어떻게 말할 것인가? 항상 예의를 갖추어 반드시 구하는 게 있어서 아첨하고 이어 받든다고 말하지만, 말이 방귀를 뀌고 설쳐대면 어떻게 다스려 좋게 진정시킬 것인가? 다수의 사람들은 모두 '내가 곧 부처이다!'라고 말하지 않는다네. 결국 눈은 높고 손은 아래로 하고 또 어금니를 물고 피를 삼키는 것을 바라지 않으니, 시험 삼아 묻겠네. 어찌할 건가? 어찌할 건가! 이런 까닭에 그대를 위하여 권하노니, 사람의 처세는 겸허한 것이 바로 수월한 일이라네.


〔칭찬〕

希有世尊

"희유한 일입니다, 세존이시여!"


〔구결口訣〕

希有는 略說컨대 三義니 第一希有는 能捨金輪王位[19]시고 第二希有는 身長이 丈六이시며 紫磨金[20]容에 三十二相과 八十種號가 三界無比시고 第三希有는 性能含吐八萬四千法하시며 三身[21]이 俱圓備시니

---

19 금륜(金輪, kancana-mandala): 세계를 구성하고 있는 사륜(四輪: 風, 水, 空, 金)을 말함에서 금의 본질을 갖춘 지륜地輪을 말하는데, 이는 천지간의 통치자를 말함.

20 자마금紫磨金: 자색을 띤 황금을 말하는데, 이는 황금 중에서 최상품이다.

以具上三義하실재 故云希有也이니라 世尊<sup>22</sup>者는 智慧가 超過三
界<sup>23</sup>하사 無有能及者하시며 德高하사 更無有上하사 一切가 咸恭敬하
올새 故云世尊이시니라

'희유希有'는 간략히 말하면 세 가지 뜻이 있다.<sup>24</sup>

첫째, 희유는 금륜왕의 지위를 버린 것이며,

둘째, 희유는 신장이 여섯 장(丈: 10자를 말한다)이고 자마금용紫磨
金容과 32상 80종호가 삼계三界에 견줄 수가 없는 것이며,

셋째, 희유는 불성佛性이 팔만사천법문을 머금기도 토하기도 하며
삼신三身을 모두 원만하게 구족하심이다.

이상의 세 가지 뜻으로 희유하다고 말하는 것이다. '세존'이란
지혜가 삼계를 뛰어넘어 이에 미칠 수 있는 자가 없으며, 덕이
높아서 다시 위가 없어서 모든 중생이 모두 공경하므로 세존이라고
한다.

---

21 삼신三身: 법신法身, 응신應身, 보신報身을 말함.

22 박가범薄伽梵을 말하며 뜻은 세간에서 존귀하다는 뜻이다. 불교에서 세간은
기세간·유정세간·성현세간이 있고, 또 욕계·색계·무색계가 있는데, 세존에
서 세世는 세간世間과 삼계三界를 합친 것이다.

23 삼계三界: 욕계欲界, 색계色界, 무색계無色界를 말함.

24 이 외에 네 가지 희유(四希有)가 있다. 시희유(時希有: 여래께서 출세出世하는
것을 오랫동안 만나기 어려운 까닭이다), 처희유(處希有: 삼천대천세계 중에 오로
지 부처 하나만이 있다), 덕희유(德希有: 복덕과 지혜가 훌륭한 것이 비할 것이
없다), 사희유(事希有: 자비와 방편을 아주 기묘하게 사용한다)가 그것이다.

38

〔광론廣論〕

爲世所尊 必定希有 如天上之日月 光被宇寰 饒益情與無情 而佛陀
爲世所尊 則以智慧與覺悟 超越三界 入於徹然和極至的圓滿境界
與三界衆生 解諸苦之迷 脫生死之縛 以至究竟 所謂皆共成佛道
是也

세상에서 존귀한 것은 반드시 희유하다. 마치 하늘의 태양이나 달과
같아 빛을 우주에 비추면서 유정有情과 무정無情을 요익하게 한다.
불타께서 존귀한 것은 바로 지혜와 각오覺悟로써 삼계를 초월하여
철저히 지극하고 원만한 경계에 들어가 삼계의 중생들과 함께 모든
괴로움의 미혹을 해결하고 생사의 속박을 벗어나 구경에 이르게 하시
기 때문이다. 이른바 모두가 함께 불도를 성취하는 것이 이것이다.


如來善護念諸菩薩 善付囑諸菩薩
"여래께서는 모든 보살을 바르게 호념하시고 바르게 부촉하십
니다."


〔구결口訣〕
如來25者는 自眞如來之本性也라 護念26者는 以般若波羅密法으로

---

25 여래(如來: 타타아가타tathagata): 부처님의 존칭. 여실한 도로써 정각을 이룬
　　존재. 『금강경』에서는 "오는 것도 없고 가는 것도 없으므로 여래라고 한다(無
　　所從來 亦無所去 故名如來)"라고 하였다.

26 호념護念: 부처님께서 바르게 중생을 교화하고 호위하려고 생각하시는 것을
　　말한다.

護念諸菩薩이라 付囑[27]者는 如來는 以般若波羅密法으로 付囑須菩
提와 諸大菩薩이라 言善護念者는 令諸學人으로 以般若智로 護念自
身心하여 不令妄起憎愛하여 染外六塵하여 墮生死苦海하여 於自心
中에 念念常正하여 不令邪起케하사 自性如來가 自善護念이라 言善
付囑者는 前念이 淸淨하여 付囑後念하고 後念이 淸淨하여 無有間斷
하여 究竟解脫이니 如來가 委曲이 誨示衆生과 及在會之衆하사 當常
行此하실새 故로 云善付囑也이니라 菩薩者는 梵語이니 唐言道心衆
生이며 亦云覺有情이니 道心者는 常行恭敬하여 內地蠢動含靈이 普
敬愛之하여 無經慢心할새 故名菩薩이라

'여래如來'란 진여眞如로부터 온 본성本性이다. '호념'이란 반야바라
밀법으로 모든 보살을 호념하는 것이다. '부촉'이란 여래께서 반야
바라밀법으로 수보리와 모든 보살을 부촉하시는 것이다. '선호념善
護念'이라 말하는 것은 모든 배우는 사람이 반야지般若智로써 자신
의 마음을 호념하여 헛되이 증애심憎愛心을 일으키지 않게 하며,
밖의 육진六塵에 염착되어 생사 고해에 떨어지지 않게 하고, 자심自
心 속에서 순간순간이 항상 옳아서 삿됨이 일어나지 않게 하여
자성여래自性如來가 스스로 잘 호념하는 것이다.
'선부촉善付囑'이라 말하는 것은 전념前念이 청정한 것을 후념後念이
부촉하면 후념이 청정하게 되니, 이런 것이 끊어지지 않는다면
구경에는 해탈이다. 여래께서 자세히 중생에게 가르쳐 주시는

---

27 부촉付囑: 중생을 교도하고 제도하여 교화하는 것을 말한다.

것이 법회에 있는 모두에게 미치는 것이다. 꼭 이를 항상 수행해야 하므로 선부촉이라고 한다.

'보살은 범어인데 중국어로는 도심道心이 있는 중생이며, 또 유정을 깨닫게 하는 분(覺有情)이라고도 한다. 도심道心이란 항상 공경을 행하여 땅속의 준동함령까지도 널리 공경하고 사랑하여 가벼이 여기거나 교만함이 없으므로 보살이라고 한다.

〔광론廣論〕

哀惜羽毛 當具麗翎 衆生都有佛性 却一味[28]地在迷惑中過日子 猶如貧者懷寶 却不自覺 聽命與飢寒爲伍 反而怨天尤人 誠乃可憐愍者 如來婆心最切 百般導引 處處示現 付囑衆生 知自家珍寶 發揮效用 遠離飢寒之苦 是以 大道心衆生 當善護念 當善付囑 卽使自他平等一如 常行恭敬 莫徒勞大好一生

깃털을 애석하게 여겨야만 마땅히 아름다운 날개를 갖추게 되듯이, 중생은 모두 불성이 있건만 오히려 일미一味 자리에서 미혹함 가운데 세월을 보내는 것이 마치 가난한 사람이 보배를 가지고 있으면서도 자각하지 못하고 목숨이 굶주림과 추위와 함께 하면서 도리어 하늘과 사람들을 원망하는 것과 같으니, 참으로 가엾은 자들이다! 여래는 노파심이 매우 간절하시어 다양하게 이끄시고 곳곳에서 나타내 보이시어 중생에게 부촉하여 스스로가 참 보배임을 알게 하시며, 효용을 발휘하게 하여 굶주림과 추위의 고통을 멀리 영원히 벗어나게

---

28 일미一味: 불법佛法은 꿀과 같아 유일무이唯一無二함을 말한다.

하신다. 이런 까닭에 대도심大道心으로써 중생을 마땅히 선호념하고 선부촉하시어 곧 자타가 평등일여平等一如이게 하여 항상 공경하면서 일생을 헛되이 보내지 않게 하시는 것이다!

〔청법講法〕

世尊 善男子 善女人

"세존이시여! 선남자와 선여인이

〔구결口訣〕

善男子者는 平坦心也이며 亦是正定心也이니 能成就一切功德하여 所住에 無礙也하나니라 善女人者는 是正慧心也이니 由正慧心하여 能出生一切有爲無爲功德也하나니라

'선남자'란 평탄한 마음이며, 또한 정정심이다. 일체의 공덕을 성취하여 걸림 없는 상태에 머물 수 있다. '선여인'이란 바른 지혜의 마음(正慧心)이니, 정혜심으로 말미암아 일체의 유위有爲와 무위無爲의 공덕을 낳는다.

〔광론廣論〕

定心無礙 慧心法融 定慧等持 功德殊勝 金剛座前 聆聽獅吼 善男子 心自平坦 入於正定 善女人 正慧心生 劫減五百 如臺山婆子 透露驀直去的消息 因爲 她已知點心之處

정심定心은 무애無礙이고 혜심慧心은 불법이 원융함이니, 정심과

혜심을 함께 지니면 공덕이 뛰어나다. 금강좌 앞에서 사자후를 들으면 선남자는 마음이 저절로 평탄해져 정정正定에 들어가고, 선여인은 정혜심正慧心이 일어나 겁劫이 500백이나 감소한다. 마치 대산臺山의 노파가 '맥직거驀直去'²⁹의 소식을 넌지시 드러낸 것과 같으니, 이로 인하여 그녀는 '점심點心'³⁰의 처소를 안 것이다.

發阿耨多羅三藐三菩提心 云何應住 云何降伏其心

아뇩다라삼먁삼보리³¹의 마음을 일으키면 어떻게 마땅히 그 마음을 머물러야 하며, 어떻게 그 마음을 항복받아야 합니까?"

---

29 맥직거驀直去: "곧장 가시오"란 뜻. 『무문관無門關』 31칙 「조주감파趙州勘婆」에 나오는 이야기. 오대산 길목에 한 노파가 있었다. 어떤 승려가 문: 오대산 가는 길이 어디요? 노파가 답: 곧장 가시오"라고 하였다. 승려가 떠나자 노파가 말하기를 "멀쩡한 승려가 또 저렇게 가는구나"라고 하였다. 승려가 이 일을 조주에게 고하자, 조주가 말하기를 "감정해 줄 것이니 기다려라." 하고는 조주 자신도 전과 같이 물었다. 다음날 상당하여 말하기를 "내가 그대를 위하여 감정을 마쳤다"라고 하였다.

30 점심點心: 사람의 불성을 바로 가리키는 것으로 오도悟道 또는 직지인심直指人心을 말한다. 덕산선감德山宣鑒 선사가 예양澧陽으로 가다가 한 노파가 호떡을 파는 것을 보고 짐을 내려놓고 호떡으로 점심요기를 하려고 하였다. 노파가 말하기를 "내가 질문할 것이니 대답한다면 점심을 주겠다(德山鑒于澧陽路上見一婆子賣餠 因息肩 賣餠點心 婆子曰 我有一問 若答得 施與點心)"라고 하였다.

31 아뇩다라삼먁삼보리阿耨多羅三藐三菩提; 무상정등각無上正等覺, 무상정변지無上正遍知로 번역함.

〔구결口訣〕

須菩提가 問一切發菩提心人이 應云何住³²하며 云何降伏其心³³하리잇고하니 須菩提가 見一切衆生이 躁擾不停함이 猶如隙塵하며 搖動之心이 起如飄風하여 念念相續하여 無有間歇할새 問하오대 欲修行할때 如何降伏하리잇고

수보리가 "일체의 보리심³⁴을 일으킨 사람은 마땅히 그 마음을 어디에 머물러야 하며 어떻게 항복받아야 합니까?"라고 여쭈었다. 수보리는 일체중생의 마음이 시끄럽고 요란한 것이 바늘구멍 속의 먼지와 같으며, 요동하는 마음이 회오리바람같이 일어나서 잠시도 쉴 틈이 없는 것을 보고는, "수행하고자 하면 어떻게 항복받아야 합니까?"라고 여쭌 것이다.

〔광론廣論〕

發起無上正等覺容易 恒久堅持 常住不變最難 因爲 心如猿猴 意若

---

32 응운하주應云何住: 무상보리의 마음을 추구하려고 발원을 하였으면 어떤 곳에서 안심입명安心立命하여 자기의 존재를 이루어야 하는가를 말한다.

33 항복기심降伏其心: 번뇌 망상의 마음을 어떻게 자제하고 항복하여야 하는가를 말한다.

34 보리심: 보리의 마음. 보리에는 다섯 가지가 있는데 다음과 같다. 첫째는 발심보리發心菩提로서 바로 십신十信이며,
둘째는 복심보리伏心菩提로서 바로 삼현三賢이며, 셋째는 명심보리明心菩提로서 초지初地에서 십지十地까지이며, 넷째는 출도보리出到菩提로서 팔구십지八九十地이며, 다섯째는 무상보리無上菩提로서 바로 여래지如來地이다.

野馬 最難降伏 基於欲卽是業 貪卽是障 貪欲執著 業障叢生 無上菩
提 佛子所求 尋求菩提 發心是起始 降伏貪欲是過程 證得阿耨多羅
三藐三菩提是道果 是故 云何應住 云何降伏其心

무상정등각無上正等覺을 발기하는 것은 쉽지만 항구하게 견지堅持하
고 항상 머무르면서 변하지 않기는 매우 어렵다. 왜냐하면 마음은
원숭이와 같고 뜻은 야생마와 같아서 매우 항복받기 어렵기 때문이
다. 욕심(欲)이 기반을 둔 것은 업業이고 탐냄(貪)은 장애이니,
탐욕에 집착하면 업의 장애가 모두 일어난다. 무상보리는 불자佛子
가 구하는 것이니 보리를 찾아 구할진대 발심은 시초이고 탐욕을
항복 받는 것은 과정이며 아뇩다라삼막보리를 증득하는 것은 도의
결과이다. 그러므로 어떻게 머물며 어떻게 그 마음을 항복받느냐고
하였다.


佛言 善哉善哉[35] 須菩提 如汝所說 如來善護念諸菩薩 善付囑諸
菩薩讚印
부처님께서 말씀하셨다.
"착하고 착하구나, 수보리야! 네가 말한 것과 같이 여래는 모든
보살을 올바르게 호념하시며 올바르게 부촉하느니라."


〔구결口訣〕
是는 佛이 讚歎須菩提하사대 善得我心하며 善得我意也이라하시니라
───────────────
35 선재善哉: 불교에서 칭찬하는 말이다.

이는 부처님께서 수보리가 바르게 당신의 마음(我心)을 잘 얻고 바르게 당신의 뜻(我意) 잘 얻었음을 칭찬하시는 것이다.


〔광론廣論〕

世有靈犀一點 法有相應感通 敎下一切理事 講求契合投緣 始得究竟無間 猶水乳交融 相境一如 方爲有緣 才算無礙

세상에는 신령스러운 무소 한 마리가 있으니 법이 있어 상응相應하고 감통感通하며, 일체의 이사理事를 가르쳐 계합契合을 강구하여 인연을 던져(投緣) 비로소 빈틈없는 구경을 얻는다. 마치 물과 우유가 서로 섞이는 것과 같으니, 상相과 경境이 하나가 될 때 인연이 있어(有緣) 비로소 걸림이 없는 것이다.


〔계청표종誡聽標宗〕

汝今諦聽[36] 當爲汝說

"너는 이제 자세히 들어라. 마땅히 너를 위하여 말하겠다."


〔구결口訣〕

佛이 欲說法하실재 常先戒敕하사 令諸聽者로 一心靜默하라 吾當爲說하리라하시니라

---

36 제청諦聽: 제諦는 진실하고 정확한 것으로 교만하여도 안 되고 너무 비하해서도 안 되는데, 이 두 가지가 없어야 제청諦聽하는 것이다. 이를 듣기 위해서는 허심虛心이 되어야 한다.

부처님께서 설법하시고자 하실 때에는 항상 먼저 칙계(勅戒: 경계함)하고 모든 듣는 사람들에게 한마음으로 조용히 침묵하게 하시고는 '내가 마땅히 설법하겠다'고 하신다.

〔광론廣論〕

澄心靜慮 受敎之妙 也就是思想空隙愈大 排斥的機會愈小 有道是願意承受的人 正是有資格付出的人 何況是法王座前承敎 猶貧窮者入寶山 欲想辨識珍寶 必線澄心靜意 方始擇貴棄賤 不爲耀眼眩目之物體而迷惑 結果空手而還

맑은 마음과 고요한 생각은 가르침의 신묘함을 받나니, 사상이 비면 더욱 커지고 배척하면 기회는 더욱 적어질 따름이다. 덕행이 있다는 것은 염원을 받아들이는 사람으로 바로 자격이 있는 사람이다. 하물며 법왕法王의 자리 앞에서 가르침을 받는 것은, 마치 빈궁한 사람이 보배 산에 들어가 진귀한 보배를 알아내려면 반드시 먼저 마음을 맑게 하고 뜻을 고요히(澄心靜意) 해야만 비로소 귀중한 것을 선택하고 천한 것은 포기하며, 뛰어난 안목으로 분별하지 않으면 눈이 어질어질하여 물체에 미혹되어 결국 빈손으로 돌아가는 것과 같다.

善男子善女人 發阿耨多羅三藐三菩提心 應如是住 如是降伏其心

"선남자 선여인이 아뇩다라삼먁삼보리 마음을 일으키면 마땅히 이와 같이 머물고 이와 같이 마음을 항복받아야 하느니라."

〔구결口訣〕

阿之言은 無요 耨多羅之言은 上이오 三之言은 正이오 藐之言은 偏이오
菩提之言은 知이니 無者는 無諸垢染이오 上者는 三界에 無能比오
正者는 正見也오 偏者는 一切智也오 知者는 知一切有情이 皆有佛性
할새 但能修行하면 盡得成佛이니 佛者는 卽是無上淸淨般若波羅密
也이니 是以로 一切善男子善女人이 若欲修行인댄 應知無上菩提道
이며 應知無上淸淨般若波羅密多法이니 以此로 降伏其心也이니라

'아'는 무無이며, '녹다라'는 상上이며, '삼'은 정正이며, '먁藐'은
변偏이며, '보리'는 지知이다. '무無'는 모든 번뇌에 염착됨이 없는
것이며, '상上'은 삼계三界에 견줄 것이 없는 것이며, '정正'은 정견正
見이며, '변偏'은 일체지一切智이며, '지知'는 일체유정은 모두 불성
이 있음을 아는 것이며, 다만 수행만 하면 궁극에는 성불한다는
것을 증득하는 것이다. 불佛은 곧 위없이 청정한 반야바라밀이다.
이로써 일체의 선남자 선여인이 수행하고자 하면 바로 무상한
보리도菩提道를 알아야 하고, 반드시 무상하고 청정한 반야바라밀
다법으로 그 마음을 항복받아야 한다는 것을 알아야 한다.

〔광론廣論〕

衆生原本就是一個業團 無業不成衆生 菩提仍屬造作之業 易汚轉
淨 謂之淨業 是淨是汚 存乎一心 心生則種種法生 心滅則種種法滅

此般心相 不離五蘊 蘊緣於色 始有感受 由受起想 思維變化 發動行
爲 而生了別 了別卽是智慧之表現 而成無上正徧知淸淨道果 但是
智慧之形成 來自聞思修三途 於見聞中所得 投入思維靜慮之中 如
理亂麻 如澄渾濁 必須篤踐力行 持久不逾 方識無上般若之法 依之
降伏其心 如是明心見性 如是佛道始成

중생은 원래 근본적으로 하나의 업業의 덩어리를 가지고 있으며,
업이 없다면 중생이 성립될 수 없다. 보리菩提는 조작하는 업에
속하는데 더러움을 청정함으로 바꾸는 것을 일러 정업淨業이라 한
다. 청정하고 더러움은 한마음에 있으며, 마음이 일어나면 갖가지
법이 일어나고 마음이 없어지면 갖가지 법이 없어진다. 이런 심상心
相이 오온五蘊을 벗어나지 않으면 오온은 색色에 연유하여 비로소
감수感受함이 있고 감수함에 연유하여 상상을 일으키며, 사유함이
변화하여 행위를 발동하여 요별了別함을 일으키며, 요별하지 않는
것도 지혜의 표현이니 무상정변지無上正徧知의 청정淸淨한 도과道果
를 성취한다. 이는 지혜의 형성으로 '문사수聞思修'로부터 견문見聞
하는 가운데에서 얻게 되고, 사유思惟에 투입投入하고 정려靜慮하는
속에서 진리가 난마亂麻하고 맑은 것이 혼탁渾濁하여도 반드시 돈독
하게 실천해 나가 오래되면 머지않아 무상無上한 반야의 법을 알게
되고 이에 의하여 그 마음을 항복받으며 명심견성明心見性하게 되니,
이와 같으면 불도佛道가 비로소 성취된다.

〔계지청상契旨請詳〕

唯然世尊 願樂欲聞

"그렇습니다. 세존이시여! 듣기를 원하고 바랍니다."

〔구결口訣〕

唯然者는 應諾之辭요 願樂者는 願佛이 廣說하사 令中下根機로 盡得開悟요 樂者는 樂聞深法이라 欲聞者는 渴仰慈誨也이라

'유연唯然'은 응낙하는 말이고, '원락願樂'은 부처님의 방대한 설명을 원하는 것으로 중하근기의 사람이 모두 개오開悟함을 증득케 하는 것이다. '낙樂'은 깊은 진리를 즐거이 듣는 것이며, '욕문欲聞'은 자애로운 가르침을 목마르게 기다리는 것이다.

〔광론廣論〕

古人牙慧[37] 不是佛陀敎誨 發明心地 必須如法奉持 是以 秉承遺敎 猶若指針 如旅程中 路碑不明 其途必岔 迷失方向 其境卽乖 所謂失之毫釐 謬之千里 吾人行道 能不察應

是以 循軌遵範 不是盲從 卽使敎誡 也以相應者爲得 世尊住世 弘傳四九 非一定之法 諸法甚深 微妙不思議 多聞擇善 一門逕入 方始饒益 不可玩忽

옛사람들의 은혜恩惠는 불타의 가르침이 아니더라도 심지心地를

---

37 아혜牙慧: 아혜我惠라고도 한다. 언어를 차용借用하지 않고도 사람들에게 은혜恩惠를 베푸는 것을 말한다.

발명發明하여 반드시 법답게 봉지奉持하여 이로써 함께 유교遺教를 계승하는 것이 지침指針과 같으며, 여행 중에 길의 이정표里程標가 분명하지 않으면 그 길의 갈림길에서 방향을 잃게 되어 장소가 어긋나게 되는 것과 같다. 말하자면 자칫 털끝만큼이라도 어긋나면 천리나 어긋나니, 우리들이 도를 수행하는 것을 어찌 살피지 않을 것이냐!

이런 까닭에 규범을 준수하되 맹종하지 않고 기르고 닦아 상응相應하는 사람은 깨닫게 된다. 세존께서 세상에 계시면서 널리 가르치기를 49년이었으나 하나의 정한 법은 아니었다. 모든 법은 깊고 깊으며 미묘하고 불가사의하니, 많이 듣고 옳은 것을 선택하여 한 관문關門인 지름길로 들어가면 비로소 이익이 늘어나니, 소홀히 할 수 없다.

# 대승정종분大乘正宗分 제삼第三

宗絶正邪 乘無大小 隨三根而化度 簡異說而獨尊 故受之以大乘正宗分

근본은 정사正邪가 끊어졌고, 승乘에는 대소大小가 없으며, 삼근(三根: 貪瞋痴를 말함)을 따라 교화하므로 다르게 설법하더라도 독존獨尊하므로 대승정종분으로 이를 받았다.

〔표시標示〕

佛告須菩提 諸菩薩摩訶薩 應如是降伏其心

부처님께서 수보리에게 말씀하셨다.

"모든 보살마하살은 마땅히 이와 같이 그 마음을 항복받아야 하느니라."

〔구결口訣〕

前念이 淸淨하면 後念이 淸淨할새 名爲菩薩이오 念念不退하여 雖在 塵勞라도 心常淸淨할새 名摩訶薩이라 又慈悲喜捨와 種種方便으로 化度衆生할새 名爲菩薩이오 能化所化[38]에 心無取著할새 是名摩訶

薩이라 恭敬一切衆生이 卽是降伏自心處라 眞者는 不變하고 如者는
不異하니 遇諸境界하여 心無變異함이 名曰眞如라 亦云하대 外不假
曰眞이오 內不虛曰如이니 念念無差함이 卽是降伏其心也라

※ 不虛一本作不亂 不虛는 어떤 책에서는 不亂이라고 하였다.

전념前念이 청정하고 후념後念이 청정하면 '보살'이라고 한다. 어떤
순간에도 근본 뜻에서 물러서지 않으며 비록 진로(塵勞: 번뇌)가
있다고 해도 마음이 항상 청정한 것을 '마하살摩訶薩'이라고 한다.
또 자비희사慈悲喜捨와 갖가지 방편으로 중생을 교화하고 제도하는
것을 보살이라 한다. 교화하거나 교화되었다는 마음에 염착染着하
지 않으므로 마하살이라고 한다.

일체의 중생을 공경하는 것은 바로 자심처自心處를 '항복'받는 것이
다. 진眞은 변하지 않는 것이며 여如는 다르지 않음이니 모든 경계를
만나도 마음이 변하지 않는 것을 진여眞如라고 한다. 또 밖으로는
가식이 없는 것을 진眞이라고 하고, 안으로는 틈이 없는 것을
여如라고 한다. 어떤 순간에도 차별이 없으면 바로 이 마음을
항복받는 것이다.

〔광론廣論〕
意念起於色塵 色塵卽是物相

楞嚴經中說 若無我者 逢物不生 因此 我爲罪藪 常住物相之中 爲色

---

38 능소能所: 두 법이 대대對待할 때에 스스로 움직이는 주체는 能能이고 움직여지
   는 대상은 所所라고 한다.

塵所轉 不能行於覺道 於迷惑茫亂的漩流裡 轉着 動着 一刻也不停留 佛陀慈悲 透示衆生皆具覺性 猶如諸大菩薩 應生淸淨心 轉迷入覺 脫離漩流 莫爲物相所轉 應當轉於物相 應如是降伏其心

의념意念은 색진色塵에서 일어나는데 색진은 물상物相이다.
『능엄경』에서 말하기를 "무아無我이면 물상物相을 만나도 마음이 일어나지 않는다"고 하였다. 나는 죄의 덩어리이며 항상 물상 속에 있으면서 색진色塵에 전변轉變하면 깨달음의 도를 수행할 수가 없으며, 미혹에 망란茫亂한 소용돌이 속에서 전착轉着하거나 동착動着하면서 한시도 머무르지 않는다.
불타의 자비는 중생이 각성覺性을 구족하고 있음을 꿰뚫어보신다. 마치 모든 위대한 보살들이 마땅히 청정심淸淨心을 일으켜 미혹함을 전변하여 깨달음에 들어가고, 소용돌이를 벗어나 물상에 전변당하지 않고 마땅히 물상을 전변시켜야 하며, 마땅히 마음을 항복받아야 하는 것과 같다.


所有一切衆生之類 若卵生 若胎生 若濕生 若化生 若有色 若無色 若有想 若無想 若非有想 非無想 我皆令入無餘涅槃
"존재하는 일체중생의 부류는 난생, 태생, 습생, 화생과 유색, 무색, 유상, 무상, 비유상비무상이 있는데 내가 모두를 무여열반에 들게 하여

54

〔구결口訣〕

卵生者는 迷性也오 胎生者는 習性也오 濕生者는 隨邪性也오 化生
者는 見趣性也이니 迷故로 造諸業하고 習故로 常流轉하고 隨邪하여
心不定하고 見趣하여 多淪墜³⁹하나니 起心修心하여 妄見是非하여 內
不契無相之理할새 名爲有色이오 內心守直하여 不行恭敬供養하여
但言直心이 是佛이라고 不修福慧할새 名爲無色이오 不了中道하고
眼見耳聞하여 心想思惟하여 愛著法相하여 口說佛行하대 心不依行
할새 名爲有想이오 迷人이 坐禪하대 一向除妄하고 不學慈悲喜捨와
智慧方便하여 猶如木石의 無有作用할새 名爲無想이오 不著二法
想⁴⁰할새 故로 名若非有想이오 求理心이 在할새 故로 名若非無想이라
煩惱는 萬差이니 皆是垢心이며 身形이 無數하니 總名衆生이니 如來
가 大悲로 普化하사 皆令得入無餘涅槃⁴¹하실새 云 多淪墜⁴²阿鼻也라

난생卵生은 미혹한 게 본성이며, 태생胎生은 습習한 게 본성이며,
습생濕生은 삿된 것을 따르는 게 본성이다. 화생化生은 견혹見惑을
향해 가는 게 본성이다. 미혹한 까닭에 모든 업業을 짓고, 습한

---

39 윤추淪墜: 도탄에 빠짐. 아주 쇠퇴함.

40 이법상二法想: 이변二邊과 같은 뜻으로 유변有邊과 무변無邊을 말한다. 유변은
　세간의 일체사물은 중연衆緣으로 화합하여 생기게 되어 자성自性이 없다고
　하고, 무변은 세간의 일체사물은 자성自性이 없다고 하여 일체법이 공하다고
　하는 것이다.

41 무여열반(無餘涅槃, nirupadhisesa-nirvana): 신身과 지智가 모두 없어지는 열반
　이다. 이것은 윤회과정이 없다.

42 추墜: 어떤 책에는 추墜 뒤에 일작타一作墮가 더 추가되어 있다.

까닭에 항상 유전流轉하며, 삿된 마음을 따르므로 바르지 못하며, 견혹見惑이 많으므로 윤추(淪墜: 빠지고 떨어짐)하게 된다.

마음을 일으켜서 마음을 닦으나 헛되이 시비是非를 보아 안으로 무상한 이치에 계합하지 못하는 것을 유색有色이라 한다. 안의 마음을 바르게 지키나 공경행恭敬行과 공양행供養行을 수행하지 않으면서 단지 직심直心이 부처라고 말하면서 복혜福慧를 닦지 않는 것을 무색無色이라 한다. 중도中道를 깨닫지 못하면서 눈으로 보고 귀로 듣는 것을 마음으로 생각하고 사유하여 법상法相에 애착 하며, 입으로는 부처님의 수행을 말하면서도 마음으로는 부처님의 수행에 의지하지 않는 것을 유상有想이라 한다. 미혹한 사람이 좌선을 하는데 오로지 망념을 없애려고 하면서 자비희사慈悲喜捨와 지혜 방편을 배우지 않아 마치 목석과 같아서 작용이 없는 것을 무상無想이라 한다. 이법상二法相에 염착하지 않음을 비유상非有想 이라고 하며, 진리를 구하는 심성心性을 가지므로 비무상非無想이 라고 한다.

번뇌는 만 가지로 차별이 있다고 하여도 모두가 때 묻은 마음이며, 신형身形이 무수히 많아도 모두가 중생이며, 여래께서 대비大悲로 널리 교화하여 "모두를 무여열반無餘涅槃에 들게 하겠다."고 말씀하 신 것은 하나같이 아비지옥阿鼻地獄에 빠지고 떨어지는 이가 많기 때문이다.

56

〔광론廣論〕

卵爲茫然 胎是習氣 濕屬隨緣 化乃見取 諸般業識 分別衆生 如是之
業 得如是之果

質礙與形態 表裏俱分明 謂之有色

根能之不到 色所逾見聞 謂之無色

識心起分別 但說不能行 謂之有想

捨己外求他 空寂貪獨樂 謂之無想

起心不染 動念不著 謂之非有想

修心養性 由迷轉覺 謂之非無想

學行不離事理 溶會世出世間 入於究竟覺性 卽是解脫生死 不受生
死輪轉 隨處無餘涅槃

난卵은 망연茫然이고 태胎는 습기習氣이며, 습濕은 연緣에 따르는
데 속하고 화化는 견취見取이다. 모든 업식은 중생을 분별하는 이와
같은 업으로 이와 같은 결과를 얻는다.

질애質礙와 형태는 표리가 분명하여 유색有色이라 한다.

근根이 이를 수 없는 것으로 색色이 견문見聞을 넘어서는 것을 무색無
色이라 한다.

식심識心이 분별을 일으켜 다만 말만 할 뿐 행할 수 없는 것을 유상有想
이라 한다.

자기를 버리고 밖으로 다른 것을 구하면서 공적空寂에서 혼자 즐기는
것을 무상無想이라 한다.

마음이 일어나도 염착하지 않고 움직이는 생각에도 염착하지 않는

것을 비유상非有想이라 한다.

심성心性을 수양하여 미혹함을 전변하여 깨닫는 것을 비무상非無想이라 한다.

학행學行하면서 사리事理를 벗어나지 않고, 세간과 출세간에 어울리면서도 구경究竟인 각성覺性에 들어가면 생사를 해탈한 것이며, 생사윤전을 받지 않으면서 수순隨順하게 무여열반無餘涅槃에 거처한다.

而滅度之

이를 멸도하게 하겠다."

〔구결口訣〕

如來가 指示三界九地[43]衆生이 各有涅槃妙心하사 令自悟入無餘케하시니 無餘者는 無習氣煩惱也라 涅槃者는 圓滿淸淨義니 滅盡一切習氣하여 令永不生케하여 方契此也이니라 度者는 渡生死大海也이니 佛心이 平等하사 普願以一切衆生과 同入圓滿淸淨한 無餘涅槃하며 同渡生死大海하며 同諸佛所證也하시니라 有人이 雖悟雖修하니 作有所得心者는 却生我相할새 名爲法我이니 除盡法我하야 方名滅度

---

43 삼계구지三界九地: 삼계를 나누어 구지라고 한다. 첫째는 욕계의 오취(五趣: 지옥, 아귀, 축생, 인, 천), 둘째는 이생희락지離生喜樂地, 셋째는 정생희락지定生喜樂地, 넷째는 이희묘락지離喜妙樂地, 다섯째는 사념청정지捨念淸淨地, 여섯째는 공무변처지空無邊處地, 일곱째는 식무변처지識無邊處地, 여덟째는 무소유처지無所有處地, 아홉째는 비상비비상처지非想非非想處地이다.

也이니라

여래께서는 삼계구지의 중생이 제각기 열반묘심이 있다고 가리켜 보이시고는 이들 스스로 깨닫게 하여 무여열반에 들게 하셨다. 무여無餘는 습기인 번뇌가 없는 것이며, 열반涅槃은 원만청정圓滿淸淨의 뜻이다. 일체의 습기 모두를 없애버려 영원히 일어나지 않아야 바로 이에 계합한다. '도度'는 생사대해生死大海를 건너는 것이다. 부처님 마음은 평등하시어 널리 모든 중생이 다 원만 청정한 무여열반에 들어가기를 원하시며, 또 모두가 생사대해를 건너 모두가 다 부처님이 증득하는 것과 같게 되길 원하신다. 사람이 비록 깨닫고 닦아도 증득한 마음이 있다고 여기는 것은 도리어 아상我相을 일으키는 것이니, 이를 법아法我라고 부른다. 법아를 모두 없앴을 때 '멸도滅度'라고 한다.

〔광론廣論〕

涅槃妙心 人人具足 淸淨煩惱 卽得無餘 衆生群迷 佛伸援手 指引迷途 脫出困惑 如雲掩日 大風起兮 雲開日現 如月投影 因指得月 故有滅度之句

然而 衆生業重 非是一點卽透而能成辦者 因此 宗下有句 不是幾番寒徹骨 那得梅花撲鼻香 業如濁水滿潭 欲求淸澈 必須時間空間 恒久不斷下工夫 衆所周知 欲得淸濁 不外二途 一者等待 慢慢澄淸 二者攪和 加速澄淸 業轉業減 果報如等待 修行若攪和 識得其中堂奧 過的自然洒脫 是故 自悟自修 循如來軌跡 卽滅度之

열반묘심은 사람마다 구족하고 있지만 번뇌를 청정하게 하여야만 무여열반無餘涅槃을 증득한다. 중생은 미혹하기에 부처님께서는 구원의 손길을 내밀어 미혹한 길을 가는 중생을 인도하시어 미혹의 괴로움에서 탈출시켜 주시는 것이, 마치 구름이 해를 가리다가 큰 바람이 일어나면 구름이 걷히고 해가 나타나는 것과 같고, 달이 그림자를 드리우면 손가락으로 달을 얻을 수 있는 것과 같다. 그러므로 '멸도滅度'라는 구절이 있는 것이다.

그러나 중생은 업이 무거워서 한 점으로 투득透得하여 판별할 수가 없다. 이로 인하여 선종에서 문구가 있으니 "몇 차례 뼈에 사무치는 추위를 견디지 않고서 어찌 코끝을 스치는 매화향기를 맡을 수 있으리오!"라고 하였다. 업은 흐린 물이 연못에 찬 것과 같으니, 철저히 맑게 하려면 반드시 시간과 공간 속에서 항구적으로 끊이지 않는 공부를 해야 한다! 모두가 두루 아는 바와 같이 청탁淸濁을 깨닫고자 하면 두 갈래를 벗어나지 않는다. 첫째는 기다리면 차츰차츰 징청澄淸해지는 것이고, 둘째는 부드럽게 휘젓다가 점점 속도가 붙으면 징청해져 업을 전변轉變하거나 감소시킬 수 있다. 과보는 기다리는 것과 같고, 수행은 부드럽게 휘젓는 것과 같으니, 그 속에서 심오함을 깨달으면 저절로 자연스럽게 벗어나게(洒脫) 된다. 그러므로 스스로 깨닫고 수행하면서 여래의 궤적을 따르면 곧 멸도滅度하게 된다.

〔정명正明〕

如是滅度無量無數無邊衆生　實無衆生得滅度者

"이와 같이 무량하고 무수하고 무변한 중생을 멸도하되 실제로는 멸도를 증득한 중생이 없느니라."

〔구결口訣〕

如是者는 指前法也오 滅度者는 大解脫也이니 大解脫者는 煩惱及習氣 一切諸業障이 滅盡하여 更無有餘할새 是名大解脫이라 無量無數無邊衆生이 元各自有一切煩惱貪瞋惡業하니 若不斷除하면 終不得解脫할새 故로 言如是滅度無量無數無邊衆生이라하시니라 一切迷人이 悟得自性하면 始知佛이 不見自相하시며 不有自智이시니 何曾度衆生이시리오 祗爲凡夫는 不見自本心하며 不識佛意하와 執著諸法相하여 不達無爲之理하여 我人을 不除할새 是名衆生이니 若離此病하면 實無衆生이 得滅度者인들하리니 故로 言하대 妄心無處는 現菩提오 生死涅槃이 本平等이라하니 何滅度之有이리오

'여시如是'는 앞의 법(전술한 무여열반)을 말하며, '멸도滅度'는 위대한 해탈이다. 위대한 해탈은 번뇌 및 습기와 일체 모든 업장이 다 없어져서 다시 번뇌로 남은 것이 없기에 위대한 해탈이라고 한다.

'무량하고 무수하고 무변한 중생'들은 원래 제각기 일체의 번뇌와 탐진치貪瞋痴의 악업이 있는데, 만약 이를 끊어 없애지 않으면 끝내 해탈을 얻지 못하므로 '이와 같이 무량하고 무수하고 무변한

중생을 멸도했다'고 한 것이다. 일체의 미혹한 사람들이 자성自性을 깨달아 얻으면 비로소 부처님께서는 스스로의 모습(自相)을 보지 않으시며 스스로의 지혜(自智)도 보지 않으심을 비로소 알게 되나니, 하물며 일찍이 중생을 제도하셨으리오? 다만 범부가 자기의 본심本心을 보지 못하고 부처님의 뜻을 알지 못하여 모든 법상法相에 집착하여 무위無爲의 진리를 요달하지 못하고 나와 남(我相과 人相)을 없애지 못하므로 중생이라고 하는 것이다. 만약 이 병을 벗어나게 되면 실제로는 중생이 멸도를 얻은 사람이 없다. 그러므로 말씀하시길 '망심妄心이 없는 곳에 보리가 나타나고 생사와 열반이 본래 평등하다'고 하셨으니, 어찌 멸도한 것이 있겠는가?

〔광론廣論〕

衆生皆具覺性 只爲宿業所障 沉淪迷轉 耽苦爲樂 尤乞者貪於自樂
四事俱缺 盡賴人捨 健壯之時 乞討自如 老病纏身 坐以待斃
佛乃覺者 慧悟一身 慈悲喜捨 平等度人 緣於衆生自性爲業所障 故
敎人自悟自性 見自本心 得除宿業 淸淨寂靜 是以 能達如是地步
猶若大地穢垢 一陣風雨 洗滌得纖塵不染 試想 如是洗滌無量無數
無邊穢垢 細察詳究之餘 是不是實無穢垢得洗滌之 穢垢無由 大地
本有 風雨無藏處 原本起自大地 說什麼洗滌不洗滌

중생은 모두 각성覺性을 구족하고 있으나 다만 숙업에 가로막히고 전도된 미혹함에 빠져 고통을 즐거움이라고 탐닉한다. 더욱이 구걸하는 사람(비구)이 스스로 즐거움에 탐닉하여 사사四事[44]가 모두

결여되고 타인의 신뢰를 다 잃어버리고, 건강할 때에는 걸식하면서 태연자약하지만 늙음과 질병이 몸을 얽매면 앉아서 죽기만을 기다린다.

부처님은 바로 깨달은 자이니, 일신을 혜오慧悟하여 자비희사로 평등하게 사람들을 제도하신다. 중생은 자성自性이 업에 가로막힌 연유로, 사람들에게 스스로 자성을 깨닫게 가르쳐서 스스로의 본심을 보고 숙업을 없앤다면 청정하고 적정해진다. 이런 까닭에 '이와 같이(如是)' 통달할 수 있으면 마치 더러운 때(穢垢)가 쌓인 대지에 한바탕 비바람이 몰아쳐 미세한 먼지조차 다 깨끗하게 씻어버리는 것과 같다. 생각해보면 이와 같이 무량하고 무수하며 무변한 더러운 때를 씻고 자세히 관찰하고 상세히 연구하면 이는 실제로는 더러운 때가 없어 씻는 것도 아닌 것이다. 더러운 때는 연유가 없고 대지는 본래 있고 비바람은 감출 곳이 없으니, 본래로 대지에서 일어나는 무엇이 세척이고 세척이 아니라고 말하겠는가?

〔징석徵釋〕

何以故 須菩提 若菩薩有我相人相衆生相壽者相 卽非菩薩

"무슨 까닭이냐 하면 수보리야! 만약 보살에게 아상, 인상, 중생상, 수자상이 있다면 보살이 곧 아니니라."

---

44 사사四事: 사법四法, 사섭四攝이라고도 말한다. 보시布施, 애어愛語, 이행섭利行攝, 동사섭同事攝이 그것이다.

〔구결口訣〕

衆生佛性이 無有異언마는 緣有四相하여 不入無餘涅槃하나니 有四相하면 卽是衆生이오 無四相하면 卽是佛이니 迷하면 卽佛이 是衆生이오 悟하면 卽衆生이 是佛이라 迷人은 恃有財寶學問族姓하여 輕慢一切人하나니 名我相이오 雖行仁義禮智信하니 而意高自負하여 不行普敬하여 言我가 解行仁義禮智信하거니 不合敬[45]爾하나니 名人相이오 好事란 歸己하고 惡事란 施於人하나니 名衆生相이오 對境하여 取捨分別하나니 名壽者相이니 是謂凡夫四相이라 修行人도 亦有四相하니 心有能所하여 輕慢衆生할새 名我相이오 恃持戒하여 輕破戒者할새 名人相이오 厭三塗苦[46]하여 願生諸天할새 是衆生相이오 心愛長年하여 而勤修福業하여 諸執을 不忘할새 是壽者相이니 有四相하면 卽是衆生이오 無四相하면 卽是佛也라

중생과 부처의 본성은 다름이 없건만 사상四相이 있는 연유로 무여

---

45 경敬: '경敬'자에 대하여 퇴계 이황은 다음과 같이 말하고 있다. "미발은 경계하고 삼가며 두려워함의 공부처이고, 이발은 세심히 체험하고 관찰하는 때이니, 이른바 깨우침과 분발함으로 돌보는(비추어 관하는) 공은 곧 미발과 이발 사이를 관통하여 끊어짐을 허용하지 않나니, 바로 이것을 일러 '경敬'이라 한다(未發則爲戒愼恐懼之地 而發則爲體察精之時 而所謂喚醒與提起 照管之功則通貫乎 未發已發之間 而不容間斷者 卽所謂敬也)—『퇴계집』 권19「答黃仲擧」.

46 삼도고三塗苦: 도塗는 도途의 뜻이다. 첫째 화도(火途: 지옥에 맹렬히 불길이 타오르는 곳), 둘째 혈도(血途: 축생계에서 서로 싸우는 곳), 셋째 도도(刀途: 아귀계에서 칼, 검, 막대기 등으로 서로 괴롭히는 곳)를 말한다.

열반에 들지 못하는 것이다. 사상이 있으면 중생이고 사상이 없으면 부처이다. 미혹하면 부처가 중생이고 깨달으면 중생이 부처이다. 미혹한 사람이 재물과 보배와 학문과 족벌을 믿고 모든 사람을 깔보는 것을 일러 아상我相이라 하며, 비록 인의예지신(仁義禮智信: 五常)을 행하지만 뜻이 높다고 자부하면서 널리 공경함을 행하지 않고 나는 인의예지신을 이해하고 행한다고 하면서 경敬에 회합會合하지 않는 것을 일러 인상人相이라 하며, 좋은 일은 자기에게 돌리고 나쁜 일은 남에게 베푸는 것을 일러 중생상이라 하며, 경계境界에 대해서는 취사하고 분별하는 것을 일러 수자상이라 한다. 이것이 이른바 범부凡夫의 사상이다.

수행인도 또한 사상이 있으니 마음에 능소能所가 있어서 중생을 깔보는 것을 일러 아상이라 하며, 계를 가졌다고 믿고 가벼이 계를 파괴하는 것을 일러 인상이라 하며, 삼도고(三塗苦: 지옥, 아귀, 축생)를 싫어하여 모든 천상에 태어나기를 원하는 것이 중생상이며, 마음으로 오래 살기를 원하여서 복업福業을 열심히 닦으면서도 모든 집착을 잊지 않는 것이 수자상이다. 사상이 있으면 중생이고 사상이 없으면 바로 부처이다.

〔광론廣論〕
覺悟有情 離諸衆相 不執不捨 是名菩薩 發揮智慧 徹底覺悟 大慈大悲 是名爲佛 或謂迷亂是衆生 覺悟卽是佛也

染心執著 離世遁隱 是名我相

直諫規勸而逆耳 詔媚奉承而歡悅 是名人相

位高權貴 領袖跋扈 是名衆生相

守財逾命 放逸貪求 是名壽者相

捨此 行者四相 供作參考

我相: 以戒治貪 以定治瞋 以慧治癡 不從心性上痛下工夫者

人相: 好爲師 强言道 動輒法 藉佛威 唯我獨尊者

衆生相: 修福德 愛分別 貪善法 好廣博 期求通才者

壽者相: 惡苦行 忌大願 重懺法 畏悔改 雅靜無欲者

유정有情을 각오覺悟하게 하고 모든 상相을 저버리면서 집사執捨하
지도 않으면 보살이라고 하며, 지혜를 발휘하고 철저히 각오하여
대자대비하면 부처라 한다. 혹은 혼란하고 미혹(迷亂)하면 중생이고
각오하면 부처이다.

염심染心에 집착하고 세상을 저버리고 은둔하면 아상이라고 한다.
직간直諫하고 규동規動하는 게 귀에 거슬리거나 첨미詔媚하는 것을
받아들여 즐거워하는 것은 인상이다.

지위가 높고 귀한 권위를 가진 영수가 제멋대로 날뛰는 것은 중생상
이다.

목숨을 던져서까지 재물을 지키면서 방일하게 탐하여 구하는 것은
수자상이다.

이를 떠나 사상을 수행하는 것을 말하니 참고하라.

아상: 계율로 탐욕을 다스리고, 선정으로 성냄을 다스리고, 지혜로
어리석음을 다스려서 심성心性을 따르지 않고 고통스럽게 공부하는

것이다.

인상: 스승이 되는 것을 좋아하고 억지로 도를 말하며 항상 법法을 움직여 부처의 위신력에 의지하여 유아독존唯我獨尊하는 것이다.

중생상: 복덕을 수행하고 분별하기를 즐기며 선법善法을 탐내고 광박廣博한 것을 즐기면서 통재通才[47]를 바라는 것이다.

수자상: 고행을 싫어하고 원대한 원력願力을 시기하며 참법懺法을 귀하게 여기고 회개하는 것을 두려워하여 아정雅靜하면서도 욕망이 없는 것이다.

---

[47] 통재通才: 학식이 넓고 여러 가지 일에 다재다능한 사람.

# 묘행무주분妙行無住分 제사第四

得宗而行 不住於相 故受之以妙行無住分

근본을 증득하고도 상에 주하지 않으면서 수행하므로 묘행무주분으로
이를 받았다.


〔표시標示와 지석指釋〕

復次須菩提 菩薩於法 應無所住行於布施 所謂不住色布施 不住
聲香味觸法布施

"또 수보리야! 보살은 법에서 꼭 주하는 것이 없이 보시를 행하여
야 하느니라. 말하자면 색에 주하지 않는 보시이며 성향미촉법에
도 주하지 않는 보시이니라."


〔구결口訣〕

凡夫布施는 祇求身相端嚴과 五欲快樂 故로 報盡하면 却墮三塗[48]할
새 世尊이 大慈로 敎行無相布施者는 不求身相端嚴과 五欲快樂하고

---

48 지옥地獄, 아귀餓鬼, 축생畜生을 말한다.

但令內破慳心하고 外利益一切衆生이시니 如是相應이 爲不住色布
施라

범부의 보시는 다만 신상身相이 단정하고 장엄함과 오욕의 쾌락을
구하는 까닭에 과보果報를 다하면 삼도에 떨어지게 된다. 세존께서
큰 자애로움으로 가르치고 수행하신 무상보시無相布施는 신상이
단정하고 장엄함과 오욕의 쾌락을 구하는 것이 아니고, 다만 안으로
는 간탐심慳貪心을 없애고 밖으로는 모든 중생을 이익 되게 하는
것이다. 이와 같이 상응하면 색色에 머물지 않는 보시이다.


〔광론廣論〕
無相者 於物無染 功德回向 於法無著 淨施不遺 饒益衆生 不求福德
於心識不住所行 於意念破除分別 如是者 眞無相也 天道雖好 如粉
黑登場 皇帝將相 熱鬧一時 劇終依舊各還面目 因此 覺者之所以不
覺 爲迷於假相欲樂 蓋覆眞如 纏縛困擾 倘使 於事無我 於理無我
於法無我 則無所住 自收無相之功德也
菩薩於法 諦觀自在 故無所住

'무상無相'이란 사물에 염착하지 않고 공덕을 회향하며, 법에 염착하
지 않고 남김 없는 청정한 보시를 하여 중생을 요익되게 하면서도
복덕을 구하지 않으며, 심식으로 행하는 데 머무르지도 않고 의념意
念으로 분별하는 것도 깨트린다. '이와 같이(如是)'란 참다운 무상이
다. 천도天道가 비록 좋아도 분흑등장粉黑登場[49]과 같아 황제입네,
장상입네 하며 부산을 떠는 것도 한때일 뿐 연극이 끝나면 제각기

자기의 본래 모습으로 돌아간다. 이로 인하여 깨달은 것이 깨닫지 못하게 되므로 껍데기 모습의 욕락에 미혹하여 진여眞如를 덮어버리고 얽히고설키어 괴로워하는 것이다. 만약 일에서 무아無我이고 이치에서 무아이며 법에서도 무아라면 곧 머무는 바 없어 스스로 무상의 공덕을 거둔다.

보살은 법에서 진리를 관찰하는 것이 자재自在하므로 머무는 바가 없다.

〔결성結成〕

須菩提 菩薩應如是布施 不住於相

"수보리야! 보살은 반드시 이와 같이 보시를 하여 상에 머물지 않느니라."

〔구결口訣〕

應如是無相心布施者는 爲無能施之心하며 不見有施之物하며 不分別受施之人이 是名不住相布施也라

마땅히 이와 같은 무상심無相心으로 보시하라는 것은 보시한다는 마음이 없고 보시하는 물건에 애착도 가지지 않으며, 보시를 받은 사람도 분별하지 않아야 하는 것이니, 이것을 '상에 머물지 않는 보시'라고 한다.

---

49 분흑등장粉黑登場: 연극에서 배우들이 화장化粧하는 것을 말한다.

〔광론廣論〕

行功德不做行功德想 究其功德最大 因不執著 洒脫自在故
譬喻 人住於闇 無燈攻讀 自燈與人 固謂能捨 然而 捨燈之後 已無燈
用 影響自讀 無妨邀彼共燈共讀 當不至爲物相所難 住相迷惑 憂於
布施 於此情景 運用思維 發揮智能 而成就菩薩行爲 則達淨施之功
德也

공덕을 행하면서도 공덕을 행했다는 생각을 하지 않고, 그 공덕의 최대를 궁구하면서도 집착하지 않는 이유는 쇄탈자재(洒脫自在: 소탈하고 시원스럽고 자유로움)한 까닭이다.

비유한다면, 사람이 어두운 데 머물며 등불이 없이 독서하면서 자기 등불을 남에게 준다면 진실로 버릴 수 있다고 말한다. 그리고 등불을 버린 후에 자기는 등불을 쓰지 않고 영향影響으로 스스로 읽으며, 공동의 등불로 함께 독서하는 것에 방해가 없다. 마땅히 물상物相으로 어려움에 이르지 않아야 하며, 상에 미혹되어 머물면서 보시하는 것을 걱정하지 않아야 하니, 이런 마음상태에서 사유하면서 지혜의 능력(智能)을 발휘하여 보살행을 성취하여야 곧 청정한 보시의 공덕에 이르게 된다.

〔징석徵釋〕

何以故 若菩薩不住相布施 其福德不可思量

"무슨 까닭이냐? 만약 보살이 상에 머물지 않는 보시를 하면 그 복덕은 생각으로 헤아릴 수 없느니라."

〔구결口訣〕

菩薩行施는 無所希求할새 其所獲福德이 如十方虛空하여 不可較量
이라 言復次者는 連前起後之辭이라 一說에 布施는 普也요 施者는
散也이니 能普散盡心中妄念하여 習氣煩惱와 四相이 泯絶하여 無所
蘊積이 是眞布施니라 又說하대 布施者는 由不住六塵境界하며 又不
有漏[50]分別하고 惟當返歸淸淨하여 了萬法空寂이니 若不了此意하
면 惟增諸業할새 故로 須內除貪愛하고 外行布施하여 內外相應하여
獲福無量하리라 見人作惡하고 不見其過하며 自性에 不生分別이 是
名離相이며 依敎修行하여 心無能所가 即是善法이오 修行人이 心有
能所하면 不名善法이니 能所心이 不滅하면 終未得解脫하리니 念念
에 常行般若智하면 其福이 無量無邊하리니 依如是修行하면 感得一
切人天의 恭敬供養하리니 是名爲福德이니라 常行不住相布施하여
普敬一切蒼生하면 其功德이 無有邊際하여 不可稱計리라

보살이 보시를 행함에도 희구하는 것이 없으면 그 얻은 복덕은
시방 허공과 같아 견주어 헤아릴 수 없다. '부차復次'라고 말하는
것은 전후의 말을 연결하는 것이며, 일설에 보布는 보普이고 시施는
산散이니, 마음속의 망념과 습기와 번뇌를 모두 널리 흩어버리고
사상四相이 모두 끊어져 마음속에 쌓아두지(蘊積) 않는 것이 참다
운 보시이다.

또 일설에 보시는 육진경계에도 머물지 않고 유루의 분별도 하지

---

50 유루有漏: 색계와 무색계 속에서 무명을 제외한 나머지 일체번뇌를 말한다.

않으며, 오직 마땅히 청정한 데로 돌아가 만법이 공적함을 요달하는 것이다. 만약 이 뜻에 요달하지 못하면 오직 온갖 업만 늘어나게 된다. 그러므로 안으로는 탐애심을 반드시 없애고 밖으로는 보시를 행하면 안팎이 상응하여 무량한 복을 얻는다.

다른 사람이 악을 지은 것을 보더라도 그 잘못됨을 보지 않고 자성自性에 분별심을 일으키지 않으면 이를 상相을 벗어나는 것이라고 한다. 가르침에 의하여 수행하는 데 마음에 능소能所가 없으면 선법이며, 수행하는 사람의 마음에 능소가 있으면 선법이라고 하지 않는다. 능소심能所心이 없어지지 않으면 끝내 해탈을 얻을 수 없다. 순간순간에 항상 반야지般若智를 수행하면 그 복은 무량하고 무변하며, 이와 같이 수행하면 일체 인천人天의 공경과 공양을 얻게 되는 것이니, 이것을 일러 '복덕'이라 한다. 항상 상相에 머물지 않는 보시를 수행하여 일체의 창생을 널리 공경하면 그 공덕은 끝이 없어 헤아릴 수 없다.

〔광론廣論〕

住相者 住我人衆生壽者諸相 或謂住色塵物相 住相卽是住法 我執
分別 法成纏擾 我無執染 諸相皆空 塵境不生 相我無礙 菩薩猶若陽
光雨水 普照宇寰衆生 情與無情 一律平等 是以 菩薩不住相布施
其福德不可思量

'상相에 머물다'는 것은 아상, 인상, 중생상, 수자상에 머무는 것이며, 색진色塵과 물상物相에 머무는 것을 말한다. 상相에 머물면 법에 머물고 아집으로 분별하여 법은 호잡함(繼擾)을 이루게 된다. 내가 염심染心에 집착함이 없다면 모든 상이 모두 공空하고 진경塵境이 일어나지 않고 상相과 아我는 걸림이 없다. 보살은 햇빛과 빗물과 같아 우주의 중생과 유정과 무정을 넓게 비추어 하나같이 평등하다. 이로써 보살은 상에 머무는 보시를 하여 그 복덕은 생각으로 헤아릴 수 없다.

〔비유하여 밝힌다〕

須菩提 於意云何 東方虛空可思量不 不也 世尊

"수보리야! 뜻에 어떠하냐? 동방의 허공을 헤아릴 수 있겠느냐?"

"못하옵니다. 세존이시여!"

〔구결口訣〕

緣不住相布施의 所得功德이 不可稱量하사 佛이 以東方虛空으로 爲譬喩하실새 故로 問須菩提하사대 東方虛空을 可思量가 不아하시니라 不也 世尊者는 須菩提가 言하사오대 東方虛空을 不可思量[51]也이니이다하니라

그러므로 상에 머물지 않는 보시로 얻은 공덕은 헤아릴 수 없어 부처님께서는 동방 허공으로써 비유하신 것이니, 그러므로 수보리에게 물으시되 "동방 허공을 헤아릴 수 없겠느냐?" 하신 것이다.

---

51 사량思量: 제7식과 제8식에 속하는 것이 인식작용인데, 사량思量은 제7식에 속하는 것이다.

"못하옵니다. 세존이시여!"라고 한 것은 수보리가 동방 허공을 헤아릴 수 없음을 말한 것이다.


〔광론廣論〕

不可以思而得 不可以量而得 惟虛空廣博浩大而深邃 故以虛空而 喩不可思量 以形容菩薩不住相布施之福德宏大也

생각으로 헤아려 얻을 수가 없다. 오직 허공은 넓고도 광대하고 깊고도 심원하므로 생각으로 헤아릴 수 없음을 허공으로 비유함으로써 보살이 상에 머물지 않고 보시한 복덕이 넓고 크다는 것을 형용하였다.


〔비유하여 밝히고 진리에 회합한다〕

須菩提 南西北方四維 上下虛空 可思量不 不也世尊 須菩提 菩 薩無住相布施 福德亦復如是 不可思量

"수보리야! 동서남북의 사유와 아래위의 허공을 생각으로 헤아릴 수 있겠느냐?"

"못하옵니다. 세존이시여!"

"수보리야! 보살이 상에 머물지 않는 보시의 복덕도 역시 이와 같아서 헤아릴 수 없느니라."


〔구결口訣〕

佛言하사대 虛空이 無有邊際하여 不可度量이니 菩薩無住相布施의

所得功德도 亦如虛空의 不可度量하여 無邊際也하니라 世界中에 大者는 莫過於虛空하며 一切性中에 大者는 莫過於佛性하니 何以故오 凡有形相者는 不得名爲大어니와 虛空은 無形相 故로 得名爲大며 一切諸性은 皆度限量할새 不得名爲大어니와 佛性은 無有限量할새 故名爲大니라 此虛空中에 無東西南北하니 若見東西南北하면 亦是 住相이라 不得解脫이며 佛性도 本無我人衆生壽者하니 若有此四相 可見이면 卽是衆生性이라 不名佛性이니 亦所謂住相布施也이니라 雖於妄心中에 說有東西南北하니 在理하여는 則何有이리오 所謂東西가 不眞이오 南北이 曷異리오 自性이 本來空寂하여 混融하여 無所分別이니 故로 如來는 深讚不生分別也하시니라

부처님께서 말씀하시기를 "허공은 끝이 없어서 헤아릴 수 없으며, 보살이 상에 머물지 않고 보시하여 얻은 공덕도 또한 허공과 같아서 헤아릴 수 없고 끝이 없다."고 하셨다. 세계 가운데 큰 것으로는 허공을 넘어서지 못하며, 모든 성품(性) 가운데 큰 것으로는 불성을 넘어서지 못한다. 왜냐하면 무릇 형상이 있는 것은 크다고 하지 않으며, 허공은 형상이 없으므로 크다고 한다. 일체의 모든 성품은 모두 한량이 있어서 크다고 하지 않으며 불성은 한량이 없으므로 크다고 한다.

허공 가운데에는 동서남북이 없는데, 만약 동서남북이라고 보면 상相에 머물러서 해탈을 얻지 못한다. 불성佛性은 본래 아상·인상·중생상·수자상이 없는데, 만약 이 사상을 볼 수 있다고 하면 이는

76

중생성衆生性이지 불성이라고 하지 않으며, 상에 머무는 보시라고
한다. 비록 망심妄心에서 동서남북이 있다고 말하지만 이치에 있어
서는 어찌 있는 것이겠는가? 이른바 동서가 참다운 것이 아닌데
남북이라고 어찌 다르겠는가? 자성自性은 본래로 공적하고 혼융混
融되어 분별하는 것이 없으므로 여래께서는 분별을 내지 않는
것을 깊이 찬탄하신 것이다.


〔광론廣論〕
虛空本無四維上下 却夜包容四維上下 虛空如圓 可大可小 虛空無
相 無有邊際
虛無形質 空無障碍 虛空者 但有名而無實法 其相本妄 依對色而顯
故虛空無實體 非爲可見法
依摩訶衍論 謂虛有十義
一無障礙 諸色法中無障礙故
二周徧 無所不至故
三平等 無簡擇故
四廣大 無分際故
五無相 絶色相故
六淸淨 無塵累故
七不動 無成壞故
八有空 滅有量故
九空空 離空著故

十無得 不能執取故

綜合地說虛空 可謂一無所有 原本不動 無障無礙 因色塵而顯現 故
無以名之 謂之虛空 具不可思量義

허공은 본래 사유와 상하가 없으면서도 오히려 사유와 상하를 포용하
고 있으며, 허공은 둥근 원과 같아 클 수도 있고 작을 수도 있으며,
허공은 모양이 없어(無相) 끝이 없다.

'허虛'는 형질이 없음이며 '공空'은 장애가 없는 것이다. '허공'이란
단지 이름만 있을 뿐 실제의 법이 없다. 그 모양은 본디 허망하고
물질에 상대하여 나타난다. 그러므로 허공은 실체가 없으며 볼
수 있는 법이 아니다. 『마하연론摩訶衍論』에 의하면 '허'에는 10가지
뜻이 있다.

① 장애가 없음이니, 모든 색계色界의 법 중에서 걸림이 없는 까닭
이다.

② 주변이니, 이르지 않음이 없는 까닭이다.

③ 평등이니, 간택함이 없는 까닭이다.

④ 광대함이니, 나눌 수가 없는 까닭이다.

⑤ 모양이 없음이니, 색상이 끊어진 까닭이다.

⑥ 청정이니, 더러운 것이 쌓인 게 없는 까닭이다.

⑦ 움직이지 않음이니, 이루어지거나 파괴되는 게 아닌 까닭이다.

⑧ 유공有空이니, 있다는 것을 없다고 생각하는 까닭이다.

⑨ 공공空空이니, 공을 벗어나서 집착하는 까닭이다.

⑩ 무득無得이니, 집착하여 취할 수 없는 까닭이다.

종합해서 '허공'을 말하자면 소유하는 게 없으니 근본적으로 부동不動이며, 장애가 없으며, 색진色塵으로 인하여 드러나므로 무無라고 하기도 하고 허공虛空이라 하기도 하니, 생각으로 헤아릴 수 없는 뜻을 갖추고 있다.

〔결시정주結示正住〕
須菩提 菩薩但應如所教住
"수보리야! 보살은 다만 마땅히 가르친 것과 같이 머물러야 하느니라."

〔구결口訣〕
應者는 唯也이니 但唯如上所說之教하여 住無相布施하면 卽是菩薩也이니라

'응應'이란 응답하는 것이니, 다만 위에 설한 가르침과 같이 무상無相에 머물면서 보시를 하면 바로 보살이다.

〔광론廣論〕
無相無住 實相中來 無執無染 猶若虛空 如來教法 如度人舟 不是生死權 覺道之本 爲度迷津 由迷轉悟 行於覺路 則由凡入聖 是謂菩薩也

무상과 무주는 실상 가운데서 오는 것이니, 집착하지 않고 물들지 않음이 마치 허공과 같다. 여래께서 가르치는 법은 사람을 건너게

하는 배와 같다. 생사권生死權이 아니라 도의 근본을 깨닫고 미혹의
나루터를 건너 미혹함에 말미암은 것을 깨달음으로 돌려 깨달음의
길로 가게 하여 바로 범인에서 성인에 들게 하는 이를 일러 보살이라
고 한다.

# 여리실견분如理實見分 제오第五

行行皆如 謂之實見 故受之以如理實見分
행하고 행하는 것이 모두 여여如如한 것을 일러 '참다운 견해'라고
하므로 이를 받은 것이 여리실견분이다.


〔처음에 질문과 답〕
須菩提 於意云何 可以身相見如來不 不也 世尊 不可以身相 得
見如來
"수보리야 너의 뜻은 어떠냐? 신상으로써 여래를 볼 수 있느냐?"
"아닙니다. 세존이시여! 신상으로써 여래를 볼 수 없습니다."


〔구결口訣〕
色身은 卽有相이오 法身은 卽無相이니 色身者는 四大和合하여 父母
所生이라 肉眼所見이오 法身者는 無有形段하며 非有黃赤白이며 無
一切相貌하여 非肉眼의 能見이라 慧眼이면 乃能見之하나니 凡夫는
但見色身如來하고 不見法身如來하옵나니 法身은 身等虛空하실새

是故로 佛이 問須菩提하사대 可以身相으로 見如來아 不아하야시늘 須菩提가 知凡夫의 但見色身如來하웁고 不見法身如來 故로 言하대 不也 世尊아 不可以身相으로 得見如來이다하니라

색신은 곧 상이 있는 것이며, 법신은 곧 상이 없는 것이다. 색신은 사대가 화합하여 부모에게서 생긴 것이므로 육안으로 보인다. 법신은 형체가 있지 않으며 청·황·적·백의 색깔도 있을 수 없고 모든 용모도 있을 수가 없으며 육안으로 볼 수도 없고 혜안慧眼으로만 볼 수 있는 것이다.

범부는 다만 색신여래만 볼 뿐 법신여래는 보지 못한다. 법신의 몸 등은 허공과 같으므로 부처님께서는 수보리에게 "신상身相으로써 여래를 볼 수 있느냐?"고 물으신 것이다. 수보리는 범부가 다만 색신여래만 이해하지 법신여래를 이해하지 못한다는 것을 알고 "아닙니다. 세존이시여! 신상으로써 여래를 볼 수 없습니다." 라고 말한 것이다.

〔광론廣論〕

身相者 有形之相也 無論是應報化等身 皆具有形之相

見者 顯現也 成就也 非是觀覲之見 所謂得見與否 依如來有色與法 二身而言 則分別有見和無見 蓋色身如來有相 法身如來無相故 然而 如何是不可以身相得見如來呢 因如來無身相 以衆生身欲成 就如來 當得成就法身 才能得見如來

'신상'이란 유형의 상相이다. 응신, 보신, 화신 등의 몸은 모두가 유형의 상을 갖추고 있다.

'견見'이란 나타나는 것이고 성취하는 것이지 관근觀覲[52]하는 견이 아니다. 이른바 '견'을 얻는 여부는 여래께는 색신과 법신의 두 몸과 있다고 말씀하신 것에 의지하나니, 곧 유견有見과 무견無見을 분별하는 것은 대개 색신여래는 상이 있기 때문이고 법신여래는 상이 없기 때문이다.

그런데 어떻게 "신상으로써 여래를 볼 수 없습니다"라고 했는가? 왜냐하면 여래는 신상이 없기 때문이다. 중생의 몸으로써 여래를 성취하고자 하면 마땅히 법신을 성취하여야 비로소 여래를 볼 수 있는 것이다.

〔해석함〕

**何以故 如來所說身相 卽非身相**

"무슨 까닭이냐 하면, 여래께서 설하신 신상은 신상이 아닙니다."

〔구결口訣〕

色身은 是相이고 法身은 是性이라 一切善惡은 盡由色身이요 不由法身이라 色이 若作惡하야 法身이 不生善處요 色身이 作善하야 法身이 不墮惡處하나니라 凡夫는 唯見色身하고 不見法身일새 不能行無住相布施하며 不能於一切處行平等行하며 不能普敬一切衆生이니라

---

52 관근觀覲: 당연한 것을 세밀하게 생각하는 것.

見法身者는 卽能行無住相布施하며 卽能普敬一切衆生하며 卽能
修般若波羅密行 方信一切衆生 同一眞性 本來淸淨 無有垢穢 具
足恒沙妙用

색신色身은 상相이고 법신法身은 성性이다. 일체의 선악은 모두
색신으로 말미암은 것이지 법신으로 말미암은 것이 아니다. 색신이
악을 행한다고 법신에서 착한 것이 생기지 않으며, 색신이 선을
행한다고 법신이 악한 곳에 떨어지지 않는다. 범부는 오직 색신을
보고 법신을 보지 못하기에 상에 머물지 않는 보시를 행하지 못하
고, 모든 곳에서 평등행平等行을 행하지 못하며, 모든 중생을 공경
하지도 못하는 것이다.

법신을 보는 자는 곧 상에 머물지 않는 보시를 할 줄 알고, 모든
중생을 널리 공경할 줄 알며, 반야바라밀의 행을 수행하여 널리
모든 중생의 진성眞性은 동일하고 본래 청정하며 더럽게 때가 긴
것이 없어 항하의 모래와 같은 묘용을 구족하고 있음을 믿는다.

〔광론廣論〕
說法擧喩而顯 猶言理據事而明 法在表理 析事之弊 謂硏究觀察分
析認識等 於問題之解答 得見過程之眞貌 所以 佛說身相 卽非身相
乃究竟之義也

설법은 비유를 들어 나타내는 것이니, 마치 말의 이치를 일(구체적
현실)에 의거하여 밝히는 것과 같다. 법은 이치를 드러내어 일의

폐단을 분석하는 데 있으니, 말하자면 연구 관찰하고 분석하고 인식하는 등에서 문제의 해답을 깨닫는 과정의 참된 모습이 그것이다. 부처님께서 신상身相이 신상이 아니라고 말씀하신 것은 바로 구경究竟의 뜻이다.

〔성은 본래 상이 아니나 상을 성으로 보는 것을 밝힘〕
佛告須菩提 凡所有相 皆是虛妄 若見諸相非相 則見如來
부처님께서 수보리에게 말씀하셨다.
"상이 있는 모든 것은 허망한 것이니, 만약 모든 상이 상 아님을 보면 바로 여래를 보게 되느니라."

〔구결口訣〕
如來는 欲顯法身으로 說一切諸相이 皆虛妄하시고 若見是一切諸相의 虛妄不實하면 卽見如來의 無相之理也하리라

여래께서 법신을 나타내고자 하므로 '모든 상은 모두가 허망한 것이니, 만약 모든 상이 허망하여 진실이 아님을 보면 바로 여래의 무상의 이치를 보게 되느니라'고 말씀하신 것이다.

〔광론廣論〕
虛妄者 不實之假相也 屬塵境之類 謂之色法 依塵境而起分別意識 與五蘊相應者 謂之心法 色之與心 皆屬有爲 唯有於有爲中照見無 爲 猶若於煩惱中照見菩提 則同如來所說 見諸相非相 則見如來

因此 禪門中有謂 摧殘枯木倚寒林 幾度逢春不變心 樵客遇之猶不
顧 郢人那得苦追尋 又如風幡公案 謂不是風動 不是幡動 乃仁者心
動 其實 六祖惠能大師 仍然是掉落在心法之有爲中 雖然已經照見
了色空地義 却不曾照見五蘊皆空 基於念中之念 猶如躍鯉出水猶
滯水 未至乾淨利落<sup>53</sup>之寂靜絕境也
是謂 若見諸相非相 則卽是覺也

'허망虛妄'이란 진실하지 못한 가상假相으로 진경塵境의 부류에 속하
고 색법色法이라 한다. 진경에 의하여 분별 의식을 일으켜 오온과
상응하는 것을 말하여 심법心法이라 한다. 색법과 심법은 모두 유위
有爲에 속하고 오로지 유위에서 조견照見하는 무위는 번뇌에서 보리
를 조견하는 것과 같아서, 여래가 말한 것과 같아지면 모든 상이
비상임이 드러나 여래를 보게 된다.
이로 인하여 선문禪門에서 말하기를

고목이 꺾여 상하면 차가운 숲에 의지하여
몇 번 봄을 맞이하여도 마음이 변하지 않고
나무꾼이 만나도 돌아보지도 않나니
지나가는 사람이 어떻게 그 고통을 헤아릴 수 있을까?

또 '바람과 깃발의 공안(風幡公案)'과 같으니 "바람이 흔들리는 것도
아니고 깃발이 움직이는 것도 아니며, 그대의 마음이 움직임이다."라

---

53 건정이락乾淨利落: 각주 3을 참고.

는 말과 같다. 그러나 진실은 육조 혜능대사가 심법의 유위에 흔들리는 것이다. 비록 이미 색공色空의 뜻을 조견하여 깨달았으나 오히려 일찍이 오온개공을 조견하지 못하였음이다. 생각 가운데 생각에 기반한다면 마치 잉어가 물위로 펄떡 뛰어올랐다가 물에 잠기는 것과 같으니, 건정이락乾淨利落의 적정한 절경에 이르지 못함이다. 이것을 일러 "만약 모든 상이 상이 아님을 보면 바로 깨달음이다"라고 한다.

# 정신희유분正信希有分 제육第六

見而信之 善根深固 故受之以正信希有分

보고 이를 믿으면 선근이 깊고 확고하다. 그러므로 정신희유분으로
이를 받았다.


〔처음에 질문함〕

須菩提白佛言 世尊 頗有衆生 得聞如是言說章句 生實信不

수보리가 부처님께 고하여 말하였다.

"세존이시여! 저 많은 중생들이 이와 같은 설법이나 글귀를 듣고
서 참다운 믿음을 일으키겠습니까?"


〔구결口訣〕

須菩提가 問하오대 此法이 甚深하여 難信難解이니 末世凡夫는 智慧
微劣하시니 云何信入하리잇고 佛答이 在次下하시니라

수보리가 묻기를 "이 법은 깊고 깊어서 믿기도 어렵고 이해하기도
어려운데, 말세의 범부들은 지혜가 얕고 용렬하여 어떻게 믿고

88

들어가겠습니까?"라고 했다. 부처님의 답은 아래에 있다.

〔광론廣論〕
知深已入淺 知難已入易 難信已起信 難解已近知 云何不得信入 有章有句 有軌可循 實信與否 機緣而已

깊이 알면 들어가는 것이 얕고, 어려움을 알아야만 들어가는 게 쉽다. 믿기 어려우나 이미 믿음을 일으켰고, 이해하기 어려워도 이미 앎에 가까우니 어떻게 믿음으로 들어가지 않을 것인가? 장章이 있으면 구句가 있고 궤범軌範이 있어 따를 수 있는 것이니, 진실한 믿음의 여부가 기회를 통해 맺어진 인연이 될 뿐이다.

〔처음에는 믿을 수 있는 근기를 간택하고 다음에는 근기의 돈독함을 나타냄〕
佛告須菩提 莫作是說 如來滅後 後五百歲 有持戒修福者 於此章句 能生信心 以此爲實 當知是人 不於一佛二佛三佛四五佛 而種善根 已於無量千萬佛所 種諸善根 聞是章句乃至一念 生淨信者

부처님께서 수보리에게 말씀하셨다.
"그렇게 말하지 말라. 여래가 멸도한 후 500년 뒤에도 계를 지키고 복을 닦는 자가 있어 이 글귀에 의지하여 믿는 마음을 낼 수 있나니, 이것으로써 진실함을 삼느니라.
반드시 알아두어라. 이 사람은 한 분의 부처님, 두 분의 부처님, 세 분의 부처님, 네 분의 부처님, 다섯 분의 부처님에게 선근을 심었을 뿐 아니라, 이미 무량한 천만억의 부처님에게 모든 선근을 심었기에 이 글귀를 들으면 바로 한순간에 청정한 믿음이 생기는 자이니라."

〔구결口訣〕

我於滅後 後五百歲에 若復有人이 能持大乘無相戒하여 不妄取諸相하여 不造生死業하고 一切時中에 心常空寂하여 不被諸相에 所縛함이 卽是無所住心이니 於如來深法에 心能信入하리니 此人所有言說이 眞實可信[54]이라 何以故오 此人이 不於一劫二劫三四五劫에 而種善根이라 已於無量千萬億劫에 種諸善根이니 是故로 如來가 說하사대 我滅後 後五百歲에 有能離相修行者이면 當知是人은 不於一二三四五佛에 種諸善根이라하시니라 何名種諸善根고 略述次下하노니 所謂於諸佛所에 一心供養하와 隨順教法하오며 於諸菩薩 善知識 師僧 父母 耆年[55]宿德 尊長之前處에 常行恭敬하여 承順教命하여 不違其意할새 是名種諸善根이며 於一切貧苦衆生에 起慈悲心하고 不生輕厭하며 有所需求이어든 隨力惠施할새 是名種諸善根이며 於一切惡類에 自行和柔忍辱하여 歡喜逢迎하여 不逆其意하여 令彼로 發歡喜心하고 息剛戾心에서 是名諸善根이며 於六道衆生에 不加殺

---

54 『화엄경』 제6권에 "믿음은 도의 근원이며 공덕의 모체로 모든 선법을 증장한다(信爲道源功德母 增長一切諸善法)."라고 하였고, 『대지도론』에서는 "불법佛法의 큰 바다는 믿음으로 들어가야 한다(佛法大海 信爲能入)."라고 하였다.

55 기년耆年: 60이 넘은 나이를 말한다.

害하며 不欺不賤 不毁不辱 不騎不箠 不食其肉하고 常行饒益할새
是名種諸善根이라 信心者는 信般若波羅密이 能除一切煩惱하며 信
般若波羅密이 能成就一切出世功德하며 信般若波羅密이 能出生
一切諸佛하며 信自身中 佛性이 本來淸淨하여 無有染汚하여 與諸佛
佛性과 平等無二하며 信六道衆生이 本來無相하며 信一切衆生이
盡能成佛할새 是名淸淨信心[56]也라

내가 멸도한 뒤 오백세 뒤에 만약 어떤 사람이 대승의 무상계無相戒
를 가지고 모든 상相을 헛되이 취하지 않으며, 생사의 업을 만들지
않고 모든 시간 가운데서 마음이 항상 공적하여 모든 상相에 구속되
지 않을 수 있다면 이것이 곧 '머무는 것이 없는 마음(無所住心)'이
다. 여래의 깊은 법을 마음으로 믿고 들어오는 이 사람의 말은
진실하여 믿을 수 있다. 왜냐하면 이 사람은 일겁, 이겁, 삼겁,
사겁, 오겁에 선근을 심었을 뿐 아니라 무량한 천만억겁에 모든
선근을 심었나니, 그러므로 여래께서 설법하시기를 "내가 멸도한
후 500년 뒤에도 계를 지키고 복을 닦는 자가 있어 이 글귀에
의지하여 믿는 마음을 낼 수 있나니, 이것으로써 진실함을 삼느니
라."라고 하신 것이다.

무엇을 일러 '모든 선근을 심는다(種諸善根)'고 하는가? 아래에서
간단하게 기술하겠다.

이른바 모든 부처님 처소에서 한마음으로 공양하고, 가르치는

---

56 청정신심淸淨信心: 망념이 없는 상태에서의 믿음.

법을 수순하여 따르며, 모든 보살·선지식·스승·스님·부모·나이 많은 이들·덕이 많은 어른 앞에서 항상 공경함을 수행하고, 그 가르침과 명령을 수순하여 따르며 그 뜻을 어기지 않는 것을 모든 선근을 심는다고 한다. 모든 탐내고 고통을 받는 중생에게 그 자비심을 일으켜서 가벼이 여기거나 싫어하지 않으며, 구하고자 하는 것이 있으면 힘을 다해 은혜를 베푸는 것을 모든 선근을 심는다고 한다.

모든 악한 중생의 부류에 대해서는 스스로 유화柔和하고 인욕하며, 만나면 기쁘게 반기며, 그 뜻을 어기지 않으면서 환희심을 일으키게 하고, 괴팍하고 사나운 마음을 쉬게 하는 것이 모든 선근을 심는 것이다. 육도 중생에게는 살해를 가하거나 기만하거나 천대하지 않으며, 올라타거나 때리지도 않으며 그 고기를 먹지도 않고 항상 요익하게 하는 것이 모든 선근을 심는 것이다.

'신심信心'이란 반야바라밀이 모든 번뇌를 없앨 수 있음을 믿으며, 반야바라밀이 일체의 출세공덕을 성취할 수 있음을 믿으며, 반야바라밀이 일체의 모든 부처를 출생시킬 수 있음을 믿으며, 자신 안에 불성이 본래 청정하여 더러움에 오염됨이 없음을 믿으며, 모든 부처님의 불성과 더불어 평등하여 둘이 없음을 믿으며, 육도 중생이 본래로 상이 없음을 믿으며, 일체중생이 모두 성불할 수 있음을 믿는 것을 일러 청정한 신심이라 한다.

〔광론廣論〕

信者 兼具體用相境 是爲完滿之信

體者信之根 起信之條件

用者信之本 信心之動力

相者信之依歸 信仰之標的

境者信之旨趣 自信之佐證

綜此 信心圓具 般若顯現 則自不於一佛二佛三四五佛而種善根 已
於無量千萬佛所種諸善根 是以 聞是章句 乃至一念 生其淨信也

믿음이란 체體와 용用, 상相과 경境을 구비하는 것이 완전하고 원만한
믿음이다.

체體는 믿음의 근원으로 믿음을 일으키는 조건이다.

용用은 믿음의 근본으로 신심의 동력이다.

상相은 신의 귀의처로 신앙의 표적이다.

경境은 믿음의 지취(旨趣: 취지, 목적)로 스스로의 믿음을 도와주는
증표이다.

이를 종합하면, 신심을 원만하게 구족하면 반야가 드러나고 스스로
한 부처, 두 부처, 셋·넷·다섯 부처님에게 선근을 심고 무량한
천만 부처님의 처소에서 모든 선근을 심으니, 이런 까닭에 이 구절을
듣고 한 생각에 청정한 믿음을 일으킨다.


〔복을 밝히고 다음에는 그 연고를 드러내어 바로 해석함〕

須菩提 如來悉知悉見是諸衆生 得如來無量福德 何以故 是諸衆

生 無復我相人相衆生相壽者相 無法相亦無非法相

"수보리야! 여래는 이 모든 중생이 이와 같은 무량한 복덕을 얻은 것을 다 알고 다 보고 있느니라. 무슨 까닭이냐 하면, 이 모든 중생은 아상, 인상, 중생상, 수자상도 없으며 법상도 없고 또 비법상도 없느니라."

〔구결口訣〕

若有人이 於如來滅後에 發般若波羅密心하며 行般若波羅密行하여 修習悟解하여 得佛深意者는 諸佛이 無不知之하시나니 若有聞上乘法하고 一心受持하면 卽能行般若波羅密無相無著之行하여 了無我人衆生壽者四相하리니 無我者는 無色受想行識也오 無人者는 了四大가 不實하여 終歸地水火風也오 無衆生者는 無生滅心也오 無壽者는 我身本無어니 寧有壽者이리오하시니 四相이 旣亡하면 卽法眼이 明澈하여 不著有無하여 遠離二邊[57]하여 自心如來가 自悟自覺하여 永離塵勞妄念하여 自然得福이 無邊하리라 無法相者는 離名絶相하여 不拘文字也오 亦無非法相者는 不得言無般若波羅密法이니 若言無般若波羅密法이면 卽是謗法이라

만약 어떤 사람이 여래께서 멸도하신 뒤에 반야바라밀의 마음을 발하여 반야바라밀행을 수행하여 수습하고 깨닫고 이해하여 부처님의 깊은 뜻을 얻는 자라면 모든 부처님이 이를 알지 못함이

---

57 이변二邊: 두 가지 치우친 변으로 유변有邊과 무변無邊이 있다.

94

없다. 만약 어떤 사람이 상승上乘의 법을 듣고 일심으로 받아 지니
면, 곧 반야바라밀의 무상無相하고 무착無著한 행을 수행하여 아상,
인상, 중생상, 수자상의 사상四相이 없음을 깨닫게 된다.

'무아無我'란 색수상행식色受想行識이 없는 것이며, '무인無人'이란
사대가 실다운 것이 아니어서 마침내는 지수화풍에 돌아감을 아는
것이며, '무중생無衆生'이란 생멸심이 없는 것이며, '무수자無壽者'
란 내 몸이 본래 없는데 어찌 수자壽者이겠는가? 하는 것이다.
사상이 이미 없어져 법안法眼이 명철해져 유무有無에도 염착하지
않고, 이변二邊을 멀리 버리면 자심自心의 여래가 스스로 깨닫고
자각하여 영원히 진로塵勞의 망념을 벗어나서 자연스럽게 끝이
없는 복을 얻는다. '무법상無法相'이란 명名을 여의고 상相을 끊어서
문자에도 구애되지 않는 것이다. 또 '무비법상無非法相'이란 반야바
라밀의 법이 없음을 말하는 것이 아니니, 만약 반야바라밀의 법이
없다고 하면 곧 이것은 법을 비방하는 것이다.


〔광론廣論〕
無我相: 無善惡無記諸般之造作
無人相: 不擧他人善惡無記諸般之過犯
無衆生相: 不爲善惡無記諸般之染著
無壽者相: 善惡無記諸相皆空
無法相: 遠離善惡無記諸法 得究竟覺
無非法相: 不捨善惡無記諸法 依之爲入道過程

무아상: 선악과 무기의 모든 조작造作이 없다.

무인상: 타인의 선악과 무기의 모든 허물을 들먹이지 않는다.

무중생상: 선악과 무기의 모든 것에 염착하지 않음이다.

무수자상: 선악과 무기의 모든 상이 다 공하다.

무법상: 선악과 무기의 모든 법을 멀리 떠나 구경각을 얻음이다.

무비법상: 선악과 무기의 모든 법을 버리지 않고도 이에 의지하여 도에 들어가는 과정이다.


〔반복하여 드러냄〕

何以故 是諸衆生 若心取相 卽爲著我人衆生壽者 若取法相 卽 著我人衆生壽者 何以故 若取非法相 卽著我人衆生壽者

"무슨 까닭이냐 하면, 이 모든 중생이 만약 마음에 상을 취하면 아상, 인상, 중생상, 수자상에 염착하는 것이며, 만약 법상法相 을 취하면 역시 아상, 인상, 중생상, 수자상을 취하는 것이니라. 무슨 까닭이냐 하면 법상이 아닌 것을 취해도 곧 아상, 인상, 중생상, 수자상에 염착하는 것이니라."


〔구결口訣〕

取此三相하면 竝著邪見하리니 盡是迷人의 不悟經意할새 故로 修行 人이 不得愛著如來의 三十二相이며 不得言我가 解般若波羅密法 이며 亦不得言不得般若波羅密行하여 而得成佛이니라

이 삼상(三相: 相, 法相, 非法相)을 취하면 함께 사견에 염착하는

것이니 모두가 미혹한 사람으로 경의 뜻을 깨닫지 못한다. 그러므로 수행인은 여래의 32상에 애착하지 말아야 하며, 내가 반야바라밀의 법을 이해한다고도 하지 말아야 하며, 또 반야바라밀의 행을 깨닫지 않고 성불한다고도 말하지 말 것이다.

〔광론廣論〕
取相者: 分別執著 於無明煩惱中流轉
取法相者: 分別揀擇 捨無明煩惱而尋求菩提
取非法相者: 認無明煩惱卽是菩提 而不知如何回互
蓋前文中已有 凡所有相 皆是虛妄之訓誡也 故應解出世法不捨世間法也

취상은 분별하고 집착하여 무명번뇌 가운데에서 유전한다.
취법상은 분별하고 간택하여 무명번뇌를 버리고 보리를 찾아 구한다.
취비법상은 무명번뇌를 보리라고 인정하지만 어떻게 되돌려야 하는지를 알지 못한다.
대개 앞의 문장에 있는 '범소유상凡所有相 개시허망皆是虛妄'의 훈계이다. 그러므로 마땅히 출세간법을 알면서도 세간법도 버리지 않는다.

〔모두를 벗어나야 이룰 수 있으며 이를 비유로 말함〕
是故不應取法 不應取非法 以是義故 如來常說 汝等比丘 知我

說法如筏喩者 法尚應捨 何況非法

"이런 까닭에 마땅히 법을 취하지도 말 것이며, 마땅히 비법도 취하지 말아야 하느니라. 이런 뜻인 까닭에 여래는 항상 너희들과 비구에게 말하느니라. '나의 설법을 뗏목에 비유함과 같음을 알라. 법도 오히려 버려야 하는 것이거늘, 하물며 법 아님(非法)이겠느냐.'"

〔구결口訣〕
法者는 是般若波羅密法이오 非法者는 生天等法이니 般若波羅密法은 能令一切衆生으로 過生死大海케하노니 旣得過已하여 尙不應住하면 何況生天等法을 而得樂者가

법法은 반야바라밀의 법이며 비법非法은 천계에 태어나는 법이다. 반야바라밀법은 모든 중생을 생사의 큰 바다를 건너게 하는 것으로, 이미 건너가서는 오히려 마땅히 머물지 않아야 하는데, 하물며 천당 같은 데에 태어나는 법을 즐겨 염착하겠느냐?

〔광론廣論〕
法者 度脫之方法 此經標明般若波羅蜜 故應爲大智慧覺悟之法也
非法者 福德因緣 果報諸天 報盡還墮 非是究竟也
然而 度脫之法 如交通工具 得度後 應當捨 是以 佛說 法尙應捨 何況非法
衆生之類 如墜海危命之人 偶得浮木 緊抱不捨 忘却自己尙有手足

依浮木而划游 可以泅至彼岸 浮木無知 原無動力 仰賴活命 唯當發
揮智慧 不然 沉淪浮飄 隨波逐浪 彼岸與汝無緣 無異與浮木同命運
永無出離苦之期也

'법'이란 도탈度脫하는 방법이며, 이 경에서는 반야바라밀이라 표명
하므로 마땅히 대지혜인 각오覺悟의 법이 된다. '비법非法'이란 복덕
인연으로 천당天堂의 과보를 받는데 과보가 다하면 떨어지게 되므로
구경究竟이 아니다.

그러므로 도탈의 방법은 교통수단과 같아 득도得度 후에는 마땅히
버려야 한다. 이런 까닭에 부처님께서 말하기를 "법도 버리는데
하물며 비법이리요."라고 하셨다.

중생의 부류는 바다에 떨어져 생명이 위태로운 사람과 같아 우연히
떠 있는 나무를 얻으면 이를 부둥켜안고 놓지 않는다. 자기에게
수족이 있음도 망각하고 부목에 의지하여 수영하여 피안에 이르게
된다. 부목은 무지無知하여 동력이 없으나 믿고 의뢰하면 생명을
살릴 수가 있으니 지혜를 발휘하여야 한다. 그렇지 않으면 침륜沈淪
하고 부표浮飄하여 파도를 따라 물결에 밀리면 피안과 그대는 인연이
없게 되어 부목과 다를 바 없이 같은 운명에 처해 영원히 고통을
벗어날 기약이 없다.

# 무득무설분無得無說分 제칠第七

無得之得 是名眞得 無說之說 是名眞說 故受之以無得無說分

증득함이 없는 것을 얻는 것이 바로 참다운 증득이며, 설함이 없는 것을 설법하는 것이 참다운 설법이므로 무득무설분으로써 이를 받았다.

[여래의 덕과를 묻고 처음으로 정해진 법이 없음을 밝힌다]

須菩提 於意云何 如來得[58]阿耨多羅三藐三菩提耶 如來有所說 法耶 須菩提言 如我解佛所說義 無有定法[59] 名阿耨多羅三藐三 菩提 亦無有定法如來可說

"수보리야! 너의 뜻은 어떠냐? 여래는 아뇩다라삼먁삼보리를

---

58 득득得得: 『법화경』 「신해품」에 "깨닫지 못하였을 때는 무소득과 같고, 깨달으면 소득이 있는 것과 같다. 증득하는 것과 증득하지 못한 것 모두가 망견妄見이 다. 다만 집착하지 않아야 한다(若未悟時 似無所得 若悟了時 似有所得 得與不得 皆是妄見 但不可執著)."라고 하였다.

59 무유정법無有定法: 감정과 견해를 벗어난 것으로 청정본연淸淨本然이며, 중생 의 마음에 따라 알게 되는 것이 있지만 중생의 근기는 무정無定이므로 여래가 설법하는 것은 정해진 것이 없다.

100

증득하였는가? 여래는 설한 법이 있는가?"

수보리가 말하였다.

"제가 부처님께서 설법하신 것을 이해하기로는 정해진 법이 없는
것이 아뇩다라삼먁삼보리입니다. 또한 정해진 법을 여래께서는
설하지 않으셨습니다."

〔구결口訣〕

阿耨多羅는 非從外得이라 但心無能所가 卽是也이니 祇緣對病設藥
하사 隨機宜爲說이어신대 何有定法乎이리오 如來가 說無上正法하사
대 心本無得하시며 亦不言不得이언마는 但爲衆生의 所見不同하사
如來가 應彼根性하사 種種方便으로 開誘化導하사 俾其離諸執著하
시며 指示一切衆生의 妄心生滅이 不停하여 逐境界動하며 於前念이
瞥起어든 後念이 應覺하나니 覺旣不住하면 見亦不存하시니 若爾면
豈有定法이 爲如來可說也이리오 阿者는 心無妄念이오 耨多羅者는
心無驕慢이오 三者는 心常在正定이오 藐者는 心常在正慧오 三菩提
者는 心常空寂이니 一念에 凡心이 頓除하면 卽見佛性하리라

아뇩다라는 밖으로부터 얻은 것이 아니며, 다만 마음이 능소(能所:
주체와 객체)가 없는 것이 곧 이것이다. 다만 병에 상대하여 약을
처방하는 것이기에 근기에 따라 마땅히 설법하신 것인데, 어찌
정해진 법이 있겠는가?

여래가 설법한 무상정법無上正法은 바로 마음은 본래 증득한 것이
없으며, 또한 말한 것도 없고 증득한 것도 없다. 다만 중생이

이해하는 것이 같지 않으므로 여래는 저 근성에 응하여 갖가지 방편으로 개유開誘하여 교화하고 인도하여 그로 하여금 모든 집착을 버리게 하신다. 모든 중생의 망심이 생멸함을 그치지 않고 경계에 따라 움직인다고 가리키시며, 또 전념前念이 홀연히 일어나면 후념後念이 응하는 것을 알게 되어 각覺은 이미 머물지 않고 견見 또한 있는 것이 아님을 가리키심이 그것이다. 어찌 정해진 법이 있는 것을 여래께서 설법하시겠는가?

'아阿'는 망념이 없는 마음이며, '녹다라耨多羅'는 교만심이 없는 것이며, '삼三'은 마음이 항상 정정正定함에 있음이며, '막藐'은 마음이 항상 정혜定慧에 있음이며, '삼보리三菩提'는 마음이 항상 공적함이니 한 생각에 범인의 마음을 단박에 없애면 곧 불성을 보리라.


〔광론廣論〕

阿耨多羅三藐三菩提 乃是一切諦義之無上大智慧 已入正徧知徹底覺悟涅槃之寂靜世界也

依梵語而釋義

阿 直譯可作 無非不 其義略言有七 具菩提心法門無二法界 法性自在法身等含意 依其效用 則具增益息災降伏攝召四種功德 除此 梵文中慣用阿拏或阿耨 形容爲最小者 可直譯做極微

耨多羅 直譯作上最極 其義謂無逾越者 或謂極微細之意

三藐 三者正也 藐者等也 乃謂嚴正與平等之意

三菩提 三者正也 菩提覺也 是爲眞正至理之大覺也 具般若無與比

擬者 或謂淸凉寂樂之覺境也

是以 得也好 解也好 法有深淺 相應不同 故說無有定法 因佛法者
圓融無礙 得成就者是 獲堪證者是 譬如智慧 本有高低 唯表現得體
和適用 而斷定結果 謂完善 謂缺陷者也

아뇩다라삼먁삼보리는 바로 일체 진리의 뜻인 위없는 위대한 지혜이
고, 이미 정변지에 들어와 철저히 깨달은 열반적정의 세계이다.
범어에 의하여 뜻을 해석하면 다음과 같다.

아阿는 직역하면 무無, 비非, 불不로 그 뜻에는 간략하게 일곱 가지가
있으니 보리심과 법문, 무이無二와 법계, 법성과 자재, 그리고 법신과
같은 뜻을 포함하여 갖추고 있다. 그 효용에 의하면 증익과 식재息災,
항복과 섭소(攝召: 올바른 소명)의 4가지 공덕이다. 이를 제외하고는
범어에서 관용적으로 '아나阿拏' 또는 '아뇩阿耨'을 사용하여 최소를
형용하는데 극미極微라고도 직역한다.

뇩다라耨多羅는 직역하면 상上, 최最, 극極의 뜻으로, 그 뜻을 넘어서
는 것은 없으니 매우 미세하다는 뜻을 말한다.

삼먁三藐에서 삼三은 정正이고 먁藐은 등等의 뜻으로 엄정하고 평등
하다는 의미이다.

삼보리三菩提에서도 삼三은 정의 뜻이고, 보리는 깨달음이다. 이는
진정으로 지극한 진리인 대각大覺이다. 반야를 구비하여 이와 비교
할 것이 없으며, 혹은 청량하고 적락寂樂한 깨달음의 경지를 말한다.
이런 까닭에 깨달음을 얻어도 좋고 이해해도 좋다. 법에는 깊고
얕음이 있어 상응하는 것이 같지 않으므로 정해진 법이 있지 않다고

말하는 것이다. 불법을 인因하는 것은 원융 무애한 깨달음을 성취하고 증득하는 것이다. 비유하면 지혜에 본래 높고 낮음이 있어 오직 체득한 것을 표현함과 함께 적용하여 결과를 단정하는 것을 일러 완전한 선(完善)이라고도 하고 결함이라고도 하는 것과 같다.


〔모두 부정함〕

何以故 如來所說法 皆不可取[60] 不可說 非法非非法

"무슨 까닭이냐 하면, 여래가 설한 것은 모두 취할 수 없고 말할 수도 없으며, 법도 아니고 비법도 아니기 때문입니다."


〔구결口訣〕

恐人이 執著如來의 所說文字章句하고 不悟無相之理하여 妄生知解故로 言不可取라 如來가 爲化種種衆生하사 應機隨量하사 所有言說이 亦何有定乎이시리오 學人이 不解如來의 深意하와 但誦如來의 所說敎法하옵고 不了本心하여 終不成佛하와 故로 言不可說이니라 口誦하고 心不行이 卽非法[61]이오 口誦心行하여 了無所得이 卽非非法[62]이라

---

60 취取: 집착과 취착의 뜻이다. 취取는 애愛의 다른 이름이며 번뇌를 말한다. 탐착, 집착, 망혹의 뜻이다.

61 법法은 불법佛法이며 비법非法은 불법의 본체(體)이다. 즉 비법은 사람의 자성과 만물의 본체를 말한다.

62 비비법非非法은 불법의 용用이다. 이는 『노자 도덕경』에 "크게 채워지면 빈 것과 같아서 그 쓰임은 무궁무진하다(大盈若沖 其用不窮)."는 것과 같다.

사람들이 여래가 설법하신 문자와 글귀에 집착하여 무상無相의 이치를 깨닫지 못하고 허망하게 지해知解를 일으킬까 두려워서 집착하지 말라고 하였다. 여래는 갖가지 중생을 교화하기 위하여 근기에 응하고 역량에 따르시나니, 설하신 말씀에 또한 어찌 정해진 것이 있겠는가? 배우는 사람이 여래의 깊은 뜻을 이해하지 못하고 다만 여래께서 설하신 교법만 독송하여 본마음을 깨닫지 못하여 마침내는 성불하지 못하므로 '불가설不可說'이라고 말씀하신 것이다. 입으로는 독송하고 마음이 수행하지 않으면 비법非法이며, 입으로는 독송하고 마음으로 행하면 무소득을 깨닫게 되니 비법非法이 아니다.


〔광론廣論〕

不可取者 乃指不離文字難爲道 著取語句盡成魔 也就是切勿在知見上下工夫

不可說者 依文解義 非闡不意 斷章曲解 無異謗法 唯有不在言說上討生活 始得究竟理諦

非法者 但能誦讀解說 而不能如理奉持 也就是必須事理圓融 否則卽同非法

非非法者 理事無礙 了悟本心 理境相應 無所住心 則如來所說法皆可取 可說 是法 非是法 盡皆如義

'불가취不可取'란 문자를 떠나서 도를 하는 것이 어렵고 어구에 집착하면 마를 이루니, 바로 위아래를 공부하는 데 있어 절대로 지견을 가지지 말라는 것이다.

'불가설不可說'이란 문장에 의하여 뜻을 해설함에 있어 부처님의 뜻이 아닌 것을 천명하지 말며, 단장斷章하여 곡해曲解하면 불법을 비방하는 것과 다를 게 없다는 것이다. 오로지 언설言說에서 생활을 토론하는 데 있지 않아야만 비로소 구경究竟의 진리를 깨닫는다. '비법非法'이란 단지 독송하고 해설할 줄만 알고 이치와 같이 받들어 지니지 않는 것이다. 다시 말해 반드시 사리事理가 원융해야 하는데 그렇지 못하면 곧 이는 비법과 같다.

'비비법非非法'이란 이사理事가 무애하여 본심本心을 깨닫고 이치와 대상(理境)이 상응하여 마음이 머무는 것이 없는 것이다. 여래가 설한 법은 모두가 취할 수 있고 설할 수 있어, 법이든 법이 아니든 모두가 뜻과 같다.

〔일체 무위인 것으로 증거함〕

**所以者何 一切賢聖皆以無爲法而有差別**

"무슨 까닭이냐 하면, 모든 성현들[63]은 무위법[64]으로 차별이 있기

---

[63] 일체성현一切聖賢: 대승불교에서 삼현三賢과 십성十聖을 말한다. 10주住·10행行·10회향回向은 삼현이며, 초지初地에서 10지地까지의 보살을 십성十聖이라고 한다. 『인왕경仁王經』에 "삼현과 십성은 과보에 머무는 것이지만 부처님만이 정토淨土에 머문다(三賢十聖住果報 唯佛一人居淨土)."라고 하였다

[64] 무위법無爲法: 인연에 조작되는 법을 벗어난 것이다. 유위법은 색법(色法: 물질)을 포괄하고 심법은 정신활동의 주체이다. 무위법은 조작함이 없는 것이다. 무위無爲는 정각正覺으로 나의 자성自性에 돌아오는 것이다. 구마라

때문입니다."

〔구결口訣〕

三乘根性의 所解가 不同하며 見이 有深淺 故로 言差別하니라 佛說無
爲法者는 卽是無住이니 無住는 卽是無相이오 無相이 卽無起오 無起
는 卽無滅이니 蕩然空寂하여 照用을 齊皎하며 鑑覺이 無礙하여 乃眞
是解脫佛性이니 佛이 卽是覺이오 覺이 卽是觀照이오 觀照가 卽是智
慧오 智慧가 卽是般若波羅密多라 又本에 云하대 聖賢說法이 具一切
智 萬法하시니 在性하사 隨問差別하사 今人으로 心開하여 各自見性케
하시니라

삼승三乘의 근성은 이해하는 것이 같지 않으며, 견해에 깊고 얕음이
있어서 차별이라고 말한다. 부처님께서 '무위법'이라고 설하신
것은 바로 무주無住이며, 무주는 무상無相이며, 무상은 무기無起이
며, 무기는 무멸無滅이다. 탕연하고 공적하여 조용히 가지런하게
비추어 보는 깨달음이 무애無礙하면 바로 참다운 해탈불성이다.
불佛은 곧 깨달음이고, 깨달음은 곧 관조觀照이며, 관조는 곧 지혜
이고, 지혜는 곧 반야바라밀다이다. 또 본本에 말씀하시되, 성현의
설법은 일체지혜와 만법을 구족하고 있으니, 성품에서 묻는 중생의
차별에 따라 사람의 마음을 열게 하여 각자 스스로가 불성佛性[65]을
보게 한다.

---

習은 무위를 자성청정심自性清淨心이라고 하였다.

[65] 불성佛性은 아뇩다라삼먁삼보리阿耨多羅三藐三菩提이다.

〔광론廣論〕

陽光普照 本無分別 大地差異 所受不同 佛光普照 法乳無差 衆生業
異 所受不同

無爲法者 乃遠離因緣造作者 擇滅眞如 卽同涅槃 涅槃之境 乃無爲
法中之最勝也 本此經中說 應爲無四相之諦義也

햇빛이 널리 비추는 것은 본래 분별이 없으나 대지는 차이가 있어
받아들이는 게 같지 않으며, 부처님의 빛이 널리 비추심에 법유가
차별이 없으나 중생의 업이 달라 받아들이는 게 같지 않다.

'무위법'이란 곧 인연으로 조작하는 것을 멀리 떠나 적멸인 진여를
선택함이니, 곧 열반과 같다. 열반의 경계는 무위법 가운데에서
가장 수승한 것이다. 이 경 가운데서 말하는 것은 마땅히 사상四相이
없는 진리의 뜻에 응함이다.

# 의법출생분依法出生分 제팔第八

無得無說 怖於沈空 一切諸佛皆從此經出 故受之以依法出生分
증득함이 없고 설함이 없으면 공空에 빠질까 두려워 일체의 모든
부처님께서 다 이 경을 좇아 나타나시는 까닭에 의법출생분으로 이를
받았다.


須菩提 於意云何 若人滿三千大千世界七寶 以用布施是人所得
福德 寧爲多不 須菩提言 甚多 世尊 何以故 是福德卽非福德性
是故如來說福德多
"수보리야! 너의 뜻은 어떠냐? 만약 사람이 삼천대천세계에
칠보를 가득 채워 보시하면 이 사람이 얻는 복덕은 많지 않겠
느냐?"
수보리가 말하였다.
"매우 많습니다. 세존이시여! 무슨 까닭이냐 하면, 이 복덕은
복덕의 본성이 아닌 까닭에 여래는 복덕이 많다고 설하셨습
니다."

〔구결口訣〕

三千大千世界七寶로 持用布施는 福德이 雖多하나 於性上에는 一無
利益하거니와 依摩訶般若波羅密多하여 修行하여 令自性으로 不墮
諸有[66]하면 是名福德性이니 心有能所하면 卽非福德性이오 能所心이
滅하면 是名福德性이며 心依佛敎하여 行同佛行하면 是名福德性이
오 不依佛敎하여 不能踐履佛行하면 卽非福德性이라

삼천대천세계(우주 전체)의 칠보를 가지고서 보시를 하면 복덕이
비록 많아도 불성에는 하나도 이익이 없다. 마하반야바라밀다에
의지하여 수행해서 자성自性으로 하여금 모든 생사에 떨어지지
않게 하는 것이 복덕의 본성이다.

마음에 능소能所가 있으면 바로 복덕성이 아니며, 능소가 없으면
이를 복덕성이라고 한다. 마음은 부처님의 가르침에 의지하고
행동은 부처님의 행동과 같아야 복덕성이라고 한다. 부처님의
가르침에 의지하지 않고 부처님의 행동을 수행하고 따르지 않으면
곧 복덕성이 아니다.

〔광론廣論〕

以定爲體 以慧爲用 戒爲之師 則福德性具

隨瞋而行 任癡而作 貪欲當頭 則非福德性顯矣

三學淨身語意 福德性具

三惡汚身語意 非福德性顯

---

**66** 유유有: 생사의 번뇌를 말한다.

福德者 法身成就之滋養 以六波羅密法之前五法爲福德莊嚴 是爲
行者善行之法 亦是菩提道果之助緣 反之 行者行不善行 損及有情
衆生 卽是非福德也

선정으로써 본체를 삼고 지혜로써 작용을 삼으며, 지계를 스승으로
하면 복덕성이 구비된다.

성냄을 따라 행하며 어리석음으로 마음대로 하고 탐욕을 우선하면
복덕성이 드러나지 않는다.

삼학三學으로 청정한 신업身業, 어업語業, 의업意業을 배우면 복덕성
이 구비된다.

삼악三惡으로 오염된 신업, 어업, 의업을 수행하면 복덕성이 드러나
지 않는다.

복덕이란 법신을 성취하는 자양이고 육바라밀 법으로써 앞의 다섯
가지 법을 복덕으로 장엄하면 이것이 수행자의 선행의 법이며,
또한 이는 보리의 도과道果를 도우는 조건이 된다. 이와 반대로
수행자가 선하지 않은 것을 수행하면 유정중생에게 손해를 끼치니
곧 복덕이 아닌 게 된다.

若復有人 於此經中 受持乃至四句偈等 爲他人說 其福勝彼
"만약 어떤 사람이 이 경 가운데 사구게 등을 받아 지녀 남을
위하여 설하면 그 복덕은 저것보다 뛰어나니라."

〔구결口訣〕

十二部敎<sup>67</sup> 大意가 盡在四句<sup>68</sup>中하니 何以知其然고 以諸經中에 讚
歎 四句偈가 卽是摩訶般若波羅密多이니 以摩訶般若는 爲諸佛母
이시니 三世諸佛이 皆依此經하사 修行하사 方得成佛하시니라 般若心
經에 云하대 三世諸佛이 依般若波羅密多 故로 得阿耨多羅三藐三
菩提라하니라 從師所學曰受오 解義修行曰持오 自解自行이 自利오
爲人演說이 是利他이니 功德이 廣大하여 無有邊際하니라

12부 가르침의 대의는 모두 사구게 속에 있으니, 어째서 그러한
줄 아는가? 모든 경 속에서 찬탄하는 사구게는 바로 마하반야바라
밀다이다. 왜냐하면 마하반야는 모든 부처님의 어머니이시니 삼세
의 모든 부처님께서 모두 이 경을 의지해 수행하여 성불하셨다.
『반야심경』에 말하기를 "삼세의 모든 부처님은 반야바라밀다에
의지하는 까닭에 아뇩다라삼먁삼보리를 얻는다."라고 하였다. 스
승을 따라서 배우는 것을 '수受'라 하며, 뜻을 이해하고 수행하는
것을 '지持'라고 한다. 스스로 이해하고 수행하면 자기를 이익 되게
하고, 다른 사람을 위하여 연설하면 남을 이익 되게 하니, 공덕이

---

67 십이부경十二部經: dvadasanga-buddha-vacana, 부처님께서 설법하신 경을
　　서술한 형식과 내용에 따라 12부로 나눈 것이다. 계경契經, 응송應誦, 기별記
　　別, 풍송諷誦, 자설自說, 인연因緣, 비유譬喩, 본사本事, 본생本生, 방광方廣,
　　희법希法, 론의論議가 그것이다.
68 사구四句: 사구게문四句偈文, 사구분별四句分別, 사구추검四句推撿이 있다.
　　경전의 사구의 게문은 주로 제행무상諸行無常으로 『금강경』에는 여러 가지의
　　사구게가 있다.

광대하여 끝이 있을 수 없다.

〔광론廣論〕

三藏聖典 記錄之體裁 皆以詩頌之形式 每四句而成偈言 故經云 乃
至四句偈等 可以注釋爲經之受持 功德福德甚大 甚至只要受持其
中的任何四句 依之而爲他人演說 其福遠勝三千大千世界七寶以
用布施

本文旨在讚歎般若波羅密多之可貴 蓋慧爲成佛之德用 無論是過
去現在未來欲成就佛果者 都得以此方法 受持奉行 無量功德

佛之本義 原具悟與慧圓滿成就者 是故 於娑婆世界衆生 能轉迷成
悟 去愚爲慧 而至圓滿成就境界 卽已具足佛因也

삼장인 성전의 기록 체재는 모두 시송詩頌의 형식으로 늘 네 구절
게송으로 이루어져 있다. 그러므로 경에 말하기를 '내지 사구게
등'이라 하였으며, 주석하여 경을 수지하는 공덕과 복덕은 매우
크고, 심지어는 그 속에서 중요한 어떤 사구게를 수지하고 이에
의지하여 다른 사람을 위하여 말한다면 그 복덕은 삼천대천세계를
칠보로 보시하는 것보다 더욱 훌륭하다.

본문의 취지는 반야바라밀다가 귀하다는 것을 찬탄하는 데에 있다.
대개 지혜는 성불의 덕의 작용이고, 과거·현재·미래의 깨달음을
성취하려고 하는 사람은 모두 이 방법으로 깨달았으니 수지하고
독송하는 것은 무량한 공덕이다.

부처의 본래 뜻은 원래 '깨달음과 지혜'를 구비하여 원만하게 성취한

자이다. 그러므로 사바세계의 중생은 미혹함을 돌이켜 깨달음을 이룰 수 있으며 어리석음을 물리치고 지혜롭게 될 수 있으니, 원만한 성취 경계에 이르면 곧 이미 부처의 인因을 구족하는 것이다.

何以故 須菩提一切諸佛及諸佛阿耨多羅三藐三菩提法 皆從此經出

"무슨 까닭이냐 하면 수보리야! 일체의 모든 부처와 모든 부처의 아뇩다라삼먁삼보리법이 모두 이 경에서 나온 것이기 때문이니라."

〔구결口訣〕

此經者는 非指此一卷之文也라 要顯佛性이 從體起用하여 妙利無窮이시니라 般若者는 卽智也니 慧以方便으로 爲功하고 智以決斷으로 爲用하나니 卽一切時中에 覺照心이 是이니 一切諸佛과 及阿耨多羅三藐三菩提法이 皆從覺照하여 生 故로 云此經出也이시니라

'이 경'이란 이 한 권의 글을 말하는 것이 아니다. 핵심은 불성이 본체를 따라 작용을 일으켜 신묘한 이익이 다함없다는 것을 드러내고자 한 것이다. '반야'란 곧 지혜이니 지혜는 방편으로써 공덕功德을 삼고, 지혜는 결단으로써 작용을 삼는다. 곧 일체의 시간에서 깨달아 비추는 마음이 이것이니, 일체의 모든 부처님과 아뇩다라삼먁삼보리법이 모두 깨달아 비춤을 따라 일어나므로 '이 경에서 나온 것'이라고 한 것이다.

〔광론廣論〕

諸佛之覺 爲無上正等覺 其成就之法 乃般若妙法也

慧之形成 來自智照 智之形成 卽是知識經驗也 也就是說 智是知識
經驗之積和 慧是於事理之表現 取其知識經驗之適用與洽當者 故
智爲體 慧爲用 乃是一種覺照之工夫

모든 부처님의 깨달음은 무상정등각이고 그 성취하는 법은 바로
반야의 신묘한 법이다.

'혜慧'가 형성되는 것은 '지智'의 비춤으로부터 오며, 지智의 형성은
곧 지식과 경험이다. 다시 말해 지智는 지식과 경험이 쌓여 합쳐진
것이며, 혜慧는 사事와 이理를 표현한 것이다. 지식과 경험의 적용과
알맞음을 취하는 자는 그러므로 지智를 본체로 삼고 혜慧를 작용으로
삼나니, 이것이 하나의 깨달아 비추는 공부인 것이다.


須菩提 所謂佛法者 卽非佛法

"수보리야, 이른바 불법이란 것은 곧 불법이 아니니라."


〔구결口訣〕

所說一切文字章句는 如標如指하니 標指者는 影響之義니 依標取
物하고 依指觀月이언정 月이 不是指며 指는 不是物이니 但依經取法
이언정 經이 不是法이니라 經文은 則肉眼이 可見이어니와 法은 則慧眼
이 能見하리니 若無慧眼者는 但見其文하고 不見其法하리니 若不見
法이면 卽不解佛意하오니라 不解佛意하오면 則誦經하여도 不成佛道

하리라

모든 문자와 글귀로 설법한 것은 이정표와 손가락과 같다. 표지標指
란 영향의 뜻이니, 이정표에 의하여 사물을 취하고 손가락에 의해
달을 보게 되지만 달은 손가락이 아니며 손가락은 사물이 아니다.
다만 경에 의지하여 법을 취할지언정 경은 법이 아니다. 경문은
곧 육안으로 볼 수 있으나 법은 혜안으로만 볼 수가 있다.
만약 혜안이 없다면 그 문자만 보고 그 법을 보지 못하며, 만약
법을 보지 못하면 부처님의 뜻을 이해하지 못하여 경을 독송하여도
불도를 성취하지 못한다.


〔광론廣論〕

佛法者 覺悟之道也 世尊說法 如筏喩者 乘載運送之工具也
佛法者 過程之學也 凡問題之處理 不在答案之如何 而在問題的認
識研究分析照見 譬如一加一 等於幾 以佛法而言 首要者 什麼樣的
一 加什麼樣的一 有了確切的認識 進而詳實的研究 予以精細的分
析 然後發揮覺智 是因 是緣 是自然 照見明了 則全部過程圓具 其可
靠的答案同時而顯 故謂過程之學也
所謂佛法 乃是圓滿問題之法 無有定法可言 故說卽非佛法

불법이란 각오覺悟하는 길이다. 세존의 설법이 뗏목과 같다는 것은
실어서 운송하는 도구일 뿐이라는 것이다.
불법이란 과정을 배우는 것이다. 대개 문제의 처리는 답안이 어떤가
에 있는 게 아니고 문제를 인식하고 연구하고 분석하고 조견照見하는

데 있다. 비유하면 하나에 하나를 더한다면 어떤가와 같다. 불법으로써 말하자면 가장 중요한 것은 어떠한 하나에 어떤 하나를 더하는 것을 정확하게 인식하고 나아가 상세하고 진실하게 연구하는 것이다. 그대가 정확하고 세밀하게 분석한 후에 각지覺智를 발휘하여 인因이고, 연緣이고, 자연自然임을 명료하게 비추어보면 곧 전부가 원만하게 구족된 과정이며, 기대하는 답안도 동시에 드러날 수 있으므로 과정의 학문이라 한다.

말하자면 불법은 바로 문제의 법을 원만하게 하는 것으로 정해진 법이 있다고 말할 수가 없으므로 '곧 불법이 아니다'라고 말한 것이다.

# 일상무상분一相無相分 제구第九

果雖有四 相本無二 故受之以一相無相分

과보는 비록 넷이지만 상相은 둘이 아니므로 일상무상분으로 이를 받았다.


須菩提 於意云何 須陀洹能作是念 我得須陀洹果不 須菩提言 不也 世尊

"수보리야! 너의 뜻은 어떠냐? 수다원이 나는 수다원의 과보를 얻었다고 생각하겠느냐?"

수보리가 말하였다.

"아닙니다. 세존이시여!"


〔구결口訣〕

須陀洹[69]者는 梵語이니 唐言逆流이며 逆生死流하여 不染六塵하여

---

69 수다원須陀洹: 옛날에는 입류入流, 지류至流, 역류逆流라고 번역하였고 새로이
　　예류預流라고 번역한다. 성문聲門의 사과四果 가운데에 초과를 말한다. 입류

一向修無漏業하여 得粗重煩惱가 不生하여 決定不受地獄 畜生修
羅類之身할새 名須陀洹果라 若了無相法하면 卽無得果之心하리니
微有得果之心하면 卽不名須陀洹 故로 言不也하니라

'수다원'이란 범어인데 번역하면 역류逆流라고 한다. 생사의 흐름을
역류하고 육진六塵에 염착하지 않으며 오직 무루업을 닦아서 거칠
고 무거운 번뇌가 일어나지 않음을 얻어 마침내 지옥·축생·수라
등의 다른 몸을 받지 않기에 이름을 수다원이라고 한다. 만약
무상법無相法을 요달하면 곧 과보를 얻었다는 마음도 없으리니,
얻었다는 마음이 조금이라도 있으면 수다원이 아니므로 "아닙니
다."라고 한 것이다.

〔광론廣論〕
梵語須陀洹 漢譯可作入流或逆進 其意爲入生死海 逆流而上 於聖
賢之位 已初入流 見解惑與精進之能力 却只知奮迅逆進 不作逆進
苦想 故世尊告誡之 須菩提承敎之

범어 수다원은 한역하면 입류入流 또는 역진逆進이다. 그 뜻은 생사의
바다에서 역류하여 위로 성현의 지위에 들어가는 것이다. 이미
처음에 입류하여 미혹함을 보고 해결하고 더불어 정진의 능력을
구비했으며, 왕성하게 역진함을 알아 물러나 역진하는 고행의 생각

---

는 처음에 성도에 들어간다는 뜻이며, 역류는 생사의 흐름을 등진다는 것이
다. 삼계의 견혹見惑을 끊으면 이 과보를 얻는다.

을 짓지 않는다. 그러므로 세존께서는 이를 훈계하여 이르시자
수보리가 가르침을 받은 것이다.


何以故 須陀洹名爲入流 而無所入[70] 不入色聲香味觸法 是名須
陀洹

"무슨 까닭이냐 하면, 수다원은 입류라고 부르지만 들어가는
바가 없어 색성향미촉법에 들어가지 않으므로 이를 수다원이라
부릅니다."


〔구결口訣〕

流者는 聖流也이니 須陀洹人也라 離粗重煩惱할새 故로 得入聖流하
대 而無所入는 無得果之心也라 須陀洹者는 乃修行이 初果也라

'유류流'란 성류聖流로서 수다원의 사람이다. 거칠고 무거운 번뇌를
벗어버렸으므로 성인의 부류에 들어감을 얻었지만, 들어가는 바가
없으므로 과보를 얻었다는 마음도 없다. '수다원'이란 곧 수행의
첫 과보이다.


〔광론廣論〕

色塵分別 習氣使然 起心動念 迷於塵境 是故 聖賢之流 行於覺道

---

70 무소입無所入: 처음에 성인의 부류에 들어갔으므로 육경六境에 들어가지
   않은 것이다. 말하자면 법성法性에 들어갔으므로 욕계에 들어가지 않는다는
   말이다.

修心養性 爲期明見 煩惱遠離 生死無縛 如是成就 如是入流 得須陀
洹位

색진色塵의 분별은 습기가 그렇게 시켜 마음과 생각이 움직여 색진
경계에 미혹되는 것이다. 그러므로 성현의 흐름은 깨달음의 도를
수행하고 심성을 수양하여 명견明見하기를 기대하고, 번뇌를 멀리
여의며 생사에 얽매이지 않으며, 이처럼 성취하고 이처럼 들어가면
수다원의 지위를 얻는다.

須菩提 於意云何 斯陀含能作是念 我得斯陀含果不 須菩提言
不也 世尊 何以故 斯陀含名一往來 而實無往來 是名斯陀含
"수보리야! 너의 뜻은 어떠냐? 사다함이 나는 사다함의 과보를
얻었다고 생각을 하겠는가?"
수보리가 말하였다.
"아닙니다. 세존이시여! 무슨 까닭이냐 하면 사다함은 일왕래라
고 이르지만 실제로는 왕래가 없으므로 이름을 사다함이라고
합니다."

〔구결口訣〕
斯陀含[71]은 梵語이니 唐言一往來이니 捨三界結縛하여 三界結이 盡

---

71 사다함斯陀含: 일왕래一往來라고 번역하며 수다원에 이은 제2의 성류聖流이
다. 이 지위에 이르면 천계와 인간계를 서로 왔다 갔다 하는데, 만약 이
과보를 얻으면 천계에서 다시 인간계에 왔다가 열반에 들어가며, 천계에서

할새 故名斯陀含이라 斯陀含을 名一往來는 往來從天上하여 却到人間生하고 從人間하여 却生天上竟하여 遂出生死하여 三界業이 盡할새 名斯陀含果이라 大乘斯陀含者는 目觀諸境하고 心有一生滅하여 無第二生滅할새 故名一往來이니 前念이 起妄하여든 後念이 卽止하며 前念이 有著커든 後念이 卽離할새 故로 實無往來니라

'사다함'은 범어로서 일왕래一往來라 번역한다. 삼계에 결박된 것을 버리고 삼계의 결박을 다하므로 사다함이라고 한다. 사다함은 이름하여 '한 번 왕래함'이라 하는데 천상계를 따라 인간계에 왕래하여 태어나고, 인간계로부터 천상계에 태어나 마치는데, 드디어는 생사를 벗어나 삼계의 업이 다한 것을 일러 사다함이라고 한다. '대승의 사다함'이란 눈으로 모든 경계를 관찰하면 마음에 하나의 생멸이 있을 뿐, 두 번째의 생멸이 없으므로 이름하여 '한 번 왕래함'이라 한다. 전념前念이 망심을 일으키면 후념이 곧 그치고, 전념이 염착하면 후념은 바로 벗어나기에 실제로는 왕래가 없다.


〔광론廣論〕

梵語斯陀含 漢譯可作一來或一往來 其意謂已證須陀洹位 復於欲界之人天道受生一度 於聖賢位斷惑證眞 一往來者 卽是復經人天之身 一度往來之義
斯陀含於三界業盡 不受生死結纏 故人天一度往來 實無往來者

과보를 얻으면 인간계에 다시 와서 다시 천계에 들어가서 열반에 들어간다. 이 때문에 천계와 인간계를 한 번 왕래한다고 했다.

122

범어 사다함은 한역하면 일래一來 또는 일왕래一往來라고 한다. 그
뜻은 '이미 사다함을 증득하고 다시 욕계의 인천도人天道를 받아
한 번 태어난다'는 말이다. 성현의 위치에서 미혹함을 끊으면 진여眞
如를 증득한다. '한 번 왕래한다'란 다시 인천의 몸을 거치는 것을
한 번 왕래한다는 뜻이라 한다.
사다함은 삼계의 업이 다하면 생사의 얽매임을 받지 않는다. 그러므
로 인천에 한 번 왕래하지만 실제로는 왕래가 없음이다.


須菩提 於意云何 阿那含能作是念 我得阿那含果不 須菩提言
不也 世尊 何以故 阿那含名爲不來 而實無來 是故名阿那含
"수보리야! 너의 뜻은 어떠냐? 아나함이 '나는 아나함과를 얻었
다'고 생각하겠는가?"
수보리가 말하였다.
"아닙니다. 세존이시여! 무슨 까닭이냐 하면, 아나함은 오지
않은 것을 말하는 것이나 실제로는 온 것이 없으므로 아나함이라
고 합니다."


〔구결口訣〕
阿那含<sup>72</sup>은 梵語이니 唐言不還이며 亦名出欲이니 出欲者는 外不見

---

72 아나함阿那含: 불환不還, 불래不來로 번역하며 욕계의 번뇌를 모두 끊은 성자의
이름. 이 성자는 미래에 색계, 무색계에 다시 태어나지 않으며 욕계에도
다시 태어나지 않으므로 불환이라고 한다.

可欲之境하고 內無欲心可行하여 定不向欲界하여 受生할새 故名不
來로대 而實無來하니라 亦名不還이니 以欲習이 永盡하여 決定不來
受生할새 是故로 名阿那含이라

아나함은 범어로 불환不還이라고 번역하며 또 출욕出欲이라고도
한다. 출욕은 밖으로는 욕계의 경계를 보지 않고 안으로는 욕계의
마음으로 행함이 없어 끝내는 욕계를 향하여 태어나지 않으므로
불래不來라고 한다. 참으로는 오는 것이 없으므로 또 불환不還이라
말하며, 욕계의 습성이 영원히 다하여서 끝내는 세간에 태어나지
않으므로 아나함이라고 한다.

〔광론廣論〕
梵語阿那含 漢譯可作不來或不還 其意謂不再來欲界 也就是說心
色不相應行 意念自無欲習 欲習斷盡 當不受生死縛
不還者 如人出離家庭 常住他所 不再返回 娑婆世界 生死苦欲 乃引
業造業及報業之欲所 依法修行 奉佛之敎 自必出離娑婆 不再返回

범어 아나함을 한역하면 불래不來 또는 불환不還이다. 그 뜻은 '욕계
에 다시 오지 않음'을 말한다. 다시 말해 마음과 물질(心色)이 상응하
지 않고, 의념意念은 저절로 욕계의 습기(欲習)가 없어야 하며, 욕계
의 습기가 다하면 마땅히 생사의 속박을 받지 않는 것을 말한다.
'불환(不還: 돌아오지 않음)'이란 마치 사람이 가정을 떠나 항상 다른
곳에 있으면서 다시 돌아오지 않는 것과 같다. 사바세계는 생사와
괴로움과 욕망(苦欲)으로 업을 끌어들여 업을 만들고 업을 갚는

124

욕망의 장소이니, 법에 의하여 수행하여 부처님의 가르침을 받들고 스스로 사바세계를 벗어나 다시 돌아오지 않아야만 한다.

須菩提 於意云何 阿羅漢能作是念 我得阿羅漢道不 須菩提言
不也 世尊
"수보리야! 너의 뜻은 어떠냐? 아라한이 이렇게 생각하되 '나는 아라한의 도를 증득했다'고 하겠는가?"
수보리가 말하였다.
"아닙니다. 세존이시여!"

〔구결口訣〕
諸漏가 已盡하여 無復煩惱는 名阿羅漢[73]이니 阿羅漢者는 煩惱가 永
盡하여 與物無諍하니 若作得果之心하면 卽是有諍이라

모든 번뇌(漏)가 이미 다해 다시는 번뇌가 없는 것을 일러 아라한이라고 한다. 아라한은 번뇌가 영원히 없어져 사물과 더불어 다툼이 없나니, 만약 과보를 얻었다는 마음이 있으면 곧 다툼이 있는 것이다.

---

73 아라한阿羅漢: 응공應供, 살적殺賊, 불생不生이라고 번역한다. 응공은 존경하여 공양에 응하는 사람의 뜻으로 옛날에는 부처님을 이렇게 말하였다. 살적은 arihan의 번역으로 번뇌를 없앤다는 의미이다. 불생은 번뇌가 일어나지 않는다는 뜻이다.

〔광론廣論〕

見思無明煩惱等盡 唯存微細之惑 故有漏已盡 無漏尙未圓具 處於
殺賊位 未得無漏之究竟覺 故謂阿羅漢

견혹見惑과 사혹思惑, 무명 번뇌 등이 다하고 오직 미세한 미혹만
있는 까닭에 유루는 이미 다했지만, 무루는 아직 원만하게 구비하지
못하여 '살적殺賊의 지위'에 머물러 아직 무루의 구경각을 얻지 못했
으므로 아라한이라 한다.


**何以故 實無有法名阿羅漢 世尊 若阿羅漢作是念 我得阿羅漢道
卽爲著我人衆生壽者**

"무슨 까닭이냐 하면, 참으로 아라한이라 이름할 법이 없기 때문
입니다. 세존이시여! 만약 아라한이 나는 아라한의 도를 얻었다
하면 바로 아상, 인상, 중생상, 수자상에 염착하는 것입니다."


〔구결口訣〕

阿羅漢은 梵語이니 唐言無諍이니 無煩惱可斷하며 無貪瞋可離하여
性無違順하여 心境이 俱空하여 內外常寂하니 若有得果之心하면 卽
同凡夫 故로 言不也하니라

아라한은 범어로 무쟁無諍이라고 번역한다. 이는 단멸할 번뇌가 없고
저버릴 탐욕과 성냄이 없으며, 본성에 거스르고 따르는 마음이 없어
심心과 경境이 모두 공하고 안팎이 항상 적정하니, 만약 과보를 얻었다
는 마음이 있으면 곧 범부와 같으므로 "아닙니다."라고 말한 것이다.

126

〔광론廣論〕

實相無相 是爲離相 與物不諍 是爲無諍 梵語阿羅漢有如下的解釋

殺賊 以能斷盡見思二惑 僅餘微細故

應供 應受人天之供養 已具極果故

不生 諸報已盡 不再受三界生死故

無諍 心無分別 意念俱盡 性無順逆故

실상實相은 상이 없음이니 이는 상을 떠난 것이 되며, 사물과 더불어 다툼이 없으므로 무쟁無諍이라 한다. 범어에서 아라한이라 말하는 것은 아래와 같이 해석한다.

살적殺賊은 견혹과 사혹을 모두 끊을 수 있으나 다만 미세한 미혹이 남아 있는 까닭이다.

응공應供은 인천의 공양을 받을 수가 있으니, 이미 궁극의 과보를 구족한 까닭이다.

불생不生은 모든 과보가 이미 다하여 삼계의 생사를 다시 받지 않는 까닭이다.

무쟁은 마음에 분별이 없고 의념意念이 다하여 본성本性이 역순逆順이 없는 까닭이다.

世尊 佛說我得無諍三昧 人中最爲第一 是第一離欲[74]阿羅漢 我

---

74 이욕離欲: 욕망을 떠남. 『유식론』에 "어떤 것이 욕망인가? 즐거움이 되는 경계를 희망하는 것이 본성이 되고 이에 의지하는 것이 욕망이다(云何爲欲 於所樂境希望爲性 勤依爲業)."라고 하였다.

不作是念 我是離欲阿羅漢

"세존이시여! 부처님께서는 저를 무쟁삼매를 증득한 사람 중에 최고 제일이며 욕심을 벗어난 아라한 중에 제일이라 말씀하시나, 저는 제가 욕심을 벗어난 아라한이라고 생각하지 않습니다."

〔구결口訣〕

何名無諍三昧오 爲阿羅漢이 心無生滅去來하고 惟有本覺이 常照할새 故名無諍三昧라 三昧는 梵語이니 此云正受이며 亦云正見이니 遠離九十六種邪見이 是名正見이라 然이니 空中에 亦有明暗諍하며 性中에 有邪正諍하니 念念이 常正하여 無日心邪心이 卽是無諍三昧니 修此三昧하면 人中에 最爲第一이니 若有一念이나 得果心하면 卽不名無諍三昧이니라

무엇을 일러 '무쟁삼매'라 하는가? 아라한이 마음에 생멸이 없고 거래가 없고 오직 본각本覺이 상조相照하여 있는 것을 무쟁삼매라고 한다. 삼매는 범어로 정수正受 또는 정견正見이라고 한다. 96종의 삿된 견해를 영원히 벗어버리는 것을 정견이라고 한다. 그러나 공空 속에는 밝고 어두움의 다툼이 있고, 본성 속에는 바름과 삿됨의 다툼이 있으니, 순간순간 항상 정직하여 하루라도 생각에 삿된 마음이 없으면 이를 무쟁삼매라고 한다. 이 삼매를 수행하면 사람들 속에서 최고 제일이 된다. 만약 한 생각이라도 과보를 얻었다는 마음이 있으면 곧 무쟁삼매라고 하지 않는다.

〔광론廣論〕

無諍三昧者 以解空故 彼我俱忘 不惱衆生 並能令衆生不起煩惱 常
住於空理 與他無諍之正定中
須菩提於佛弟子中 爲解空第一 善觀常照 內外無諍 善順無訟 多行
憐愍 具此靜定修養者 卽得無諍三昧 乃人中最爲第一 故說第一離
欲阿羅漢

무쟁삼매는 공을 이해한 까닭에 피아彼我를 모두 잊고 중생으로
번뇌하지 않고 아울러 중생으로 하여금 번뇌를 일으키게 하지도
않는다. 항상 공의 진리에 머물면서 다른 이와 더불어 다툼 없는
바른 선정 속에 머문다.
수보리는 부처님의 제자 중에서 공空을 이해하는 데 제일이다. 관을
잘하여 항상 비추기에 안팎으로 다툼이 없으며, 따르기를 잘하여
시비가 없으며 연민을 많이 행한다. 이런 고요한 선정을 갖추어 수양하
는 자는 곧 무쟁삼매를 깨닫고 바로 사람들 중에서 최고 제일이
되는 까닭에 '욕심을 벗어난 아라한 중에 제일'이라고 말한 것이다.

世尊 我若作是念 我得阿羅漢道 世尊卽不說須菩提 是樂阿蘭那
行者 以須菩提實無所行 而名須菩提是樂阿蘭那行
"세존이시여! 제가 만약 '내가 아라한도를 얻었다'라고 생각한다
면 세존께서는 바로 수보리는 아란나행을 즐기는 자라고 말씀하
시지 않으시며, 수보리가 참으로 행하는 것이 없기에 '수보리는
아란나행을 즐기는 자'라고 이름하십니다."

〔구결口訣〕

阿蘭那[75]는 梵語이니 唐言無諍行이니 無諍이 卽是淸淨行이라 淸淨
行者는 爲除去有所得心也이니 若存有所得心하면 卽是有諍이니 有
諍이 卽非淸淨道이니 常得無所得心하면 卽是無諍行也라

아란나는 범어로, 무쟁행無諍行으로 번역한다. 무쟁은 곧 청정행이
며 청정행이란 얻을 것이 있다는 마음을 제거하는 것이니, 만약
얻을 것이 있다는 마음이 있으면 곧 다툼이 있으며, 다툼이 있으면
곧 청정도가 아니다. 항상 얻을 것이 없는 마음을 얻으면 이것이
곧 무쟁행이다.

〔광론廣論〕

得無諍三昧者 卽已得離欲之尊 樂阿蘭那行者 卽是行於無諍行也
阿蘭那又云阿蘭若 有如下之解釋
空閑 無世俗擾 寂靜 寂寞寧靜 遠離 隔離塵俗

무쟁삼매를 얻는 자는 곧 이미 욕심을 벗어남(離欲)의 존귀함을
얻으며, 아란나행을 즐기는 자는 곧 무쟁행을 행한다. 아란나阿蘭那
는 아란야阿蘭若라고도 하며 아래와 같이 해석한다.
텅 비어 한가로워 세속의 시끄러움이 없으며, 적정하여 적막하고
고요하고 평안하며, 멀리 벗어나 티끌세상과 격리되었다.

---

75 아란나행阿蘭那行: 총림叢林, 무쟁처無諍處, 한적한 곳, 원리처遠離處라는 뜻이
다. 아란나는 비구들이 수행하는 장소와 사원으로 청정한 곳을 말한다.

# 장엄정토분莊嚴淨土分 제십第十

清淨心生 是爲淨土 莊嚴所相 卽非莊嚴 故受之以莊嚴淨土分

청정심이 생기면 바로 정토이나 장엄이 상이 되면 바로 장엄이 아니므로 장엄정토분으로 이를 받았다.


佛告須菩提 於意云何 如來昔在然燈佛所 於法有所得不 不也
世尊 如來在然燈佛所 於法實無所得

부처님께서 수보리에게 말씀하셨다.

"너의 뜻은 어떠냐? 여래가 과거의 연등불이 계신 곳에 있으면서 법을 얻은 것이 있느냐?"

"아닙니다. 세존이시여! 여래께서 연등불이 계신 곳에 계실 때에 법에 참으로 얻은 것이 없습니다."


〔구결口訣〕

佛이 恐須菩提가 有得法之心하사 爲遣此疑 故로 問之하여시늘 須菩提가 知法의 無所得하여 而白佛言하야오대 不也이라하니라 然燈佛[76]은

是釋迦의 授記之師이시니 故로 問須菩提하사대 我於師處에 有法可
得가 不아하여시늘 須菩提가 卽謂하대 法은 因師開示하니 而實無所得
하니 但悟自性이 本來淸淨하며 本無塵勞하여 寂然常照하면 卽自成
佛하리니 當知世尊이 在然燈佛所하사 於法에 實無所得이였다. 如來
法者는 譬如日光明照가 無有邊際인듯하여 而不可取니라

부처님께서 수보리가 법을 깨달았다는 마음이 있을까 걱정하여
이 의심을 버리게 하기 위한 까닭에 이를 물어 보셨다. 수보리는
법이 없음을 알고 부처님께 "아닙니다."라고 대답하였다.
연등불은 석가모니에게 수기하신 스승이므로 수보리에게 묻기를
"내가 스승의 처소에 있을 때에 법을 얻은 것이 있다고 할 수
있겠느냐?"라고 하신 것이다. 수보리가 곧 이르기를 "법은 스승으
로 인하여 개시開示된 것이나 참으로는 얻은 것은 없습니다."라고
했다. 다만 자성自性은 본래 청정하며 진로塵勞가 없고 고요하되
항상 비추는 것을 깨달으면 곧 스스로 성불하는 것이다. 세존께서
연등불의 처소에 계실 때에 법에서 참으로 얻은 것이 없음을 마땅히
알아야 한다. 여래의 법은 햇빛이 밝게 비치는 것과 같아 끝이
있을 수가 없고 취할 것도 없는 것이다.

〔광론廣論〕
生命需三寶 陽光空氣水 慧命需三寶 佛陀達摩僧 生命是色身 物質

76 연등불(然燈佛, 디팜카라-타타아가타Dipamkara-tathagata): 석가모니의 스승으
로 석가모니에게 수기하신 부처이다.

養其命 慧命是法身 覺道養其命 然而 養命之珍 不是代替 而是滋育
外力如授記 但得心開性顯 自己本來現成 執持一切諸法 無異巨石
壓草 惟有明見心性 本來面目始得坦露眞常
因此 授記之旨 非是有法可得 只是透示本有之性 淸淨常寂 譬如氣
象之變化 太虛本來無垢無淨 陽光空氣水等應物而現 或者說 如衆
生之業力 非是衆生之佛性者也

생명은 세 가지 보배인 햇빛과 공기와 물을 필요로 하고, 혜명慧命은
세 가지 보배인 불타와 달마(達摩: 불법)와 승僧을 필요로 한다.
생명은 색신인데 물질은 그 생명을 양육하고, 혜명은 법신인데
깨달음의 도(覺道)가 그 생명을 양육한다. 그러나 생명을 양육하는
보배는 대체할 수 없으며 (물질과 혜명을) 자양하고 양육한다.
외력外力은 수기授記와 같으나 다만 마음을 깨달으면 본성이 드러나
열리게 되어 자기 본래가 현성現成하게 된다. 일체 모든 법을 집지執
持하는 것은 거대한 돌이 풀을 누르고 있는 것과 다르지 않고, 오직
명견심성만을 생각하면 본래면목이 비로소 평탄하게 진상을 드러내
는 것을 깨닫게 된다.
이로 인하여 수기의 종지宗旨는 깨달을 수 있는 법에 있는 게 아니고
단지 본래 있는 본성을 투시하면 청정하고 항상 고요한 것이다.
비유하면 기상 변화와 같다. 태허太虛는 본래 더러움과 깨끗함이
없으나 햇빛과 공기와 물과 같은 것이 사물에 상응하여 나타나는데,
(이에 대해) 혹자가 말하기를 '중생의 업력과 같고, 중생의 불성은
아니다.'라고 하였다.

須菩提 於意云何 菩薩莊嚴佛土不 不也 世尊 何以故 莊嚴佛土
者 卽非莊嚴 是名莊嚴

"수보리야! 너의 뜻은 어떠냐? 보살이 불토를 장엄하는가?"
"아닙니다. 세존이시여! 무슨 까닭이냐 하면, 불토를 장엄한다는
것은 곧 장엄하는 것이 아니고 이름이 장엄입니다."

〔구결口訣〕

淸淨佛土는 無相無形하거니 何物이 而能莊嚴耶이리오 唯以定慧之
寶로 假名莊嚴하나니 事理莊嚴이 有三하니 第一은 莊嚴世間國土이
니 造寺寫經하대 布施供養이 是也오 第二는 莊嚴見佛土이니 見一切
人하여 普行恭敬이 是也오 第三은 莊嚴卽國土이니 心淨하면 國土淨
하나니 念念이 常行佛心이 是也라

청정한 불토는 모양과 형체가 없는데 어떤 물건이 장엄할 수 있겠는
가? 오직 선정과 지혜의 보배로써 임시로 장엄이라 부르는 것이다.
사사와 이리의 장엄에 셋이 있다. 첫째는 세간의 국토를 장엄함이니
절을 짓고 경을 베껴 보시하고 공양하는 것이며, 둘째는 불토를
보게 장엄함이니 모든 사람이 보아 널리 공경함을 행하는 것이
이것이며, 셋째는 장엄이 곧 국토이니 마음이 깨끗하면 국토가
깨끗하여 생각생각 항상 부처님 마음을 행하는 것이다.

〔광론廣論〕

莊嚴之最勝者 乃福德與智慧兩種 係取菩薩六度之法 以前五爲福

德莊嚴 後一爲智慧莊嚴

次依大集經說四種莊嚴 乃指成就法身之究竟勝法

戒莊嚴 持禁戒以離身之諸惡

三昧莊嚴 修禪定以離諸邪覺

智嚴莊嚴 覺知聖諦以離諸顚倒

陀羅尼莊嚴 持善使不失 持惡使不生

除此 淨土論(天親菩薩造)以依正二報 復有二十九種莊嚴 文繁不
錄 閱論卽知 其實 莊嚴之義 具德者 美飾者 均可謂之莊嚴 以德而言
去不德而有德 已知有德爲不德而顯 以美飾而言 可以想見 是爲不
美而飾者也

장엄의 가장 수승한 것은 바로 복덕과 지혜의 두 가지인데, 보살
육바라밀의 법에 대비하면 앞의 다섯은 복덕장엄이고 뒤의 하나는
지혜장엄이다.

다음으로 『대집경』의 네 가지 장엄에 의거하면 법신法身의 구경의
수승한 법을 성취하는 것을 가리킨다.

계장엄은 금계를 지니고 몸의 모든 악을 벗어나는 것이다.

삼매장엄은 선정禪定을 닦아 모든 삿된 깨달음을 벗어나는 것이다.

지혜장엄은 성스러운 진리를 깨달아 알고 모든 전도를 벗어나는
것이다.

다라니장엄은 선함을 잃지 않게 지니고 악이 일어나지 않게 지니는
것이다.

이 밖에 『정토론淨土論』(천친보살이 지음)에서는 정보正報와 의보依

報의 두 가지와 다시 29가지의 장엄이 있는데 문장이 빽빽하여 기록하지 않나니, 論논을 열람하면 알 수 있다. 실제로 장엄의 뜻이란 덕을 구족한 것, 아름답게 장식한 것도 모두 장엄이라 한다. 덕으로 말하면, 부덕不德한 것을 버리면 덕이 있음이며, 이미 덕이 있음을 알면 부덕이 드러난다. 훌륭하게 장식한 것으로 말하면, 생각으로 볼 수 있다면 이는 아름답지 못하므로 장식하는 것이다.

是故須菩提 諸菩薩摩訶薩 應如是生淸淨心 不應住色生心 不應住聲香味觸法生心 應無所住 而生其心

"이런 까닭에 수보리야! 모든 보살마하살은 마땅히 이와 같이 청정한 마음을 일으켜야 하나니, 마땅히 색에 머물러 마음을 내서는 안 되며, 마땅히 성·향·미·촉·법에 머물러 마음을 내서도 안 되며, 마땅히 머무르는 것 없이 그 마음을 일으켜야 하느니라."

〔구결口訣〕
此차는 修行人수행인이 不應談他是非불응담타시비하고 自言자언하대 我能我解아능아해라하며 心輕末學심경말학이니 此차는 非淸淨心也비청정심야오 自性자성에 常生智慧상생지혜하여 行平等慈悲행평등자비하여 恭敬一切衆生공경일체중생하며 是修行人시수행인의 淸淨心也청정심야라 若不自淨其心약부자정기심하고 愛著淸淨處애착청정처하여 心有所住심유소주하면 卽是著法相즉시착법상이니 見色著色견색착색하여 住色生心주색생심하면 卽是迷人즉시미인이오 見色離色견색리색하여 不住色生心부주색생심하면 卽是悟人즉시오인이 住色生心주색생심은 如雲蔽天여운폐천하고 不住色生心부주색생심은 如空無雲여공무운하여 日月일월이 長照장조하듯하니 住色生心주색생심은 卽是妄念즉시망념이오 不住色生心부주색생심은 卽是眞智즉시진지니 妄念망념이

生하면 則暗이오 眞智가 照하면 則明이니 明하면 卽煩惱가 不生하고 暗하면 則六塵에 競起하나니라

이는 수행인이 마땅히 타인의 시비를 말하지 말아야 하나니, 스스로 '나는 할 수 있고 나는 이해한다.'라고 말하며 마음으로 배우지 않는 사람들을 가벼이 여기면 이는 청정심이 아니다. 자성自性에 항상 지혜를 일으키고 행동은 평등한 자비를 행하여 일체중생을 공경하면 이것이 수행인의 청정심이다.

만약 그 마음이 청정하지 않고 청정처淸淨處를 애착하여 마음이 머무는 것이 있으며 바로 법상法相에 염착하는 것이다. 색을 보고 색에 염착하여 색에 머물러 마음을 내면 곧 미혹한 사람이다. 색을 보고 색을 벗어나 색에 머물지 않는 마음을 내면 곧 깨달은 사람이다. 색에 머물러 마음을 내면 구름이 하늘을 가린 것과 같고, 색에 머물지 않으면서 마음을 내면 공중에 구름이 없어 해와 달이 밝게 비치는 것과 같다. 색에 머물러 마음을 내면 바로 망념이며, 색에 머물지 않는 마음을 내면 바로 참 지혜이다. 망념이 일어나면 곧 어둡고, 참 지혜가 비치면 곧 밝으며, 밝으면 곧 번뇌가 일어나지 않고, 어두우면 곧 육진六塵이 다투어 일어난다.

〔광론廣論〕
五濁惡世 衆生常處 物相流轉 衆生迷惑 五濁也好 物相也好 無非色塵分別 是色塵 本無垢淨 只爲衆生 染著不捨 反以爲是

若爾 染心起 卽住色塵而生汚 著持生 卽處色塵而成垢 生汚成垢
諸業造就 無明妄想 念念不息 煩惱雜亂 如潮似浪 如是 衆生之類
生滅不已

反之 分別心不起 色塵無住 諸業無著 垢也得 淨也得 心性明照 自無
所住 灑脫自在 圓融自如 必然無迷之能所 覺悟之心性顯矣

오탁악세는 중생이 항상 거처하는 곳으로 물상物相이 유전하며 중생
이 미혹된다. 오탁도 좋고 물상도 좋으며, 분별하는 색진 아님이
없다. 색진은 본래 깨끗함과 더러움이 없으나 다만 중생이 염착하여
버리지 않고 도리어 옳다고 한다.

만약 이렇다면 염착하는 마음이 일어나 곧 색진에 머물면서 오염심을
일으키고, 염착하여 지니려고 하면 곧 색진이 있는 곳이 더러움을
이룬다. 오염심을 일어나 더러움을 이루면 모든 업을 지어 무명
망상을 만들게 되어 순간순간 쉬지 않고 번뇌가 어지럽게 뒤섞이게
되어, 마치 조수에 이는 파도와 같게 된다. 이와 같은 중생의 부류는
생멸이 그치지 않는다.

이와 반대로 분별심이 일어나지 않고 색진에 머물지 않으면 모든
업에 염착하지 않는다. 더러운 것도 깨닫고 깨끗한 것도 깨달으며,
심성을 밝게 관조하면 저절로 머무는 바 없어 쇄탈자재灑脫自在하고
원융함이 저절로 같아져 필연적으로 미혹한 능소能所가 없어 깨달음
의 심성이 드러난다.


須菩提 譬如有人 身如須彌山王 於意云何 是身爲大不 須菩提

言 甚大 何以故 佛說非身 是名大身

"수보리야! 비유하면 사람의 몸이 수미산왕과 같은 사람이 있다
면 너의 뜻은 어떠냐? 그 몸은 크다고 하겠느냐?"

수보리가 말하였다.

"매우 크옵니다. 무슨 까닭이냐 하면, 부처님께서는 몸이 아닌
것을 큰 몸이라고 말씀하셨습니다."

〔구결口訣〕

色身이 雖大하나 內心이 量小하면 不名大身이오 內心이 量大하여 等
虛空界면 方名大身이니라 色身이 縱如須彌山王하여도 不爲大也라

색신이 비록 크다고 하여도 속마음의 양이 작으면 큰 몸이라고
말하지 않고, 속마음의 양이 커서 허공계와 같으면 큰 몸이라고
한다. 색신이 비록 수미산왕과 같다고 하여도 큰 것이 아니다.

〔광론廣論〕

須彌 梵語蘇迷盧 意爲妙高妙光善積安明善高等 山名 係一小世界
之中心 俱舍論云 妙高山王 四寶爲體 慧琳音義云 蘇迷盧 唐云妙高
山 四寶所成故曰妙 出過衆山曰高 或曰妙光山 以四色寶光明 各異
照世故

須彌 依形義而言 可以作其最高大 最妙麗 寶光四射 莊嚴壯偉 並具
主義 略可謂之無量大山也

經義藉喩 謂形態再大 亦不過色塵質礙所成 仍然爲有限量者 惟無

形之心量 小可以納芥子 大可以藏須彌 乃眞具無限量者

心 集起或積和 乃是由種種法 薰習種子所積集者 梵語質多 依楞伽

經所說 汗栗多 爲自性淸淨心 質多 爲慮知心 天竺古梵正音 應作紇

哩乃耶 譯義爲心 狀如蓮花 合而未放 可以證之爲衆生之凡俗心也

수미須彌는 범어로 소미로蘇迷盧이고, 뜻으로는 묘고妙高, 묘광妙光, 선적善積, 안명安明, 선고善高라고 한다. 산의 이름으로 하나의 소세계의 중심이다. 『구사론』에 말하기를 "묘고산왕은 네 가지 보배로 몸을 삼는다."라고 하였고, 『혜림음의』에서 말하기를 "소미로는 중국어로는 묘고산이며, 사보로 이루어졌으므로 묘妙라고 하고, 산이 모든 산보다 높으니 고高라고 하였다. 혹은 묘광산이라고도 하는데, 사색四色의 보배 광명이 제각기 다르게 세상을 비추는 까닭이다."라고 하였다.

수미는 형태의 의미로 말한 것인데, 그것이 가장 높고 가장 묘하고 화려하게 만들어졌고 보배광명이 사방으로 방사하여 장엄하고 웅장하며 아울러 주인이라는 뜻을 구비하고 있고, 간략하게 말하면 한량없이 큰 산이다.

경의 뜻으로 비유한다면 형태가 크고 또 색진과 질애質礙로 형성된 것에 불과하지만 양을 한정하는 것은 오직 무형無形의 심량心量이다. 작게는 개자(겨자씨)를 받아들일 수가 있고 크게는 수미를 감출 수도 있으니, 바로 진실로 한량이 없는 것을 갖춘 것이다.

마음은 집기集起[77] 혹은 쌓아서 화합함이니 이는 갖가지 법에 연유한

---

77 집기集起: '쌓아 모으다'란 뜻으로 마음이 신구의 삼업을 일으키는 것을

것이며, 훈습한 종자種子가 적집積集한 것이다. 범어로는 질다(質多, citta, 心)이다. 『능가경』에 말하기를 '한율다(汗栗多, hridaya)'라고 하며 자성自性이 청정한 마음이다. 질다質多는 '여지심慮知心'[78]이다. 천축의 옛날 범어 정음正音에서는 흘리내야紇哩乃耶인데, 번역하면 심장이라는 뜻이다. 심장의 모양은 연꽃이 펴지지 않고 닫혀 있는 것과 같은데, 이로써 중생의 평범하고 속된 마음(凡俗心)임을 증명할 수 있다.

---

말한다. 집기식集起識은 제8아뢰야식을 말한다. 여기서는 아뢰야식을 말한다.

[78] 여지심慮知心: 연려심緣慮心이라고도 하며, 대상을 포착하여 사려하는 마음으로 8식과 통한다.

# 무위복승분無爲福勝分 제십일第十一

有爲之福 限量有窮 無爲之福 殊勝無比 故受之以無爲福勝分

유위의 복은 한량이 있어서 다함이 있고, 무위의 복은 수승하여 견줄
수가 없으므로 무위복승분으로써 이를 받았다.


須菩提 如恒河中所有沙數 如是沙等恒河 於意云何 是諸恒河沙
寧爲多不 須菩提言 甚多 世尊 但諸恒河 尙多無數 何況其沙
須菩提 我今實言告汝 若有善男子 善女人 以七寶滿爾所恒河沙
數三千大千世界 以用布施 得福多不 須菩提言 甚多 世尊 佛告
須菩提 若善男子 善女人 於此經中 乃至受持四句偈等 爲他人
說 而此福德 勝前福德

"수보리야! 항하 가운데 있는 모래 수와 같이 이 모래들과 같은
항하가 있다면, 너의 뜻은 어떠냐? 이 모든 항하의 모래는 얼마나
많다고 하겠느냐?"

수보리가 말하였다.

"매우 많습니다, 세존이시여! 다만 모든 항하도 오히려 무수히

많은데 하물며 그 모래이겠습니까?"

"수보리야! 내가 진실한 말로 너에게 말한다. 만약 선남자 선여인이 칠보로써 항하의 모래 수 같은 삼천대천세계를 가득 채울 정도로 보시한다면 얻을 복은 많겠느냐?"

수보리가 말하였다.

"매우 많습니다. 세존이시여!"

부처님께서 수보리에게 말씀하셨다.

"만약 선남자 선여인이 이 경 가운데 사구게 등을 수지하여 타인을 위하여 설법한다면 이 복덕은 앞의 복덕보다 나으니라."

〔구결口訣〕

布施七寶하면 得三界中에서 富貴報하고 講說大乘經典하면 令諸聞者로 生大智慧하여 成無上道하게 하리니 當知受持福德이 勝前七寶福德이로다

칠보를 보시하면 삼계 속에서 부귀한 과보를 얻으며, 대승경전을 강설하면 모든 듣는 사람으로 하여금 큰 지혜를 일으켜서 위없는 도를 이루게 한다. (사구게를) 수지한 복덕은 앞의 칠보의 복덕보다 훌륭하다는 것을 마땅히 알아야 한다.

〔광론廣論〕

財富多 煩惱更多 只是誤認人生本來如此 甘願爲物相之奴隸 於欲望追求而勞碌 一生大好辰光 不得恬靜 安逸 自在 相反 離迷入覺

泳游法海 何等無礙洒脫 猶若滿身汚垢 躍入湖海 其情其境 豈是富
貴財勢所能比擬

因此 老野道

雨水淋頭 設身瀑布底下

原野閒情 遠勝豪華之上

露水瓊漿 分別昏淸之中

行者大德 可體取 行於泥濘路 叫苦皆福者 臨危獻生命 盡是慈悲人
是以 古有英雄氣短 世有兒女情長倘使 不爲財色名食睡所惑 那麽
禪悅法喜饒益無窮

재물과 부가 많으면 번뇌 또한 많아지는데 다만 '인생이 본래 이렇다'
고 잘못 알고 있다. 달게 '물상物相'의 노예가 되기를 원하고 욕망을
추구하려고 악착같이 일하지만, 일생의 크게 좋을 때에도 편안하고
조용하며 안일하고 자재함을 얻지 못한다. 반대로 미혹함을 버리고
깨달음에 들어가 법해에서 유영하면 걸림 없이 쇄탈한 것과 어찌
같겠는가! 마치 몸에 더러움이 그득하지만 호수와 바다에 뛰어
들어가는 것과 같아 그 감정과 그 경계를 어찌 부귀와 재물과 권세에
비교하겠는가!

이 때문에 들판의 노인이 말하였다.

빗물은 머리에서 떨어지니 몸이 폭포 아래 있는 것 같고
원시의 들판에 한가한 마음은 호화로움보다 더욱 아름답네.
오색영롱한 이슬을 마시면서도 분별하는 마음이 없다네.

수행하는 대덕들이여! 이를 체득해야 하리라! 진흙길을 걸어가며 고생스럽다고 하지만 모두가 복덕이며, 위험에 있으면서 생명을 던지는 것 모두가 자비인慈悲人이라네! 이 때문에 예부터 영웅의 기세는 짧았고 세상에 아녀자의 정은 깊었어라. 재색과 명예, 음식과 수면의 유혹에 어정거리지 말고 선열禪悅과 법희法喜로 중생을 한없이 요익케 해야 한다네.

# 존중정교분尊重正教分 제십이第十二

是經所在天龍敬事 故受之以尊重正教分

이 경이 있는 곳은 천룡도 공경하여 받드는 까닭에 존중정교분으로
이를 받았다.

復次須菩提 隨說是經 乃至四句偈等 當知此處 一切世間 天人
阿修羅 皆應供養 如佛塔廟

"또 수보리야! 이 경과 사구게 등을 설하는 곳곳마다 일체 세간의
천·인·아수라까지도 모두 마땅히 공양하는 것이 부처님의 탑묘
와 같이 한다는 것을 반드시 알아야 한다."

〔구결口訣〕

所在之處에 如有人이어든 卽說是經하대 若念念에 常行無念心과 無
所得心과 不作能所心하여 說이니 若能遠離諸心하고 當依無所得心
하면 卽此身中에 有如來全身舍利 故로 言如佛塔廟이라하시니라 以
無所得心으로 說此經者는 感得天龍八部가 悉來聽受하려니와 心若

146

不淸淨하고 但爲名聲利益하여 而說是經者는 死墮三塗하리니 有何
利益이리오 心若淸淨하여 爲說是經하여 令諸聽者로 除迷妄心하고
悟得本來佛性하여 常行眞實하게 하여 感得天人阿修羅等이 皆來供
養持經人也하리라

경이 있는 곳에 만약 어떤 사람이 있거든 곧 이 경을 설하되 순간순간
항상 무념無念의 마음과 얻을 것 없는 마음을 행하고 주객을 분별하
는 마음을 내어 설하지 않아야 한다. 만약 모든 마음을 멀리 떠나
마땅히 얻을 것 없는 마음에 의지하면 바로 이 몸 가운데 여래의
전신사리全身舍利가 있는 것과 같으므로 부처님의 탑묘라고 한
것이다.

얻을 것 없는 마음으로써 이 경을 설하는 자는 천룡팔부도 다
와서 받아 지니지만, 마음이 만약 청정하지 않으면서 다만 명성과
이익을 위하여 이 경을 설하는 것은 죽어서 삼도에 떨어지리니,
어떤 이익이 있겠는가? 만약 마음이 청정하여 이 경을 설하면
듣는 모든 사람들로 하여금 미망의 마음을 없애고 깨달아서 본래의
불성佛性을 얻어 진실을 수행하게 하므로 천·인·아수라 등이 감득
하고 모두 와서 경을 수지한 사람을 공양한다.

〔광론廣論〕
問 爲何說法
答 拔苦與樂
問 說什麽法

答 悟見本有心性之法

問 現有與本有差別否

答 現有者 薰習如垢汚 掩蓋了本有之清淨

問 如何去汚顯淨

答 隨說薰習 發揮般若

問 如此卽得清淨

答 轉迷成覺 實相無相

如是 說者受者 兩皆饒益 成就在在無所住心 究竟清淨 故說 當知此
處 如佛塔廟 普同供養

문: 어떻게 설법합니까?

답: 고통을 없애고 즐거움을 주어라.

문: 어떤 법을 말합니까?

답: 본래 있는 심성心性의 법을 깨닫게 하라.

문: 현유現有와 본유本有가 차별이 있습니까?

답: 현유란 훈습薰習하는 게 더러운 때와 같아 본유의 청정을 가리고
있음이다.

문: 어떻게 오염된 것을 거두고 청정함을 드러냅니까?

답: 설법을 따라서 훈습하여 반야를 발휘한다.

문: 이렇게 되면 청정함을 깨닫습니까?

답: 미혹한 게 전변轉變하여 깨달으면 실상實相이 무상無相이다.
이와 같다면 설법하는 사람과 받아들이는 사람 모두가 요익하고
성취함이 있어 무소주심無所住心에 있게 되어 구경에 청정하다.

그러므로 말하기를 '이곳은 부처의 탑묘와 같아 모두가 공양한다'고
한 것이다.

何况有人盡能受持讀誦 須菩提 當知是人 成就最上第一希有之
法 若是經典所在之處 卽爲有佛 若尊重弟子
"하물며 어떤 사람이 모두 수지하고 독송함이겠느냐? 수보리야!
이 사람은 최상의 제일 희유한 법을 성취한다는 것을 마땅히
알라. 이 경전이 있는 곳은 곧 부처님이 있는 것과 같고 존중받는
제자가 있는 것과 같으니라."

〔구결口訣〕
自心에 誦得此經하며 自心에 解得經義하며 自心에 體得無著無相之
理하여 所在之處에 常修佛行하여 念念에 心無有間歇하면 卽自心이
是佛 故로 言所在之處에 則爲有佛이라하시니라

자기 마음으로 이 경을 얻어 독송하고 자기 마음으로 경의 뜻을
얻어 이해하며 자기 마음으로 무착無著하고 무상無相한 이치를
체득하여. 경이 있는 곳에서 항상 부처님의 행을 수행하고 순간순간
마음이 쉬지 않으면 바로 자기 마음이 부처가 되므로 '경이 있는
곳에는 부처가 있다.'고 한다.

〔광론廣論〕
佛者覺也 般若成就 覺性卽現 自心卽得淸淨

問 如何得知 盡能受持讀誦

答 自心現量 般若爲證

問 般若如何成就

答 雲聚雨現

問 能覺能見

答 知識經驗 慧現之條件 欠缺圓滿 在於深廣與膚淺之實相

불佛이란 깨달음이다. 반야가 성취되면 깨달음의 본성이 드러나 자심이 곧 청정함을 증득한다.

문: 어떻게 수지 독송함을 다하는 것을 알 수 있습니까?

답: 자기 마음으로 지금 짐작하고 반야가 증명이 된다.

문: 반야는 어떻게 성취합니까?

답: 구름이 모이면 비가 나타난다.

문: 깨달을 수 있고 볼 수 있습니까?

답: 지식과 경험은 지혜가 드러나는 조건이며, 흠결과 원만은 심광 (深廣: 깊고 넓음)과 부천(膚淺: 얕음)의 실상實相에 있다.

# 여법수지분如法受持分 제십삼第十三

至道無名 假之方便 以是名字 行者受持 故受之以如法受之分
지극한 도는 이름이 없지만 임시방편의 이름으로써 수행자가 수지하
므로 여법수지분으로 이를 받았다.


爾時須菩提白佛言 世尊 當何名此經 我等云何奉持 佛告須菩提
是經名爲金剛般若波羅密 以是名字 汝當奉持 所以者何 須菩提
佛說般若波羅密 卽非般若波羅密
이때 수보리가 부처님께 여쭈었다.
"세존이시여! 이 경에 마땅한 이름은 어떤 것이며, 저희들은
어떻게 받들어 수지해야 합니까?"
부처님께서 수보리에게 말씀하셨다.
"이 경은 이름이 금강반야바라밀[79]이라고 하며 이 이름으로써

---

79 금강반야바라밀:『통론宗通』에서 다음과 같이 말한다. "금강반야바라밀은
   문자상文字相을 벗어버렸으므로 설법한 것이 없는 것이며, 번뇌상煩惱相을
   벗어버렸으므로 미진微塵이 아니며, 인천상人天相을 벗어버렸으므로 세계가

너는 마땅히 받들어 수지해야 하느니라. 무슨 까닭이냐 하면 수보리야! 부처님이 설하신 반야바라밀은 곧 반야바라밀이 아니니라."

〔구결口訣〕

佛說般若波羅密은 令諸學人으로 用智慧하여 除去愚心生滅이시니 生滅이 除盡이 卽到彼岸이니 若心有所得하면 不到彼岸이오 心無一法可得하면 卽是彼岸이니 口說心行하여 乃是到彼岸이라

부처님께서 설하신 반야바라밀은 모든 학인으로 하여금 지혜를 사용하여 어리석은 마음이 생멸하는 것을 없애게 하시니, 생멸심이 모두 없어지면 피안에 이르는 것이다. 만약 마음이 얻는 것이 있다면 피안에 이르는 것이 아니며, 마음이 한 법이라도 얻는 것이 없으면 곧 피안이니, 입으로 설하고 마음으로 행하면 바로 피안에 이른다.

〔광론廣論〕

名字是相 言句是相 此岸是相 彼岸是相 金剛般若波羅密 亦復是相
問 本經以無相爲宗旨 爲何盡說一切諸相
答 緣起性空故
問 云何緣起性空
答 實相無相

---

아니며, 부처님의 색상色相을 벗어버렸으므로 32상도 아니다."

152

問 云何實相

答 虛空中之日月雲等

問 云何無相

答 虛空之本來面目

이름은 상相이고 언구도 상이며, 차안과 피안도 상이며, 금강반야바라밀도 역시 상이다.

문: 이 경에서 무상으로써 종지를 삼는데 어떻게 일체 모든 상을 설합니까?

답: 연기의 본성이 공한 까닭이다.

문: 어떻게 연기의 본성이 공합니까?

답: 실상이 무상이다.

문: 어떤 게 실상입니까?

답: 허공 속 일월과 구름 같은 것이다.

문: 어떤 게 무상입니까?

답: 허공 속 본래면목이다.


須菩提 於意云何 如來有所說法不 須菩提白佛言 世尊如來無所說

"수보리야! 너의 뜻은 어떠냐? 여래가 설한 법이 있느냐?"

수보리가 부처님께 여쭈었다.

"세존이시여! 여래께서는 설하신 법이 없습니다."

〔구결口訣〕

佛問須菩提하사대 如來說法이 心有所得가 不아 須菩提는 知如來說
法이 心無所得 故로 言無所說也하야니라 如來意者는 欲令世人으로
離有所得之心 故로 說般若波羅密法하사 令一切人으로 聞之하고
皆發菩提心하여 悟無生理하여 成無上道이시니라

부처님께서 수보리에게 물으시기를 "여래의 설법이 마음으로 얻은
것이 있는가?"라고 하셨다. 수보리는 여래의 설법은 마음으로
얻은 것이 없는 것을 알았으므로 "설하신 법이 없습니다."라고
하였다. 여래의 뜻은 세간의 사람들로 하여금 얻는 것이 있다는
마음을 떠나게 하는 것이므로 반야바라밀을 설법하시어 모든 사람
이 이를 듣고 모두 보리심을 일으켜, 무생의 이치를 깨달아 무상도無
上道를 이루게 하시는 것이다.


〔광론廣論〕

見而知 知而解 解而行 行而悟 是爲悟無生理之過程 成無上道之基
本 因爲 出世之覺 來自世間之迷
問 所得心人皆有之 果位中人有麼
答 未得果位之前有
問 已得之後云何無
答 如飢餓者已飽
問 如何是般若波羅密法
答 慧之表現 如舟之舵

154

問 發菩提心 不仍舊是所得心麼

答 故說未成果位人之前 皆有所得心

問 如是說 方得如是

答 如是如是

보고는 알고, 알고는 이해하며, 이해하고는 수행하고, 수행하고는 깨닫는 것이 무생無生의 진리를 깨닫는 과정이고 무상도無上道를 성취하는 기본이다. 왜냐하면 출세의 깨달음은 세간의 미혹으로부터 오기 때문이다.

문: 얻을 바의 마음은 모두가 가지고 있는데, 과위 중의 사람에게도 있는가?

답: 과위를 증득하기 전에 있다.

문: 이미 증득한 후에는 어떻게 없다고 하는가?

답: 배고픈 사람이 이미 배부른 것과 같다.

문: 어떤 게 반야바라밀법인가?

답: 지혜의 표현이니, 배의 키와 같다.

문: 보리심을 일으키면 예전에 얻을 바의 마음이 아닌 것인가?

답: 그러므로 과위를 성취하기 이전에는 모두가 얻을 바의 마음이 있다고 말한다.

문: 이와 같이 설하면 비로소 이와 같이 얻는가?

답: 그렇고 그렇다.


須菩提 於意云何 三千大千世界 所有微塵 是爲多不 須菩提言

甚多 世尊 須菩提 諸微塵如來說非微塵 是名微塵如來說世界非
世界 是名世界

"수보리야! 너의 뜻은 어떠냐? 삼천대천세계에 있는 미진은
많지 않는가?"

수보리가 말하였다.

"매우 많습니다. 세존이시여!"

"수보리야! 모든 미진을 여래는 미진이 아니라 이름이 미진이라
고 설하며, 여래는 세계는 세계가 아니라 이름이 세계라고 설하
느니라."


〔구결口訣〕

如來가 說하사대 衆生性中에 妄念이 如三千大千世界中에 所有微塵
하니 一切衆生이 被妄念微塵의 起滅이 不停하여 遮蔽佛性하여 不得
解脫하나니 若能念念이 眞正하여 修般若波羅密無著無相之行하여
了妄念塵勞가 卽淸淨法性인대하여 妄念이 旣無하면 卽非微塵이니라
是名微塵은 了眞이 卽妄이며 了妄이 卽眞하여 眞妄이 俱泯하여 無別
有法 故로 云是名微塵이라 性中에 無微塵하면 卽是佛世界오 心中에
有塵勞하면 卽是衆生世界니 了諸妄念의 空寂 故로 云非世界오 證
得如來의 法身이 普見塵刹하사 應用無方하면 是名世界라

여래께서 설하시되 "중생의 본성 가운데의 망념은 삼천대천세계
가운데의 미진과 같다."라고 하셨다. 모든 중생은 미진의 망념이

일어나고 멸하는 것이 끊이지 않아 불성을 가로막고 가려서 해탈을 증득하지 못한다. 만약 순간순간에 진정으로 반야바라밀의 무착無着과 무상無相의 수행을 닦으면 망념과 진로塵勞가 곧 청정한 법성法性임을 깨닫는다. 망념이 이미 없으면 곧 미진이 아니다.

이름이 미진인 것은, 진眞이 곧 망妄임을 깨닫고 망이 곧 진임을 깨달으면 진과 망이 모두 없어져 따로 법이 있을 수가 없으므로 이름을 미진이라고 말하는 것이다. 본성 속에 진로가 없으면 곧 부처님 세계이고 마음속에 진로가 있으면 중생 세계이니, 모든 망념이 공적함을 깨달았으므로 '세계가 아니라(非世界)'고 말하며, 여래의 법신을 증득하여 널리 미진의 찰토에 나타나 응용應用함에 걸림이 없으므로 '이름을 세계(是名世界)'라고 한 것이다.

〔광론廣論〕

物相之極少爲極微 依梵語中說 七倍於極微者謂之微塵 四十九倍於極微者謂之金塵 金塵者 乃金中間隙游離之物相也 但是 依欲界之物相 其最單純者爲能生之地水火風四大種性極微 一定種性各俱八萬四千單純極微 以及所造之色香味觸四大塵聲具有無不定境 於塵境中不例境極微 一一塵境各俱八萬四千單純極微 二者以能生之性與所造之境 聚合而爲俱生之法 於梵語中慣稱爲最小之微聚 也就是所謂的物質原素 佛典中稱之爲微塵或微塵聚

能生之性與所造之境 聚合而成俱生之法 三千大天世界中法如微塵 若妄若雜 若垢若淨 染著之是爲微塵 了別之即非微塵 常住其間

是爲世界 引爲過程卽非世界 但是 微塵畢竟是微塵 是名微塵 世界
畢竟是世界 是名世界

問 微塵之說 於道何干

答 喩妄念塵境之最

問 世界之說 於道何干

答 有塵境就有世界 離於世界 不悟本有心性 將無立錐之地

물상(物相: 質礙와 형태, 즉 色體)이 매우 작은 것을 극미極微라고
한다. 범어에 의거해 말하면 극미의 7배를 일러 미진微塵이라고
하고 극미의 49배를 일러 금진金塵이라고 한다. 금진이란 금의 중간
사이에서 격리된 물상이다. 단지 이는 욕계의 물상에 의지하여
그 가장 단순한 것이 지수화풍의 사대四大 종성種性의 극미를 생성하
고, 일정한 종성은 제각기 8만 4천의 단순한 극미를 갖추고서 색향미
촉色香味觸을 만드는 사대의 진성塵聲은 일정한 경계 아님이 없기에
진경(塵境: 대상경계) 가운데서 경境의 극미의 예를 들 수 없다.
하나하나의 진경에는 제각기 8만 4천의 단순한 극미를 갖추고 있다.
이 양자는 능히 성性과 만들어진 경계를 생성할 수 있는데, 취합하여
함께 생하는 법이 된다. 범어에서는 관습적으로 최소의 미취微聚라
고 하는데, 다시 말하면 물질의 원소原素라고 말하고, 불경에서는
미진微塵 또는 미진취微塵聚라고 한다.

생성의 주체인 성性과 만들어진 대상인 경계가 취합하여 구생俱生의
법이 이루어진다. 삼천대천세계 중의 법은 미진과 같아 허망하기도
하고 잡란하기도 하며 더럽기도 하고 청정하기도 하다. 이를 염착하

158

면 미진이 되고 이를 요별하면 곧 미진이 아니다. 그 사이에 항상 머무는 것은 세계이고 끌어들이는 과정은 곧 세계가 아니다. 다만 이는 미진이 필경에 미진인 것을 일러 미진이라고 하고 세계가 필경에 세계인 것을 일러 세계라고 할 뿐이다.

문: 미진이라고 말한 것이 어떻게 도에 간여합니까?

답: 망념과 진경(대상경계)에 대한 최고의 비유이기 때문이다.

문: 세계라고 말하는 것은 어떻게 도에 간여합니까?

답: 진경이 있어야 세계이니, 세계를 벗어나 본래 심성이 있음을 깨닫지 못하면 장차 송곳 꽂을 자리도 없어지리라.

須菩提 於意云何 可以三十二相見如來不 不也 世尊 不可以三十二上得見如來 何以故 如來說三十二相 卽是非相 是名三十二相

"수보리야! 너의 뜻은 어떠냐? 32상으로 여래를 볼 수 있느냐?"

"아닙니다. 세존이시여! 32상으로는 여래를 볼 수 없습니다. 무슨 까닭이냐 하면, 여래께서는 32상은 곧 상이 아니고 이름이 32상이라고 설법하셨습니다."

〔구결口訣〕

三十二相者는 是三十二淸淨行이니 三十二淸淨行者는 於五根中에 修六波羅密하시며 於意根中에 修無相無爲하시니 是名三十二淸淨行이시니 常修此三十二淸淨行이 卽得成佛이시고 若不修三十二

相清淨行하면 終不成佛하리니 但愛著如來의 三十二相하옵고 自不
修三十二相行하면 終不得見如來하리라

32상이란 32가지 청정행이니, 32가지 청정행은 오근(五根: 眼 耳
鼻 舌 身) 가운데서 육바라밀을 닦고 의근意根 가운데서 무상과
무위를 닦으니 이 이름이 32가지 청정행이다. 항상 이 32가지
청정행을 닦으면 곧 성불을 증득하고, 만약 32가지 청정행을 닦지
않으면 끝내 성불할 수 없다. 다만 여래의 32상만을 애착하고
스스로 32상의 행을 닦지 않으면 끝내는 여래를 보지 못한다.

〔광론廣論〕
三十二相 不是應化相 依法界次第與無量義經 二者所說 稍有出入
三十二相 非僅佛陀所有 凡轉輪王以上者皆有 故說三十二相非是
清淨行 乃色身美好之表相也 經文中說 相好光明無等倫 實無他
義也
如來說 以三十二相不得見如來 三十二相卽是非相 因爲色相之美
好而已 所以說 三十二相只是名字相而已 行者倘是止行於三十二
相 美好莊嚴 是不可以得見如來者

32상은 응신과 화신이 아니다. 『법계차제(法界次第初門)』와 『무량
의경』의 두 곳에서 설하는 것에 의하면 약간의 차이가 있지만,
32상은 부처님만이 소유하고 있는 게 아니고 전륜왕 이상 되는
이들은 모두 가지고 있으므로 32상은 청정행이 아니라고 말한다.
이는 색신이 매우 아름다운 표상이다. 경전 가운데 말하기를 "상호와

160

광명이 비길 데 없다."라고 하였는데, 실제는 다른 뜻이 없다. 여래가 말한 32상으로 여래를 볼 수 없다는 것은 32상이 바로 상이 아니고 색상이 아름다운 것으로 인한 것이다. 그래서 32상은 다만 명자상名字相일 뿐이라고 말한 것이다. 수행자가 32상의 아름답고 장엄한 것에서 수행을 그친다면 이는 여래를 보았다고 할 수 없다.

須菩提 若有善男子 善女人 以恒河沙等身命布施 若復有人 於此經中 乃至受持四句偈等 爲他人說 其福甚多
"수보리야! 만약 선남자 선여인이 항하의 모래와 같은 몸과 목숨으로 보시하더라도 만약 어떤 사람이 이 경 가운데서 사구게 등을 수지하여 다른 사람을 위하여 설한다면 그 복은 매우 크니라."

〔구결口訣〕
世間重者가 莫過於身命하니 菩薩이 爲法하여 於無量劫中에 捨施身命하여 與一切衆生하나니 其福이 雖多하나 亦不如受持此經四句之福하니 多劫에 捨身하여도 不了空義하여 妄心을 不除하면 元是衆生이어니와 一念持經하여 我人이 頓盡하여 妄想을 卽除하면 言下에 成佛할새 故知多劫捨身이 不如持經四句之福이로다

세상에서 귀중한 것은 몸과 목숨보다 더한 것이 없으니, 보살이 법을 위하여 무량한 겁 속에서 신명을 버리면서 보시하고 모든 중생에게 나누어주면 그 복은 비록 크지만 역시 이 경의 사구게를 수지하는 복보다 못하다. 다겁 동안 목숨을 버려도 공의 뜻을

요달하지 못하고 망심을 제거하지 않으면 원래 중생이려니와, 일념으로 경을 지녀 아상과 인상이 모두 다하여 망상을 단박에 제거하면 당장에 성불한다. 그러므로 다겁 동안 목숨을 버리는 것은 경전의 사구게를 수지하는 복보다 못하다는 것을 알아야 한다.

〔광론廣論〕

身命布施 人天福報 法施無相 受者可以轉迷成覺 捨施身命 如以法 爲衆生說 縱以經中四句偈等 其福亦遠甚於人天小果之報 因此 六 度經中說 布施供養 法施爲最 若有相布施 其福仍然有限 無相布施 方是布施之最甚者 所謂行道無名 是爲眞行道 因爲 具足無人相 無 我相 無衆生相 無壽者相 了別無相 諸妄不生 卽是覺者

신명身命의 보시는 인천人天의 복을 받고, 법시法施는 상相이 없어 받는 자가 미혹함을 전변하여 깨달음을 성취한다. 신명을 버려 보시하는 것은 마치 중생을 위하여 법을 설하는 것과 같아, 비록 경 가운데 사구게 등일지라도 그 복은 역시 인천의 작은 결과의 과보보다 더욱 깊다. 이 때문에 『육도경』에서 말하기를 "보시 공양에 서 법시가 최고이다. 유상有相의 보시는 그 복이 여전히 유한하지만, 무상無相의 보시는 보시 중에서 최고로 깊다."라고 하였다. 이른바 이름 없이 도를 수행하는 게 참으로 도를 수행하는 것이다. 왜냐하면 무인상과 무아상, 무중생상과 무수자상을 갖추었기 때문이다. 무상 을 명확하게 깨달아 모든 망상이 일어나지 않으면 곧 깨달은 자이다.

# 이상적멸분離相寂滅分 제십사第十四

聞經解義 獨悟實相 故受之以離相寂滅分

경을 듣고 뜻을 이해하고 홀로 실상을 깨달으므로 이상적멸분으로 이를 받았다.


爾時 須菩提聞說是經 深解義趣 涕淚悲泣 而白佛言 希有世尊 佛說如是甚深經典 我從昔來 所得慧眼 未曾得聞 如是之經 世尊 若復有人 得聞是經 信心淸淨 則生實相 當知是人 成就第一 希有功德

이때에 수보리가 이 경을 설법하시는 것을 듣고 뜻과 취지를 깊이 이해하고 눈물을 흘리고 슬피 울면서 부처님께 여쭈었다. "드문 일입니다. 세존이시여! 부처님께서 이와 같이 매우 심오한 경전을 설법하시는 것은 제가 예전부터 지금까지 얻은 지혜의 눈으로는 일찍이 이와 같은 경전을 들을 수 없었습니다. 세존이 시여! 만약 사람들이 이 경을 듣고 신심이 청정하면 곧 실상이 생기리니, 마땅히 이 사람은 제일 희유한 공덕을 성취함을 알겠습니다."

〔구결口訣〕

自性不癡가 名慧眼[80]이오 聞法自悟는 名法眼이니 須菩提는 是阿羅
漢이라 於五百弟子中에 解空第一이라 已曾勤奉多佛하오니 豈得不
聞如是深法이대 豈於釋迦牟尼佛所에 始言聞之오 然이나 或是須菩
提가 於往昔所得은 乃聲聞慧眼이라가 至今하여 方悟佛意하올새 故
로 始得聞如是深經하옵고 悲昔未悟하여 故로 淚涕悲泣하니라 聞經
諦念이 謂之淸淨이니 從淸淨體中하여 流出般若波羅密多深法하니
當知決定成就諸佛功德也로다

자성自性이 어리석지 않은 것을 일러 혜안慧眼이라 하며, 법을
듣고 스스로 깨닫는 것을 일러 법안法眼이라 한다. 수보리는 아라한
으로 오백제자 가운데서 해공(解空: 불교의 진리인 공을 이해하는
것)이 제일이다. 일찍이 많은 부처님을 봉양하여 왔는데, 어째서
이와 같은 심오한 법을 듣지 못하고 석가모니 부처님의 처소에서
비로소 이 말씀을 들었는가? 그러나 아마도 수보리가 과거에 얻은
것은 성문의 혜안이고, 지금은 부처님의 뜻을 깨달은 까닭에 이와
같이 심오한 경을 듣고는 과거에 깨닫지 못한 것이 슬펐던 까닭에
눈물을 흘렸으리라. 경을 듣고 진리를 염하는 것을 일러 청정淸淨이
라고 하니, 청정한 본체 가운데서 반야바라밀다의 심오한 법이

---

80 『사익경思益經』에 말하기를 "혜안은 유위법도 보지 않고 무위법도 보지
않는다(慧眼不見有爲法 不見無爲法)."라고 하였다.

유출되니, 반드시 모든 부처의 공덕을 성취할 것임을 마땅히 알아야
한다.

〔광론廣論〕

須菩提乃佛陀十大弟子中解空第一 但佛陀座前弟子之成就 先得
聲聞果 後爲增上菩薩 從昔以來 未聞是經之無相義趣 得聞之後 深
解法諦 嘆未曾有 涕淚悲泣 乃感佛陀之大慈悲也 使衆生得聞是經
生淸淨實相 成就第一希有之功德也

問 何謂義趣

答 經中之義諦旨趣也

問 解空是否卽是無相

答 不也 解空乃聲聞境 無相乃菩薩境 二者差異很大

問 信心淸淨 已是無相 何言生實相

答 無相之境 成於實相故

수보리는 부처의 10대 제자 중에서 해공解空이 제일이다. 다만 부처
의 법좌 앞에서 제자의 성취는 먼저 성문과를 증득하고 나중에
증상보살이 된다. 예로부터 이 경의 무상無相의 의취를 듣지 못하다
가 듣고 난 후에 법의 진리를 깊이 이해하고 일찍이 없었던 일이라고
한탄하였다. '체루비읍'은 바로 부처님의 대자비에 감응함이다. 중생
이 이 경을 듣고 깨달으면 청정한 실상을 일으켜 제일 희유한 공덕을
성취한다.

문: 어떤 것을 의취라고 하는가?

답: 경 가운데의 의제義諦와 지취旨趣이다.

문: 해공을 곧 무상이라 하지 않는가?

답: 그렇지 않다. 해공은 성문의 경계이고 무상은 보살의 경계이니, 이 둘의 차이는 매우 크다.

문: 신심이 청정하면 이미 실상인데 어떻게 실상이 일어난다고 하는가?

답: 무상의 경계에서 실상이 이루어지기 때문이다.


世尊 是實相者 卽是非相 是故如來說名實相

"세존이시여! 실상이란 바로 상이 아니니, 이런 까닭에 여래께서는 이름을 실상이라고 말씀하셨습니다."


〔구결口訣〕

雖行淸淨行하나 若見垢淨하여 二相이 當情하면 並是垢也이라 卽非淸淨心也이며 但心有所得하면 卽非實相이라

비록 청정행을 수행하여도 만약 깨끗한 것과 더러운 두 가지 상을 보고 생각을 일으키면 이는 더러움이기에 곧 청정심이 아니다. 다만 마음에 증득하는 것이 있다면 곧 실상이 아니다.


〔광론廣論〕

實相染著 其相成妄 垢淨兩非 實相成眞 若相非相 無所住心 畢竟淸淨 自心自然自在

問 云何實相

答 萬有之本體 或謂法性

問 云何無相

答 法性空卽是無相 於一切處無心 無所住心者是

問 云何實相無相

答 於智有緣 不如實體 卽非實智 於相有相 非實智之境 卽非實相
故說實智無緣 卽是實相非相

실상에 염착하면 그 상이 허망함을 이루고, 더러움과 깨끗함이
모두 아니면 실상이 참을 이룬다. 만약 상이 상이 아니면 머무는
마음이 없어 궁극에는 청정하여 자심自心이 저절로 자재하게 된다.

문: 어떤 게 실상입니까?

답: 만유의 본체이다. 혹은 법성이라고 한다.

문: 어떤 게 무상無相입니까?

답: 법성이 공한 게 곧 무상이니, 일체에 무심하여 머무는 마음이
없는 것이 이것이다.

문: 어떤 게 실상 무상입니까?

답: 지혜에 조건(緣)이 있어 실체와 같지 않으면 곧 진실의 지혜가
아니고, 상에 상이 있어 진실한 지혜의 경계가 아니면 곧 실상이
아니다. 그러므로 진실한 지혜는 조건이 없으면 곧 실상이 비상(무
상)이다.


世尊 我今得聞如是經典 信解受持 不足爲難 若當來世後五百歲

其有衆生 得聞是經 信解受持 是人卽爲第一希有 何以故 此人
無我相 無人相 無衆生相 無壽者相 所以者何 我相卽是非相 人
相衆生相壽者相 卽是非相 何以故 離一切諸相 卽名諸佛

"세존이시여! 제가 이제 이와 같은 경전을 얻어 듣고는 믿고
이해하고 수지하는 것은 어렵지 않사오나, 만약 앞으로 오는
세상 오백세 뒤에 어떤 중생이 있어 이 경을 얻어 듣고는 믿고
이해하고 수지하면 이 사람은 제일 희유한 사람입니다. 무슨
까닭이냐 하면, 이 사람은 아상도 없고 인상도 없고 중생상도
없고 수자상도 없기 때문입니다. 무슨 까닭이냐 하면, 아상은
비상이며 인상과 중생상도 비상이기 때문입니다. 무슨 까닭이냐
하면, 일체의 모든 상을 벗어난 것을 일러 모든 부처님이라고
하기 때문입니다."

〔구결口訣〕

須菩提가 深悟佛意하오니 蓋自見業盡垢除하여 慧眼이 明徹할새 信
解受持는 卽無難也로다 世尊이 在世하사 說法之時에도 亦有無量衆
生[81]이 不能信解受持하니 何必獨言後五百歲오 蓋佛在之日에 雖有
中下根이 不信하며 及懷疑者하야도 卽往問佛하여든 佛이 卽隨宜爲
說하여시든 無不契悟하려니와 佛滅後 後五百歲에는 漸至末法하여 去
聖이 遙遠하여 但存言敎하니 人若有疑라도 無處咨決하여 愚迷抱執

---

81 『열반경』에 "불성을 보면 중생이라고 하지 않고 불성을 보지 않으면 중생이라
고 말한다(見佛性者 不名衆生 不見佛性者 是名衆生)."라고 하였다.

하여 不悟無生하여 著相馳求하여 輪回諸有하니 於此時中에는 得聞深經하고 淸心敬信하여 悟無生理者는 甚爲希有할새 故로 言第一希有이라하니라 於如來滅後 後五百歲에 若復有人이 能於般若波羅密甚深經典에 信解受持者는 卽知此人이 無我人衆生壽者之相이니 無此四相함이 是名實相이며 卽是佛心일새 故로 曰離一切諸相이 卽名諸佛이라하니라

수보리가 깊이 부처님의 뜻을 깨달으니, 대개 자신의 업이 다하고 더러움이 제거됨을 보고 지혜의 눈이 명철해지면 믿고 이해하고 받아 지니는 것이 어렵지 않을 것이다. 세존께서 세간에 계시면서 설법하실 때에도 역시 무량한 중생이 믿고 이해하고 받아 지니지 못했는데, 어떻게 혼자서 후에 오백세를 말했겠는가?

대개 부처님이 계실 때에는 비록 중하근기의 믿지 않는 사람과 의심을 품는 사람이 있어도 부처님께 가서 여쭈면 부처님께서는 바로 진리를 따라 설법하시어 깨달음에 계합하지 않음이 없었다. 부처님이 돌아가신 뒤 후오백세에는 점점 말법에 이르고, 성인이 가신 지 아득히 멀어 다만 가르침의 말씀만 있을 뿐이다. 만약 사람들이 의심이 있으면 물어서 결정할 곳이 없어서 어리석게 헤매고 집착을 품으면서 무생無生을 깨닫지 못하고 상에 집착하여 달려가 구하여 여러 유(有: 육도)에 윤회한다. 이 가운데에서 깊이 경을 얻어 듣고 청정한 마음으로 공경하여 믿으면 무생의 이치를 깨닫는 것은 참으로 희유한 일이므로 '제일 희유'라고 한 것이다.

부처님께서 돌아가신 뒤 후오백세에 어떤 사람이 있어 반야바라밀
의 깊고 깊은 경을 믿고 이해하여 받아 지닐 수 있다면 바로 이
사람은 아, 인, 중생, 수자상이 없음을 알라. 이 네 가지 상이
없으면 이를 일러 실상實相이라고 하고 이는 곧 불심佛心이다.
그러므로 '일체의 모든 상을 벗어난 것을 일러 모든 부처님'이라고
한 것이다.

〔광론廣論〕
佛在世 依人不依法 佛入滅 依法不依人 如今 去佛時遙 欲成正等覺
唯佛遺敎 三藏聖典 倘若 依敎奉行 如法修持 則遠迷離愚 入御覺道
是故 聞是經典 信解受持 必能成就第一希有功德
問 依法不依人 如何得知是爲佛說
答 能轉迷入覺 饒益衆生者
問 饒益與否 如何得知
答 經有契機契理 相應之說
問 云何相應
答 聽聞之下 信解受持
問 云何離一切諸相 卽名爲佛
答 以無所住心而爲方便 以無所得心而捨方便

부처님이 세상에 계실 때에는 사람에 의지하지 법에 의지하지 않았으
며, 부처님이 돌아가신 후에는 법에 의지하지 사람에 의지하지
않는다. 지금과 같이 부처님이 돌아가신 지가 요원한데 정등각을

성취하고자 하면 오로지 부처님이 남기신 가르침인 삼장의 성전만 있을 뿐이다. 만약 가르침에 의지하여 봉행하고 법답게 수지한다면 곧 미혹함을 멀리하고 어리석음을 떠나 깨달음의 길에 들어갈 수 있다. 그러므로 이 경을 듣고 신해수지하면 반드시 제일 희유한 공덕을 성취할 수 있다.

문: 법에 의지하고 사람에 의지하지 않으면 어떻게 부처님의 말씀인지 알아듣는가?

답: 능히 미혹함을 전변하여 깨달음에 들어가 중생을 요익하게 하는 것이다.

문: 중생을 요익하게 하는 것인지를 어떻게 알 수 있는가?

답: 경에는 근기와 이치에 계합하여 이에 상응하는 말씀이 있다.

문: 어떻게 상응하는가?

답: 듣고 나서 믿고 이해하고 받아 지니는 것이다.

문: 어떻게 일체 모든 상을 벗어나면 바로 부처라고 하는가?

답: 무소주심無所住心으로써 방편을 삼고, 무소득심無所得心으로써 방편도 버린다.


佛告須菩提 如是如是

부처님께서 수보리에게 말씀하셨다.

"그렇고 그렇다."

〔구결口訣〕

佛이 印可하대 須菩提所解와 善契我心을 故로 重言如是也니라

부처님께서 수보리가 이해하는 것이 부처님의 마음에 잘 계합함을
인가하시므로 거듭하여 그렇다고 말씀하셨다.


〔광론廣論〕

覺之自性 有已具經驗者印可 有考諸經典而印可 有於禪定中得佛
菩薩印可 此乃佛入滅後證道之依據也 佛住世之時 自有親證親印
可之殊勝榮耀也

唯今時之印證 當以三者之二 分別證明較爲可信 千萬不要自作聰
明 貽害人我 其罪業必得無間感報也

깨달음의 자성을 이미 구족하여 경험한 사람은 인가하고, 여러
경전에 고증과 인가가 있으며, 선정에서 증득한 게 있으면 불보살님
이 인가한다. 이는 부처님 입멸 후 '증도'에 대한 근거가 된다. 부처님
께서 세상에 계실 때에는 몸소 증명하시고 몸소 인가하시는 수승한
영예가 있었다.

오직 요즈음의 인증은 마땅히 세 가지 중에 둘로 분별하고 증명하여
드러내야만 믿을 수가 있다. 천만이 불필요한데 스스로 총명하다고
내세워 다른 사람에게나 나에게 해를 끼치면 그 죄업은 반드시
무간지옥의 과보를 받게 된다.


若復有人 得聞是經 不驚不怖不畏 當知是人 甚爲希有

"만약 또 사람이 이 경을 얻어 듣고 놀라지 않고 무서워하지도 않고 두려워하지도 않는 사람이 있다면 이 사람은 아주 희유하다는 것을 알아라."

〔구결口訣〕

聲聞은 久著法相하여 執有爲解하고 不了諸法의 本空하여 一切文字가 皆是假立인줄할새 忽聞深經에 諸相이 不生하면 言下에 卽佛하올새 所以驚怖이어니와 唯是上根菩薩은 得聞此理하옵고 歡喜受持하여 心無恐怖退轉하니 如此之流가 甚爲希有하니라

성문은 오래도록 법상法相에 염착하고 유위有爲에 집착하여 이해하며, 모든 법은 본래 공한 것을 깨닫지 못하고 일체의 문자가 다 임시로 세워진 것을 깨닫지 못하고는, 홀연히 깊은 경전에서 모든 상相이 일어나지 않으면 언하에 바로 부처라는 말을 들은 까닭에 놀라고 두려워하는 것이다. 오로지 상근上根 보살은 이 이치를 얻어 듣고 환희하여 수지하고 마음에 두렵거나 퇴전함이 없으니, 이와 같은 부류는 참으로 희유한 것이다.

〔광론廣論〕

衆生住於物相 生於物相 轉於物相 終不免爲物相而迷失本來 乍聞是經 無相無住 逈然超脫 必定生起驚恐怖畏之心 煩憂落入毁滅之中 相反 了悟無住無生無轉 終究去迷得覺 當然 如此衆生 非比尋常 自屬希有

問 衆生各類平等 云何根智有別
答 根智原本無別 只是無始以來 所造諸業有異
問 其義云何
答 業重者 根智顯現較慢故

중생은 물상物相에 머물러 물상을 일으키고 물상을 전변하여 끝내 물상을 모면하지 못하고 미혹하여 본래를 잃고 있다. 갑자기 이 경에서 무상無相과 무주無住이면 곧 초탈한다는 말을 듣고는 반드시 놀라움과 두려워하는 마음을 일으켜 번뇌하며 걱정하여 훼멸毁滅 가운데로 떨어져 들어간다. 이와 반대로 무주와 무생과 무전無轉을 깨달으면 끝에 미혹함을 제거하고 깨닫는데, 당연히 이런 중생은 보통이 아니고 저절로 희유함에 속하게 된다.

문: 중생은 제각기 평등한데 어떻게 근기와 지혜에 분별이 있는가?
답: 근기와 지혜는 원래 분별이 없지만 단지 무시이래로 지은 여러 업이 다를 뿐이다.
문: 그 뜻은 무엇인가?
답: 업이 무거운 사람은 근기와 지혜를 교만하게 드러내는 까닭이다.

何以故 須菩提 如來說第一波羅蜜 卽非波羅蜜 是名第一波羅蜜
"무슨 까닭이냐 하면 수보리야! 여래가 설법한 제일바라밀은 제일바라밀이 아니며 이름이 제일바라밀이니라."

174

〔구결口訣〕

口說心不行은 卽非오 口說心行은 卽是며 心有能所는 卽非오 心無
能所는 卽是也라

입으로 말하면서 마음으로 수행하지 않으면 곧 옳지 않으며, 입으로
말하면서 마음이 수행하면 곧 옳다. 마음이 능소(能所: 주관과
대상)이 있으면 옳지 않으며, 마음에 능소가 없으면 옳다.

〔광론廣論〕

波羅密法 般若爲最 心行般若 不執般若 是第一波羅密法
問 般若何意
答 般若是梵語 譯義爲慧 乃是一種由迷轉覺的表現
問 般若從何而來
答 聞思修三方面
問 同於智麽
答 知識與經驗的累積是智 智是慧的基礎

바라밀법에서는 반야가 최우선이다. 마음으로 반야를 행하되 반야
를 고집하지 않는 것이 제일바라밀법이다.
문: 반야는 어떤 뜻인가?
답: 반야는 범어이고 뜻으로 번역하면 슬기로움(慧)인데, 이는 하나
의 미혹함이 깨달음으로 전변한 것에 대한 표현이다.
문: 반야는 어디에서 오는가?
답: 문사수聞思修 세 방면에서 온다.

문: 지智와 같은가?

답: 지식과 경험의 누적이 지智이고, 지智는 혜慧의 기반이다.


**須菩提 忍辱波羅密 如來說非忍辱波羅密 是名忍辱波羅密**

"수보리야! 인욕바라밀을 여래가 설하되 인욕바라밀이 아니라 이름이 인욕바라밀이니라."


〔구결口訣〕

見有辱境當情이 卽非오 不見辱境當情이 卽是며 見有身相의 當彼所害가 卽非오 不見有身相의 當彼所害가 卽是라

모욕적인 경계에 마땅히 감정을 보이면 옳지 않으며, 모욕적인 경계에 마땅히 감정을 보이지 않으면 옳다. 신상身相이 다른 것에 의해 해로움을 당하는 것이 있음을 보면 옳지 않으며, 신상이 다른 것에 의해 해로움을 당하는 것이 있음을 보지 않으면 옳다.


〔광론廣論〕

古有忍無辱之說 相對而言 辱卽無忍 以世間法而言 非是忍辱波羅密 蓋佛法中云忍辱波羅密 乃是忍世間之辱 出世間乃常樂我淨之勝境域 實無須忍辱之法

옛날에 참음은 욕됨이 없다는 말은 상대적으로 말하는 것이다. 욕됨은 참을 수가 없다는 말은 세간의 법으로 말하는 것으로 인욕바라밀이 아니다. 대개 불법에서 말하는 인욕바라밀은 세간의 욕됨을

176

참는 것이고, 출세간에서는 바로 상락아정常樂我淨의 수승한 경계로서 실제로는 인욕의 법이 없는 것이다.

何以故 須菩提 如我昔爲歌利王割截身體 我於爾時無我相 無人相 無衆生相 無壽者相 何以故 我於往昔 節節支解時 若有我相 人相 衆生相 壽者相 應生瞋恨

"무슨 까닭이냐 하면 수보리야! 예전에 가리왕이 내 신체를 갈기갈기 찢는 것과 같은 것인데, 나는 그때에 아상, 인상, 중생상, 수자상이 없었다. 무슨 까닭이냐 하면, 내가 예전에 마디마디가 쪼개어 나누어질 때에 만약 아상, 인상, 중생상, 수자상이 있었으면 마땅히 화를 내거나 원한이 생겼을 것이다."

〔구결口訣〕
如來가 因中에 在初地時에 爲忍辱仙人하사 被歌利王의 割截身體하사대 無一念痛惱之心하시니 若有痛惱之心하시면 卽生瞋恨하시니라 歌利王은 是梵語니 此云無道極惡君也라 一說에 如來가 因中에 曾爲國王하사 常行十善하사 利益蒼生하실새 國人이 歌讚此王 故로 云 歌利라 王이 求無上菩提하사 修忍辱行하시니 爾時天帝釋이 化作旃檀羅하여 乞王의 身肉한대 卽割施하사 殊無瞋惱라하니 今竝存二說하노니 於理에 俱通하니라

여래가 인지因地 가운데 초지에 있을 때에 인욕선인이 되어 가리왕에게 신체가 갈기갈기 찢겨짐을 당하면서도 한 생각도 고통스럽다

거나 괴로워하는 마음은 없었다. 만약 고통스럽거나 괴로워하는 마음이 있었다면 바로 화를 내거나 원한을 일으켰을 것이다.
가리왕은 범어로, 번역하면 극악무도한 왕이라는 말이다. 일설에 따르면 여래가 인지因地 가운데 국왕이 되어 항상 십선을 닦고 창생을 이익되게 하여 나라의 사람들이 왕을 노래로 찬탄하므로 가리왕이라고 불렀다. 왕이 위없는 깨달음을 구하여 인욕행을 닦았는데, 이때에 하늘의 제석(天帝釋)이 전단라(旃檀羅: 인도 사회에서 도축 등 살생을 주로 하는 계급의 사람)가 되어 왕의 몸을 구걸하므로 왕이 몸을 잘라 보시하는데도 성내거나 괴로워함이 없었다. 여기서 두 가지 설을 함께 설명하여도 이치로는 모두 통하는 것이다.

〔광론廣論〕

古有英雄刮骨 壯士斷腕之說 以忍力而言 爲治病療傷 非比施捨之心 如以歌利王羯利(波羅奈國王 鬪諍極惡之暴君) 害忍辱仙人(本生經及涅槃經中說)事 乃爲嚴刑酷拷折磨之行爲耳 凌割細剮 毫無瞋惱之心 誠非世間之忍辱可以比擬者 唯有行無相三昧 方可無動於衷耳

옛말에 '영웅은 뼈를 갈고 장사는 팔을 자른다'는 말이 있는데 이는 참는 힘(忍力)으로써 말한 것이니, 병을 고치고 상처를 치료하는 것과 베풀고 버리는 마음은 비교가 되지 않는다. 가리왕은 갈리왕(바사나국왕과 같은 왕인데 투쟁을 좋아하고 극악무도한 폭군)으로서

178

인욕선인을 해롭게 하였는데(『본생경』과 『열반경』에 이 이야기가 나온다), 그가 엄한 형벌과 잔혹한 고문과 부러뜨리거나 가는 행위를 하여도 (인욕선인은) 추호도 성내거나 괴로워하는 마음이 없었으니, 진실로 세간의 인욕과는 비교하여 헤아릴 수도 없다. 오로지 무상삼매無相三昧에 있어야만 바로 속마음이 움직이지 않을 수 있는 것이다.

須菩提 又念過去於五百世 作忍辱仙人 於爾所世 無我相 無人相 無衆生相 無壽者相

"수보리야! 또 과거 오백세를 생각하면 나는 인욕선인이었는데, 그 세상에서도 아상, 인상, 중생상, 수자상이 없었느니라."

〔구결口訣〕

如來가 因中에 於五百世에서 修忍辱波羅密하사 以得四相이 不生하시니라 如來가 自述往因者는 欲令一切修行人으로 成就忍辱波羅密行이시니 行忍辱波羅密者가 不見一切人過惡하고 冤親平等하여 無是無非하며 被他의 打罵殘害하여도 歡喜受之하여 倍加恭敬이니 行如是行者는 卽能成就忍辱波羅密也하리라

여래께서는 인지(과거 부처가 되기 전의 지위) 가운데의 오백세에 인욕바라밀을 수행하여 사상四相이 생기지 않음을 깨달았다. 여래께서 친히 과거의 인연을 술회하신 것은 모든 수행자로 하여금 인욕바라밀을 성취케 하고자 하신 것이다. 인욕바라밀을 수행하는

사람은 모든 사람의 잘못과 악한 행동을 보지 않으며, 원수와 친구가 평등하여 시비의 마음도 없으며, 다른 사람이 때리거나 매도(罵倒: 몹시 꾸짖고 욕함)하고 잔학하게 해쳐도 이를 기쁘게 받아들이고 더욱 더 공경하게 되니, 이와 같이 수행하는 사람은 인욕바라밀을 성취하는 것이다.

〔광론廣論〕
肉身之忍 可以承當 錐心之辱 非具無相之能莫辦 世尊述往昔忍辱之事 乃針對執著色身爲我之衆生而發 無非訓誨衆生 假我縱然遭毁 却不損眞我之法身也

육신의 참음은 감당할 수가 있고 마음을 찌르는 치욕은 무상無相의 능력을 갖추지 않으면 다룰 수 없다. 세존께선 과거 인욕의 일을 술회하신 것은 바로 색신에 집착하고 나를 위하는 중생을 겨냥하고 발하신 것이니, 중생을 훈시하고자 하심이 아님이 없다. 거짓인 나는 비록 훼손을 당해도 오히려 참된 나의 법신은 훼손됨이 없다.

是故須菩提 菩薩應離一切相 發阿耨多羅三藐三菩提心 不應住色生心 不應住聲香味觸法生心 應生無所住心
"이런 까닭에 수보리야! 보살은 반드시 모든 상을 떠나서 아뇩다라삼먁삼보리의 마음을 일으켜야 한다. 반드시 색에 머무는 마음을 내지 말아야 하며, 반드시 성·향·미·촉·법에 머무는 마음도 내지 않아야 하나니, 반드시 머무는 바 없는 마음을 내야 하느니라."

〔구결口訣〕
不應住色生心者는 是는 都標也이시고 聲香等은 別 列其名也이시니라 於此六塵에 起憎愛心하여 由此妄心하여 積集無量業結하여 覆蓋佛性하여 雖種種勤苦修行하여도 不除心垢할새 無解脱之理하니 推其根本하건대 都由色上에 住心이니라 如能念念에 常行般若波羅密하여 推諸法空하여 不生執著하여 念念에 常自精進하여 一心守護하여 無令放逸이니 淨名經에 云하대 上求一切智하대 無非時求이라하며 大般若經에 云하대 菩薩摩訶薩이 晝夜精勤하여 常住般若波羅密多하여 相應作意하여 無時暫捨이라하니라

'반드시 색에 머무는 마음을 일으키지 않는다'는 것은 모두를 표현한 것이며, 성향聲香 등은 그 이름들을 열거한 것이다. 이 육진에서 증애심憎愛心이 일어나면 이로 말미암아 망심妄心이 쌓여 무량한 업이 맺히어 불성을 덮게 된다. 비록 갖가지로 힘들게 수행하더라도 마음의 번뇌를 없애지 않으면 해탈할 도리가 없다. 그 근본을 미루어보면 모두가 색 위에 마음이 머문 연유이니, 만약 순간순간에 항상 반야바라밀을 수행할 수 있으면 모든 법이 공함을 미루어보아 집착하는 마음이 일어나지 않으면서 순간순간에 항상 스스로 정진하고 일심으로 수호하여 방일하지 않게 할 것이다.

『정명경(유마경)』에 이르기를 "위로 일체지를 구하려면 때 아님이 없이 구해야 한다."라고 했다. 『대반야경』에 이르기를 "보살마하살

이 주야로 정진하고 항상 반야바라밀다에 머물면서 서로 응하여 뜻을 이루어 잠시도 버리지 않아야 한다."라고 했다.

〔광론廣論〕

發心成正等覺 乃超凡入聖 遠迷住覺之願力 欲得成就 當以塵境無 染著下手 一切諸相 皆無所住 而生卽身成就之心 是爲了生脫死之 正途也

발심하여 정등각을 성취하면 바로 범인을 넘어 성인에 들어간다. 미혹을 멀리하고 깨달음에 머물려는 원력으로 성취하고자 마땅히 진경塵境에 염착하지 않으려는 것은 하수下手이고, 일체 모든 상은 다 머무는 게 없다는 마음이 생기면 곧 불신을 성취하는 마음이니, 이는 삶을 끝내고 죽음을 벗어나는 바른 길이다.

若心有住 則爲非住

"만약 마음에 머무는 바가 있으면 곧 머무는 것이 아니니라."

〔구결口訣〕

若心住涅槃하면 非是菩薩住處이니 不住涅槃하며 不住諸法하여 一 切處에 不住하여 方是菩薩住處이니 上文에 說하신 應無所住而其心 이 是也라

만약 마음이 열반에 머물면 이는 보살이 머물 곳이 아니며, 열반에 도 머물지 않고 모든 법에도 머물지도 않고 일체 처에 머물지도

않으면 바로 이것이 보살이 머물 곳이다. 위에서 말한 '반드시
머무는 바 없이 그 마음을 낸다'는 것은 이를 말한 것이다.

〔광론廣論〕
住於塵境 心起染著 薰習成業 於塵境中 心念了別 淸淨成智 故說
若有住心 是業非智 不得塵境之眞貌 爲塵境所轉 自然不是菩薩行
者之作爲也

진경塵境에 머물면 마음에서 염착함이 일어나 훈습하여 업을 이룬
다. 진경 가운데 마음과 생각이 분별함을 다하면 청정하여 지혜가
된다. 그러므로 마음에 머묾이 있으면 이는 업이지 지혜가 아니다.
진경의 진면목을 깨닫지 못하여 진경에 전변되면 자연히 보살행을
하는 자의 작위가 아니다.

是故佛說 菩薩心 不應住色布施 須菩提 菩薩爲利益一切衆生
應如是布施
"이런 까닭에 부처님이 설하기를 '보살의 마음은 반드시 색에
머물지 않고 보시해야 한다.'고 한 것이다. 수보리야! 보살은
모든 중생을 이롭게 하기 위해서 반드시 이와 같이 보시하여야
하느니라."

〔구결口訣〕
菩薩이 不爲求望自身快樂하여 而行布施하고 但爲內破慳心하며 外

利益一切衆生하여 而行布施也하나니라.

보살은 자신의 쾌락을 구하기를 희망하여 보시를 행하지 않으며, 다만 안으로는 인색한 마음을 없애고 밖으로는 모든 중생을 이롭게 하기 위하여 보시를 행해야 한다.

〔광론廣論〕
自住色塵 布施亦難 因具染著貪欲故 離於色塵 一念慈悲 自心佛性 常現 饒益衆生 首在覺道 住色布施 菩薩不爲也

스스로 색진에 머물면서 보시하기가 어려운 것은 염착과 탐욕을 갖춘 까닭이다. 색진을 저버리고 한 생각이 자비하면 자심自心인 불성이 항상 현현하여 중생을 요익하게 하는데, 으뜸은 도를 깨달음에 있으니 색에 머무는 보시를 보살은 하지 않는다.

如來說一切諸相 卽是非相 又說一切衆生 卽非衆生
"여래가 설한 일체의 모든 상은 곧 상이 아니며, 또 일체중생이라 설한 것은 곧 중생이 아니니라."

〔구결口訣〕
如者는 不生이오 來者는 不滅이니 不生者는 我人等相이 不生이오 不滅者는 覺照가 不滅이라 下文에 云하대 如來者는 無所從來하며 亦無所去할새 故名如來라하시니 如來說我人等相이 畢竟에 可破壞라 非眞實體也이며 一切衆生이 盡是假名이니 若離妄心하면 卽無衆

184

生可得일새 故로 言卽非衆生이라하시니라

여如란 불생이며 래來란 불멸이다. 불생은 아상, 인상과 같은 상相
이 생기지 않는 것이며, 불멸은 깨달아 반조返照함이 없어지지
않는다는 것이다. 아래의 글에서 말하기를 "여래는 오는 것도 없고
가는 것도 없으므로 여래"라 하시니, 여래가 설하시기를 "아, 인과
같은 상은 필경에는 파괴되어 참다운 실체가 아니다. 일체중생은
모두가 거짓 이름으로 만약 망심을 벗어버리면 곧 중생은 증득할
것이 없으므로 중생이 아니다."라고 말씀하신다.

〔광론廣論〕
如此的來 如此的去 來來去去 永不休歇 如如不動 來往自如 貪染執
著 如何得如
問 衆生畢竟是衆生 離一切相 豈非衆生麽
答 所謂衆生者 原本住相生迷之流 若離諸相非相 卽非衆生了

이처럼 오고 이처럼 가고, 올 때 오고 갈 때 가는 것을 영원히
쉬지 않는구나. 여여하고 움직이지 않으니 오고감이 저절로 그러하
고, 탐심과 염심에 집착하면 어떻게 여여함을 깨달을 것인가?
문: 중생은 필경에 중생인데 일체 상을 떠난다고 어찌 중생이 아니겠
는가?
답: 중생이라고 하는 것은 원래 근본적으로 상에 머물러 미혹함을
일으키는 부류이니, 만약 제상諸相이 비상非相인 것을 떠나면 곧
중생이 아니다.

須菩提 如來是眞語者 實語者 如語者 不誑語者 不異語者

"수보리야! 여래는 바로 참다운 말을 하는 자이며, 진실을 말하는 자이며, 여여하게 말하는 자이며, 속이는 말을 하지 않는 자이며, 다른 말을 하지 않는 자이니라."

〔구결口訣〕

眞語者는 說一切有情無情이 皆有佛性이고 實語者는 說衆生이 造惡業하면 定受苦報이시고 如語者는 說衆生이 修善法하면 定有樂報이시고 不誑語者는 說般若波羅密法이 出生三世佛하여 決定不虛이시고 不異語者는 如來所說한 初善中善後善이 旨意微妙하여 一切天魔外道가 無有能超勝하며 及破壞佛語者也이시니라

진어眞語란 일체의 유정과 무정 모두가 불성이 있다고 말하는 것이며, 실어實語란 중생이 악업을 지으면 반드시 고통의 과보를 받는다는 것을 말하는 것이며, 여어如語란 중생이 선법을 닦으면 반드시 즐거운 과보가 있다는 것을 말하는 것이며, 불광어不誑語란 반야바라밀법이 삼세의 부처를 출생하는 것이 반드시 허망하지 않다는 것을 말하는 것이며, 불이어不異語란 여래께서 설하신 말씀이 처음도 옳고 중간도 옳고 나중도 옳으니 취지와 뜻이 미묘하여 일체의 천마와 외도가 뛰어넘을 수 없고 부처님 말씀을 파괴하지 못하는 것이다.

186

〔광론廣論〕

眞語者 應用不虛 因緣是法則

實語者 誠懇踏實 因果是定則

如語者 波羅密法 行持是軌則

不誑語者 衆生皆具佛性 皆得成佛

不異於者 佛法不離世法 轉迷成覺

如來所說 應病與藥 怨親平等 饒益有情 唯當以信願行而爲資糧 依
之修 必依之證

진어란 응용이 헛되지 않아 인연이 법칙이라는 것이다.

실어란 진실로 간절하게 진리를 밟으면 인과가 정해진 법칙이라는
것이다.

여어란 바라밀법으로 수행하고 지니는 궤칙이라는 것이다.

불광어란 중생 모두는 불성을 가지고 있어서 모두가 성불한다는
것이다.

불이어란 불법은 세간법을 버리지 않고도 미혹함을 전변하여 부처를
성취함이다.

여래가 말씀하신 것은 병에 따라 약을 주신 것으로서 원수와 친구가
평등하고 중생을 요익케 하고 오로지 마땅히 신원행信願行으로써
자량을 삼으니, 이에 의지해 수행하면 반드시 이에 의지해 증득한다.


須菩提 如來所得法 此法無實無虛

"수보리야! 여래가 얻은 법인 이 법은 실다움도 없고 허망함도

없느니라."

〔구결口訣〕

無實者는 以法體가 空寂하여 無相可得이니 然이나 中有恒沙性德이
用之不匱할새 故言無虛이시니라 欲言其實하여도 無相可得이며 欲言
其虛하여도 用而無間하니 是故로 不得言無이며 不得言有이니 得無
而不無하여 言譬不及者가 其唯眞智乎인대 若不離相修行하면 無由
臻此하니라

무실無實이란 법의 본체가 공적하여 상相을 얻을 수 없음이다.
그러나 그 속에 항하사와 같이 무수한 성공덕性功德이 있어 이를
사용해도 궤갈匱渴[82]됨이 없으므로 무허無虛라고 말한다. 그 실다움
을 말하고자 하여도 상을 얻을 수 없고, 그 허망함을 말하고자
하여도 써도 틈이 없나니, 이런 까닭에 없다고 말해도 얻을 수
없고 있다고 말해도 얻을 수 없다.
없음을 얻어도 없음이 아니니, 비유의 말이 미치지 못한 것이
오직 그 참다운 지혜로다. 만약 상을 떠나지 않고 수행하면 여기에
이를 수가 없는 것이다.

〔광론廣論〕

無實者住世間而超脫 不爲物相所轉 依法奉持 縱然處世常住 亦可
泰然洒脫 但 法雖良方 佛有法我兩忘 入無生法忍之敎誡 不可或

---

82 궤갈匱渴: 모두 없어짐.

忘也

無虛者 得道種智 雖入無相境 而鏡猶太虛 物相無礙 並非空寂 如經
中說 以無所得故 即無虛之註脚也

法如筏喩者 用之則實 無用無實 執持無虛 究竟寂滅 故說 法乃工具
理是方法 法理溶和 貫通成道

무실無實이란 세간에 머물면서도 초탈하고 물상에 전변되지 아니하
며, 법에 의지하여 받들어 지니는 것이다. 비록 세상에 처해 항상
머물더라도 역시 태연하면서도 쇄탈하다. 다만 법이 비록 양방良方
이지만 부처님은 법과 아我 모두를 잊고서 무생법인의 가르침에
들어가시니, 조금이라도 잊을 수 없다.

무허無虛란 도종지道種智를 깨닫고 비록 무상無相의 경지에 들어가
도 거울이 태허太虛와 같아 물상에 걸림이 없으며 아울러 공적한
것도 아니다. 경에서 말한 것과 같다. "무소득인 까닭에 곧 무허無虛라
고 각주를 달았다."

법은 뗏목과 같다는 것은 이를 이용하면 실다움이 있고 이용하지
않으면 실다움이 없으며, 무허를 굳게 지니면 구경에 적멸이라는
것이다. 그러므로 말하기를 "법은 공구이고 진리는 방법이니 법과
진리가 용해되어 화합하고 관통하면 도를 성취한다."라고 했다.

須菩提 若菩薩心住於法 而行布施 如人入闇 即無所見

"수보리야! 만약 보살의 마음이 법에 머물면서 보시를 행하면,
마치 사람이 어두운 데 들어가면 곧 보이는 것이 없는 것과

같으니라."

〔구결口訣〕

於一切法에 心有住著하면 則不了三輪體空하여 如盲者가 處闇하여 無所曉了듯하나 華嚴經에 云하대 聲聞이 在如來會中하여 聞法하대 如盲如聾이라하니 爲住諸法相故也라

일체의 법에 마음이 머물러 집착함이 있으면 바로 삼륜三輪[83]의 본체가 공하다는 것을 알지 못하는 것이다. 마치 맹인이 어두운 곳에 있어서 끝내 밝음이 없는 것과 같다. 『화엄경』에 말하기를 "성문이 여래의 법회에서 법을 들으면 장님과 귀머거리와 같은데 이는 모든 법상法相에 머물러 집착하기 때문이다."라고 하였다.

〔광론廣論〕

住法而行布施 無異揠苗助長 期速收穫 佛住世時 爲後世衆生住心不捨 故說如人入闇 卽無所見 蓋闇室須燈 始見眞貌 智慧如燈 昭影諸法 驅闇現明 是菩薩行者所應具之修持也

법에 머물러 집착하며 보시를 행하는 것은 싹을 솎아주어 조장하여 빨리 수확하기를 기약하는 것과 다름이 없다. 부처님께서 세상에 계실 때에 마음을 버리지 못하고 머무는 후세 중생들을 위하신 까닭에, 마치 사람이 어두운 데 들어가면 곧 보지 못하는 것과

---

83 삼륜三輪: 부처님의 신, 구, 의 삼업을 말한다. 부처님은 삼업으로 중생의 혹업惑業을 깨뜨리므로 삼륜이라고 한다.

같다고 말씀하셨다. 대개 암실에는 등불이 있어야만 비로소 참 면모를 볼 수가 있다. 지혜는 등불과 같아 모든 법을 밝게 비추어 어둠을 물리치고 밝음을 드러내니 이는 보살행을 하는 사람이 당연히 구족하고 수지하여야만 한다.

若菩薩心不住法 而行布施 如人有目 日光明照 見種種色
"만약 보살의 마음이 법에 머물지 않고 보시를 행하면, 마치 사람에게 눈이 있어서 햇빛이 밝게 비칠 때에 갖가지 색을 보는 것과 같으니라."

〔구결口訣〕
若菩薩이 常行般若波羅密多無著無相行하면 如人이 有目하여 處於 皎日之中하거니 何所不見也리오

만약 보살이 항상 반야바라밀다를 행하되 염착하지 않고 상이 없이 행하면, 마치 사람에게 눈이 있어 밝은 태양 속에 있는 것과 같으니 어찌 보지 못하리오.

〔광론廣論〕
心不住法 已達捨境 如是布施 功德最勝 如是功德 般若爲道 如人有 目 行於光天化日之下 一切洞徹無餘也

마음이 법에 머물지 않고 이미 버리는 경지에 이르면 이와 같은 보시는 공덕이 매우 뛰어나다. 이와 같은 공덕 반야가 길이 되니,

마치 사람에게 눈이 있어 밝은 햇빛 아래에서 가면 일체를 남김없이
분명히 아는 것과 같다.

須菩提 當來之世 若有善男子善女人 能於此經 受持讀誦 則爲
如來以佛智慧 悉知是人 悉見是人 皆得成就無量無邊功德
"수보리야! 오는 세상에서 선남자 선여인이 이 경을 수지하고
독송하면 바로 여래는 부처님의 지혜로 이 사람을 알아보며,
모두가 무량하고 무변한 공덕을 성취함을 얻게 되느니라."

〔구결口訣〕
當來之世者는 如來滅後 後五百歲 濁惡之世에 邪法이 競起하여 正
法이 難行하리니 於此時中에 若有善男子善女人이 得遇此經하여 從
師稟受하여 讀誦在心하여 精進不忘하여 依義修行하여 悟入佛之知
見하면 則能成就阿耨菩提하리니 以是로 三世諸佛이 無不知之시니라

오는 세상이란 여래가 돌아가신 뒤 후오백세의 오탁악세에 삿된
법이 서로 경쟁하여 일어나 정법을 수행하기 힘들다. 이때에 만약
선남자 선여인이 우연히 이 경을 만나 스승으로부터 전해 받고
독송하여 마음에 두며 정진하여 잊지 않고 뜻에 따라 수행해서
부처님의 지견에 깨달아 들어가면 곧 아뇩다라삼먁삼보리를 성취
할 수 있다. 이런 까닭에 삼세의 모든 부처님이 이들을 알지 못함이
없게 된다.

〔광론廣論〕

五濁惡世 道尺魔丈 衆生住濁 愛欲不捨 執持爲樂 尋玄求妙 認眼前
福 交互輪替 無有出期 是故我佛慈悲 說般若波羅密法 期望末世衆
生 處暗得明 了別世苦 依般若波羅密法 離極苦而得常樂 卽使能於
此經 受持讀誦 甚至四句偈等 亦能饒益無量 當然 倘能依敎奉行
事理圓融 則無邊功德 阿耨菩提 三世諸佛 盡知盡見也

오탁악세는 도척마장道尺魔丈[84]으로 중생이 오탁에 머물면서 애욕을
버리지 않고 집착하여 지니는 것을 즐거움으로 삼는다. 현묘한
것을 찾고 구하며 눈앞의 복을 인식하여 서로 번갈아 돌기에 벗어날
기약이 없다. 그러므로 우리 부서님께서는 자비로 반야바라밀을
말씀하시어 말세 중생이 어둠에 처하여도 밝음을 얻기를 바라고
세상의 고통을 깨우치게 하셨다. 반야바라밀법에 의지하면 지긋지
긋한 고통을 버리고 항상 즐겁다. 즉 이 경을 수지 독송하고 심지어
사구게 등만이라도 수지 독송할 수 있다면 역시 무량한 이익을
얻을 수 있다. 당연히 가르침에 의지해 봉행하여 사리事理가 원융하
면 곧 무변한 공덕인 아뇩보리와 삼세제불을 모두 보고 모두 알
수 있다.

---

84 도척마장道尺魔丈: '도고일척마고이장道高一尺魔高一丈'의 준말이다. 도술道術
의 높이는 일척一尺이고 마魔의 높이는 일장一丈으로, 비유하면 진리와 정의
를 위하여 분투하는 것은 반드시 반동적인 거대한 압력을 받게 됨을 말한다.

# 지경공덕분持經功德分 제십오第十五

受持讀誦 自利利他 功德無邊 不可稱量 故受持以持經功德分
경을 수지 독송하면 자신도 이롭고 남도 이롭게 하여 공덕이 헤아릴
수 없을 만큼 가없으므로 지경공덕분으로써 이를 받은 것이다.


須菩提 若有善男子善女人 初日分以恒河沙等身布施 中日分復
以恒河沙等身布施 後日分亦以恒河沙等身布施 如是無量百千
萬億劫 以身布施 若復有人聞此經典 信心不逆 其福勝彼 何况
寫受持讀誦 爲人解說
"수보리야! 만약 선남자 선여인이 이른 아침에 항하사와 같은
몸으로 보시하고, 대낮에 다시 항하사와 같은 몸으로 보시하고,
밤에 또 항하사와 같은 몸으로 보시한다고 하자. 사람들이 이
경전을 듣고 신심을 거슬리지 않는 복아 저것보다 더 나으리니,
하물며 이 경전을 베끼고 수지 독송하며 남을 위해 해설해주는
것이겠느냐?"

194

〔구결口訣〕

佛說하사대 末法之時에 得聞此經하고 信心不逆하여 四相이 不生하면 卽是佛之知見이라 此人功德이 勝前에 多劫을 捨身功德하여 百千萬億으로 不可譬喩이니 一念聞經하여도 其福이 尙多는 何況更能書寫受持하고 爲人解說이여 當知此人은 決定成就阿耨多羅三藐三菩提할새 所以種種方便으로 爲說如是甚深經典하여 俾離諸相하여 得阿耨多羅三藐三菩提니 所得福德이 無有邊際하니라 蓋緣多劫을 捨身하여도 不了諸法本空하여 心有能所하면 未離衆生之見이어니와 如能聞經悟道하여 我人이 頓盡하면 言下에 卽佛이리니 將捨身有漏之福하여 比持經無漏之慧하건내 實不可及일새 故로 雖十方에 聚寶하면 三世를 捨身하여도 不如持經四句偈하니라

法에 云 心有能所四字를 一本에 云하대 有能捨所捨心이 有하면 元來未離衆生之見이라하니 此解는 意又分明 故로 兩存之하노라

부처님께서 말씀하시길, 말법 시대에 이 경을 얻어 듣고 신심이 거슬리지 않고 사상四相이 생기지 않으면 바로 이는 부처님의 지견知見이다. 이 사람의 공덕은 전생에서 많은 겁을 지내면서 몸을 버린 공덕보다 백천만억 배가 훌륭하여 비유할 수가 없다. 한 생각이 경을 들어도 그 복은 참으로 많은데, 어찌 이에 더하여 서사書寫하고 수지하고 다른 사람을 위하여 설법한 것이겠느냐? 이 사람은 반드시 아뇩다라삼먁삼보리를 성취하리라. 그러므로 (부처님께서는) 갖가지 방편으로 이와 같이 깊고 깊은 경전을 설하시어 모든 상을 떠나 아뇩다라삼먁삼보리를 얻게 하시니,

얻은 복덕은 끝이 있을 수가 없는 것을 당연히 알아야만 한다. 대개 많은 겁을 지내도록 몸을 버린 인연이 있어도 모든 법이 본래 공함에 깨닫지 못하고, 마음에 능소(能所: 주관과 객관)가 있으면 중생의 견해를 벗어나지 못한다. 만약 경을 들어서 도를 깨달아 아상과 인상이 단박에 다하면 바로 부처이다. 몸을 버린 유루有漏의 복을 경을 지닌 무루無漏의 지혜와 비교하면 참으로 미치지 못하는 것이다. 그러므로 비록 시방의 보물을 모으고 삼세 동안 몸을 버려도 경의 사구게를 지니는 것만 못하다.[85]

법에 이르기를 "마음에 능소가 있다(心有能所)."라는 네 글자를 말했고, 한 책에서는 "버린다는 마음과 버렸다는 마음이 있으면 원래 아직도 중생의 견해를 벗어나지 못하였다."고 말한다. 이 뜻을 해석하면 또 분명해지므로 두 이론 모두를 여기에 기록한다.

〔광론廣論〕

時於佛典中 分初中後三時 也就是一日分三時 如以二十四時計 以晚十二時起至翌新七時爲初日分 自上午八時起至中午三時爲中日分 下午四時至晚十一時爲後日分

又 日夜各分三時 日卽是能見日光之時 自晨曦曙色現起之時約六

---

85 믿음의 힘은 수受이며, 염력念力은 지持이며, 글을 상대하는 것은 독讀이며, 글을 덮고 외우는 것이 송誦으로 서사書寫하고 수지 독송하는 것은 스스로를 위하는 것이며, 다른 사람을 위하여 해설하는 것은 다른 사람을 교화하는 것이다.

點至日落約午後六點 於十二時中復以每四小時爲一等分 夜三時
如此類推 經中常有晝夜六時之說 便是準此而分的
問 布施功德 眞不如受持經典 甚至四句偈麼
答 布施功德 果報爲福 受持經典 成就般若 福報有盡 般若無盡
前者受福於天道享受 後者則可以依恃而成道業 圓成般若 得阿耨
多羅三藐三菩提

불경에서 때를 초, 중, 후의 세 때로 나누는 것은 하루를 세 때로
나누는 것으로 24시간으로 계산하면 밤 12시부터 다음날 7시(대)까
지가 초일분이고, 8시부터 15시(대)까지가 중일분이고, 16시부터
밤 11시(대)까지가 후일분이다.

또 하룻밤을 세 때로 나누는데, 하루는 태양을 볼 수 있는 시간으로
새벽녘이 육점六點이고 태양이 지는 오후가 육점六點이며, 12시간
중에서 다시 매 4시간을 1등분하여 밤의 삼시三時로 이처럼 유추한
다. 경에서는 항상 주야를 6시간으로 하여 바로 이에 준하여 나누고
있다.

문: 보시한 공덕은 참으로 경전을 수지하거나 심지어 사구게 등을
수지한 것보다 못한가?

답: 보시한 공덕의 과보는 복이고 경전을 수지한 것은 반야를 성취한
다. 복보福報는 끝이 있지만 반야는 끝이 없다.

전자는 천도天道의 복을 받는 것을 향수하고 후자는 믿음에 의지하여
도업을 성취하는 것으로 반야를 원만히 성취하여 아뇩다라삼먁삼보
리를 증득한다.

須菩提 以要言之 是經有不可思議 不可稱量 無邊功德

"수보리야! 이를 간단하게 말하면 이 경은 불가사의하며 불가칭량의 무변한 공덕이 있느니라."

〔구결口訣〕

持經之人이 心無我所하니 無我所故로 是爲佛心이니 佛心功德이 無有邊際 故로 言不可稱量이라하시니라

경을 지니는 사람은 마음에 나(我)라고 하는 것이 없으며, 나라고 하는 것이 없으므로 부처님의 마음이다. 부처님의 마음은 끝이 있을 수가 없는 까닭에 불가칭량이라고 말한 것이다.

〔광론廣論〕

問 云何不可思議

答 思想之界 有限度之境 佛說般若 無有限度 非思想之所到 而可議論者

問 云何不可稱量

答 衡量者 衡其重 量其大 衡者稱也 體積之測度 仍爲有限範圍也

問 云何無邊功德

答 非有邊際 形容廣大

문: 불가사의不可思議는 어떤 것인가?

답: 사상思想의 경계는 한도가 있는 경계이고, 부처님이 말한 반야는 한도가 없어 사상으로 도달하거나 의론할 수 있는 것이 아니다.

문: 불가칭량不可稱量은 어떤 것인가?

답: 형량衡量이란 그 무게를 저울질하는 것인데, 양量은 그 크기이고 형형衡은 칭稱이다. 체적(부피)의 측정되는 정도는 유한한 범위가 있다.

문: 무변無邊한 공덕은 어떤 것인가?

답: 변제邊際가 없이 광대한 것을 형용한다.


如來爲發大乘者說 爲發最上乘者說

"여래는 대승을 발한 사람을 위하여 설법하고 최상승을 발한 사람을 위하여 설법하느니라."


〔구결口訣〕

大乘者는 智慧廣大하여 善能建立一切法이오 最上乘者는 不見垢法이 可厭하며 不見淨法이 可求하며 不見衆生이 可度하며 不見涅槃이 可證하며 不作度衆生心하며 不作不度衆生心하니 是名最上乘이며 亦名一切智며 亦名無生忍이며 亦名大般若이니

대승이란 지혜가 광대하여 일체법을 잘 건립하는 것이며, 최상승이란 더러운 법을 보고 싫어하지 않으며, 정법을 보고도 구하지 않으며, 중생을 보고도 제도하지 않으며, 열반을 보고도 증득하지 않으며, 중생을 제도하려는 마음을 짓지 않고 중생을 제도하지 않으려는 마음도 짓지 않으니, 이를 일러 최상승最上乘이라고 하며, 또한 일체지一切智, 무생인無生忍, 대반야大般若라고 한다.

〔광론廣論〕

乘者等別 載運工具之大小也 或謂能量之差別也

問 云何大乘

答 大乘者 廣大之心願也

問 云何最上乘

答 最上乘者 平等一如之心願也

問 佛說此經 於此二乘者外 皆無利益應

答 利益雖有 信根大淺 所獲自然不多 也就是說 心願之大小 即信根之深淺 是爲所獲利益之關鍵也

승乘이란 등급에 따른 구별인데, 실어 나르는 기구의 크고 작음, 혹은 역량의 차별을 말한다.

문: 대승이란 어떤 것입니까?

답: 대승은 광대한 마음을 원하는 것이다.

문: 최상승은 어떤 것입니까?

답: 최상승은 평등하고 한결같은 마음을 원하는 것이다.

문: 부처님께서 이 경을 말씀하신 이 이승(二乘: 대승과 최상승) 외에는 모두 이익이 없습니까?

답: 이익이 비록 있다고 하여도 신근信根이 크게 얕으면 얻는 것은 자연히 많지 않다. 다시 말해 마음이 바라는 바의 대소는 신근의 깊고 얕음이며, 이는 이익을 얻는 관건이다.

若有人能受持讀誦 廣爲人說 如來悉知是人 悉見是人 皆得成就

不可量 不可稱 無有邊 不可思議功德 如是人等 卽爲荷擔如來
阿耨多羅三藐三菩提

"만약 어떤 사람이 수지 독송하고 널리 남을 위하여 설법할 수
있다면, 여래는 이 사람 모두를 알고 모두 보나니, 이들은 모두
생각할 수 없고 말할 수도 없고 끝이 없는 불가사의한 공덕을
성취할 것이다. 이와 같은 사람들은 여래의 아뇩다라삼먁삼보리
를 감당할 수 있느니라."

〔구결口訣〕

若有人이 發心求佛無上道하대 聞此無相爲甚深之法하고 卽當信
解受持하여 爲人解說하여 令其深悟하여 不生毀謗하여 得大忍力과
大智慧力과 大方便力하게 하여 方能流通此經也이니라 上根之人이
聞此經典하고 得深悟佛意하여 持自心經하여 見性究竟하고 復起利
他之行하여 能爲人解說하여 令諸學者로 自悟無相理하여 得見本性
如來하여 成無上道하게하나니 當知說法之人의 所得功德이 無有邊
際하여 不可稱量이로다 聞經解義하여 如敎修行하고 後能廣爲人說
하여 令諸衆生으로 得悟修行無相無著之行하게 하니 以能行此行은
有大智慧光明하여 出離塵勞하여 雖離塵勞하니 不作離塵勞之念하
여 卽得阿耨多羅三藐三菩提할새 故名荷擔如來니 當知持經之人
이 自有無量無邊不可思議功德이로다

만약 어떤 사람이 발심하여 부처님의 위없는 도를 구하여, 이

경에서 무상無相한 깊고 깊은 법을 듣고는 곧 마땅히 믿고 이해하고 수지하면서 사람들을 위해 설하되, 깊이 깨닫게 하고 훼방이 일어나지 않게 하며, 크게 참는 힘과 위대한 지혜력과 위대한 방편의 힘을 얻어야만 비로소 이 경을 유통할 수 있다.

상근기의 사람은 이 경전을 듣고 부처님의 뜻을 깊이 깨닫고, 스스로 마음으로 경을 지니면 마침내는 견성한다. 다시 이타의 행을 일으켜 남을 위해 해설하여 모든 배우는 사람들로 하여금 스스로 무상한 이치를 깨달아 본성인 여래를 보고 증득하여 무상도無上道를 성취케 한다. 설법하는 사람이 얻은 공덕은 끝이 있을 수가 없고 생각할 수 없음을 반드시 알라. 경을 듣고 뜻을 이해하고 가르침과 같이 수행하고 후에 다른 사람들을 위하여 설법하여 모든 중생들로 하여금 깨달음을 얻어 무상하고 무착한 행을 수행하게 하니, 이런 행을 수행할 수 있으면 대지혜의 광명이 있어서 진로塵勞를 벗어버리게 된다. 비록 진로를 벗어버렸지만 진로를 벗어버렸다는 마음을 일으키지 않으면 바로 아뇩다라삼먁삼보리를 얻으므로 '여래의 아뇩다라삼먁삼보리를 감당할 수 있느니라.'라고 한 것이다. 경을 지닌 사람들은 스스로 무량하고 무변한 불가사의한 공덕이 있음을 반드시 알라.

〔광론廣論〕

經者徑也 正行之前程道路 方向岔口之指標 金剛般若波羅密經 更是了生脫死 逈超輪廻 出離三界 入無餘涅槃之道路也 因此 倘若有

人能受持讀誦此經 更能廣爲人說 故而如來道出 如是言說 成就如
是功德 堪爲荷擔如來家業之菩薩行者

問 菩薩行者 是否卽爲自度度人之行者

答 所謂深悟佛意 自明心性 復爲人解說 助他明見 如是行者 卽爲
菩薩

問 有不度他人之菩薩麼

答 自種自食 滋養不足 何況欲成無上大道

問 只行度他 不度自己 豈非功德更大麼

答 自尙不能得度 又如何去度化他人 譬如欲爲人師 如果先不具爲
師之條件 試問又以何敎人

경經이란 지름길이다. 정행正行의 앞 과정인 도로이며 방향은 갈림길
의 지표이다. 금강반야바라밀경은 더욱이 생사를 벗고 윤회를 벗어
나 삼계를 떠나 무여열반에 들어가는 도로이다. 이 때문에 만약
사람이 이 경을 수지 독송하고 더 나아가 사람들을 위하여 말하면
여래의 도가 나오는 것이다. 이와 같이 말하면 이와 같은 공덕을
성취하여 여래의 가업을 짊어진 보살행자가 되는 것이다.

문: 보살행자는 자기도 제도하고 남도 제도하는 행자가 아닙니까?

답: 이른바 부처님의 뜻을 깊이 깨닫고 스스로의 심성心性을 밝히고
다시 사람들을 위하여 해설하여 그들이 밝게 보도록 도우니, 이처럼
수행하는 사람이 곧 보살이다.

문: 다른 사람을 제도하지 않는 보살도 있습니까?

답: 스스로 씨를 뿌려 스스로 먹고 자양해도 부족한데 하물며 어떻게

무상 대도를 성취하려고 하는가!

문: 다른 사람은 제도하고 자기는 제도하지 않으면 왜 공덕이 크지 않습니까?

답: 스스로를 제도하지 못하고 또 어떻게 다른 사람을 제도하여 교화할 수 있을까? 예컨대 사람의 스승이 되고자 하면서 먼저 스승의 조건을 구비하지 않는다면, 묻노니 또 어떻게 다른 사람을 가르칠 것인가?

何以故 須菩提 若樂小法者 著我見人見眾生見壽者見 卽於此經 不能聽受讀誦 爲人解說

"무슨 까닭이냐 하면 수보리야! 만약 작은 법을 즐기는 사람이라면 아견, 인견, 중생견, 수자견에 염착하기에 곧 이 경을 받아 듣고 독송하며 다른 사람을 위하여 해설할 수가 없느니라."

〔구결口訣〕

何名樂小法者오 爲二乘聲聞人이 樂小果하고 不發大心 故로 卽於如來深法에 不能受持讀誦하여 爲人解說하나니라

무엇을 일러 소법小法을 즐긴다고 하는가? 이승인 성문인이 작은 과보를 즐기고 큰마음을 일으키지 않는 것을 말하니, 그러므로 곧 여래의 깊은 법에서 경을 수지하고 독송하여 남을 위하여 해설할 수가 없다.

204

〔광론廣論〕

問 云何樂小法者

答 但求自利 有法得成 一走百了[86] 從無大心 縱然有人說上乘甚深
之法 爲執著諸相而生諸見 故不能受持 不肯讀經 不願爲人解說 是
謂樂小法者

문: 어떤 것이 소법을 즐기는 것입니까?

답: 다만 자기 이익만 구하여 일주백료一走百了를 이루는 법이 있어
도 큰마음이 없이 따르기에 설사 사람들에게 상승上乘의 깊고 깊은
법을 말한다 해도 모든 상相에 집착하여 여러 견해를 일으킨다.
그러므로 수지할 수 없고 독경해도 옳게 여기지 않으며, 다른 사람을
위하여 해설하기를 원치 않는 것을 일러 소법을 즐기는 것이라
한다.

須菩提在在處處 若有此經 一切世間天人阿修羅 所應供養 當知
此處 則爲是塔 皆應恭敬作禮圍繞 以諸華香而散其處

"수보리야! 있는 곳 어디든 이 경이 있다면 일체 세간의 천,
인, 아수라가 반드시 공양해야 할 것이다. 이곳은 곧 부처님의
탑이 됨을 마땅히 알지니, 모두가 공경하고 예배하고 돌면서
모든 꽃과 향으로써 그곳에 흘어야 하느니라."

---

86 일주백료一走百了: 일료백당一了百當과 같은 의미이다. 근본적인 것을 깨치면
기타 모든 것을 이해할 수 있음을 말한다.

〔구결口訣〕

若人이 口誦般若하고 心行般若하여 在在處處에 常行無爲無相之行
하면 此人所在之處에 如有佛塔하여 感得一切天人이 各持供養하여
作禮恭敬하여 與佛無異하리니 能受持經者는 是人心中에 自有世尊
故로 云如佛塔廟이라하시니라 當知所得福德이 無量無邊이로다

만약 사람이 입으로는 반야를 독송하고 마음으로는 반야를 수행하
면서 있는 곳곳에서 항상 함이 없고 상이 없는 행을 수행하면
이 사람이 있는 곳은 부처님 탑이 있는 것과 같고 일체의 천인天人이
감득하여 각기 공양하고 공경의 예를 갖추는 것이 부처님과 다름이
없이 한다. 경을 수지하는 것은 사람의 마음속에 세존이 있는
것이므로 부처님 탑묘와 같은 것이며, 얻는 복덕은 무량하고 무변한
것임을 반드시 알라.

〔광론廣論〕

塔 梵語窣堵波 依法華義疏注 依僧祇律 有舍利名塔婆簡曰塔 無舍
利名支提淨處 塔婆之含義爲聚積堆高之土石 內藏遺骨者 或謂方
墳 支提爲廟 淨處等 二者於梵語中分別明確 後人統稱之爲塔 唯我
國佛敎中傳統說法 分別有如下兩種差別 依梵語比論 似能洽當
寶塔: 祖師遺物藏放之處 包括佛菩薩僧伽等舍利奉養 似猶支
提者
靈塔: 骨灰集放之所 近似塔婆者
經典中之所云塔 應屬支提 如佛舍利 佛法經 僧伽舍利之所在故

탑塔은 범어의 솔도파(窣堵波, Stupa)라고 하며, 『법화의소法華義疏』의 주注에 의거하면 "승기율에 의하면 사리가 있는 곳을 탑파라 부르고 간단히 말해 탑이라 한다. 사리가 없으면 지제정처支提淨處라고 부른다."라고 하였다. 탑파는 흙과 돌을 높이 쌓는다는 뜻을 포함하고 있다. 그 안에 유골을 간직하는 것을 혹은 방분方墳이라고도 한다. 지제는 묘이고 정처淨處이다. 이 둘은 범어에서 분별이 명확하였으나 후세 사람들이 통칭하여 탑이라 하며, 오직 중국 불교에서는 전통적으로 설법하기를 아래와 같이 두 종류로 분별하였다. 범어에 의하여 논하였으니 두루 타당할 것이다.

보탑寶塔: 조사의 유물을 간직하는 곳이며, 포괄적으로 불보살과 승가의 사리를 봉양하는 곳으로 지제와 유사하다.

영탑靈塔: 골회骨灰를 모아놓은 곳이며 탑파와 근사하다.

경전에서 탑이라고 하는 것은 지제에 속하니, 부처의 사리와 불법과 승가의 사리가 있는 까닭이다.

# 능정업장분能淨業障分 제십육第十六

恒沙罪業 一念消除果報
항하사 같은 죄업도 한 생각으로 과보를 없앤다.


復次須菩提 若善男子 善女人 受持讀誦此經 若爲人輕賤[87] 是人
先世罪業[88] 應墮惡道 以今世人輕賤故 先世罪業則爲消滅 當得
阿耨多羅三藐三菩提
"또 수보리야! 만약 선남자 선여인이 이 경을 수지하고 독송하는
데, 만약 다른 사람의 경멸과 천대를 받으면, 이 사람은 선세의
죄업으로 반드시 악도에 떨어질 것이나 세상 사람들의 경멸과
천대를 받은 까닭에 선세의 죄업은 곧바로 소멸되고 마땅히
아뇩다라삼먁삼보리를 얻느니라."


〔구결口訣〕

---

87 경천輕賤: 남에게서 질투와 비방 등을 듣는 것을 말한다.
88 죄업: 악업과 업장을 말한다.

208

佛言하사대 持經之人이 如得一切天人의 恭敬供養이로대 爲前生에
有重業障故로 今生에 雖得受持諸佛如來의 甚深經典하니 常被人
의 輕賤하며 不得人의 恭敬供養하여도 自以受持經典故로 不起人我
等相하여 不問寃親하여 常行恭敬하여 心無惱恨하여 蕩然無所計較
하여 念念에 常行般若波羅密行하여 曾無退轉하니 以能如是修行故
로 得無量劫으로 以至今生에 所有極惡罪障이 並能消滅하나니라 又
約理而言하건대 先世는 卽是前念妄心이오 今世는 卽是後念覺心이
니 以後念覺心으로 輕賤前念妄心하여 妄이 不得住 故로 云先世罪業
이 卽爲消滅이라하시니 妄念이 旣滅하면 罪業이 不成하여 卽得菩提也
하리라

부처님께서 말씀하시기를 "경을 수지하는 사람은 일체 천인의
공경과 공양을 얻는 것과 같지만, 전생에 무거운 업장이 있는
까닭에 금생에서 비록 모든 부처님과 여래의 깊고 깊은 경전을
얻어 수지하더라도 항상 다른 사람의 경멸이나 천대를 받으면서
사람들의 공경과 공양을 얻지 못하게 된다. 하지만 스스로 경전을
수지하는 까닭에 아상, 인상 등의 상이 일어나지 않아 원친을
불문하고 항상 공경함을 행하면 마음에는 번뇌와 근심이 없어져서
텅 비어 계교하는 마음이 없어지고 순간순간에 항상 반야바라밀의
행을 수행하여 퇴전함이 없어진다. 이와 같이 수행하는 까닭에
무량겁에서 금생에 이르기까지 극악한 죄의 장애가 있었던 것도
함께 소멸한다.

또 이치에 의거해 말하자면 선세先世는 곧 전념의 망심이고 금세今
世에는 곧 후념의 각심覺心이다. 후념의 각심으로써 전념의 망심을
경멸하거나 천대하며 망심이 머물지 않게 되므로 선세의 죄업은
바로 소멸된다."라고 하셨다.

망념이 이미 없어졌으므로 죄업은 이루어지지 않아 바로 보리를
얻는다.

〔광론廣論〕

受持讀誦此經時 倘若仍舊遭受輕賤 則受持讀誦之人 其業奇重 應
該墮落惡道之果報 但是 由於是今世爲人所輕賤 先世之罪業 則已
經消滅了 千萬莫要以爲旣然受持讀誦此經 其功德無量無邊不可
思議 依舊遭受他人輕賤 而失去對此經功德之信心 當知自己先世
罪業太重 照理應該墮惡道受苦報 今世能得有緣受持讀誦此經 先
世罪業 必然能獲消滅 因此 如來說 當得阿耨多羅三藐三菩提 於理
佛緣難得今已得 無上菩提今現前 應該是禪悅爲食 法喜充滿的啊
問 以今世人輕賤故 先世罪業則爲消滅 令人不解
答 欲爲人所輕賤 自己必定已經具備人身 旣爲人身 更能受持讀誦
此經 倘若先世罪業不曾消滅 試問 如何尙有今世人輕賤之理 再說
人身何來 又憑什麽受持讀誦此經
問 先世之罪業如何消滅
答 此經乃般若波羅密法 前文已說 其功德不可稱 不可量 不可思議
事實上 學佛弟子 圓具般若 何事不辦

이 경을 수지하고 독송할 때 만약 예전에 다른 사람의 경멸이나 천대를 받았다면 곧 수지하고 독송하는 사람은 그 업이 매우 무거워서 악도에 떨어지는 과보를 받을 것이나, 다만 금세에서 다른 사람의 경멸이나 천대를 받음으로 말미암아 선세의 죄업은 곧 이미 소멸된다. 천만에 이렇더라도 이 경전을 수지하고 독송한다면 그 공덕은 무량하고 무변하고 불가사의하므로, 예전의 업에 의하여 다른 사람의 경멸이나 천대를 받더라도 이 경의 공덕에 대한 신심을 잃지 않아야 한다. 마땅히 자기의 선세 죄업이 매우 무거움을 알고 악도에 떨어져 고통의 과보를 받는 것을 이치적으로 비추어보고 금세의 인연이 있음을 깨달아 이 경을 수지 독송하면 선세 죄업은 반드시 소멸하게 된다. 이 때문에 여래께서 말씀하시기를 "마땅히 아뇩다라삼먁삼보리를 깨닫는다."라고 하신 것이다. 이치적으로 부처님의 인연을 얻기 어려우나 무상보리가 이제 현전하는 것을 깨달았으니 마땅히 선열禪悅로 음식을 삼아 법희가 충만하게 된다.

문: 이 세상 사람들이 경멸이나 천대하는 까닭에 선세 죄업이 소멸한 것을 사람들에게 이해시키지 못합니까?

답: 다른 사람의 경멸이나 천대를 바란다면 스스로 반드시 사람 몸을 구비해야 하고, 이미 사람 몸이 되었다면 다시 이 경을 수지 독송해야 한다. 만약 선세 죄업이 소멸되지 않는다면 시험 삼아 묻기를 '어떻게 현재 사람들이 경멸이나 천대하는 이치가 있습니까?'라고 하고, 또 말하기를 '사람 몸은 어디에서 옵니까?'라고 하고, 또 '어디에 근거하여 이 경을 수지 독송하여야 합니까?'라고 한다.

문: 선세 죄업은 어떻게 소멸합니까?

답: 이 경은 바로 반야바라밀법이고 앞에서 이미 말하였으니 그 공덕은 불가칭이고 불가량이고 불가사의하다.

사실상 불교를 배우는 제자들이 원융함을 구족한 반야로 어찌 일을 변별하지 않을 것인가!


須菩提 我念過去無量阿僧祗劫 於然燈佛前 得値八百四千萬億 那由他諸佛 悉皆供養承事 無空過者 若復有人 於後末世 能受 持讀誦此經 所得功德 於我所供養諸佛功德百分不及一 千萬億 分 乃至算數譬喩所不能及

"수보리야! 내가 과거의 무량한 아승지 겁을 생각하니, 연등불 앞에서 팔백사천만억 나유타의 모든 부처를 만나서 모두에게 공양을 올리고 시봉하면서 헛되이 지낸 일이 없었다. 어떤 사람이 뒤의 말세에 이 경을 수지하고 독송하여 얻은 공덕은 내가 모든 부처님께 공양한 공덕으로는 백분의 일에도 미치지 못하고, 천만 억분의 하나에도, 내지는 산수와 비유로도 미칠 수가 없느니라."


〔구결口訣〕

供養恒沙諸佛하오며 施寶가 滿三千界하며 捨身이 如微塵數하여 種 種福德도 不及持經하여 一念에 悟無生理하여 息希望心하여 遠離衆 生의 顚倒知見하여 卽到波羅密彼岸하여 永出三塗하여 證無餘涅槃 也하리라

항하사와 같은 부처님께 공양하고 보배로 삼천대천세계를 가득
채워 보시하고, 몸을 버리는 것이 미진수微塵數와 같은 갖가지
복덕도 경을 지니고 한 생각으로 무생의 이치를 깨닫는 것에 미치지
못한다. 희망심希望心을 쉬고 중생의 전도顚倒된 지견知見을 멀리
벗어버리면, 바로 바라밀의 피안에 이르러 영원히 삼도三塗를 초출
超出하여 무여열반을 증득한다.


〔광론廣論〕
憶念過去 得値無量諸佛 無間斷之供養 計其功德不少 但是 如能受
持讀誦此經 二者相較之下 更爲殊勝
問 供養功德 爲何不如受持此經
答 非是不如 而是供養之果報在福 受持此經之果報在慧 福報之去
處不離六道輪廻 慧果之去處逕超三界 入般涅槃 得究竟之無上正
等覺 所以說更加殊勝

과거의 무량한 부처들을 만나 끊이지 않고 공양한 것을 생각하고
그 공덕을 대략 계산하면 적은 게 아니다. 다만 만약 이처럼 이
경을 수지 독송한 것과 둘을 서로 비교하면 (후자가) 더욱 수승하다
는 것이다.
문: 공양한 공덕이 어떻게 이 경을 수지한 것만 못합니까?
답: 못하다는 게 아니라 공양의 과보는 복에 있고 이 경을 수지한
과보는 지혜에 있다. 복의 과보(福報)가 가는 곳은 육도 윤회를
떠나지 못하지만, 지혜의 과보(慧果)가 가는 곳은 삼계를 넘어 열반

에 들어가 구경에는 무상한 정등각을 깨닫는다. 그러므로 더욱
수승하다고 말하였다.


須菩提 若善男子 善女人 於後末世 有受持讀誦此經 所得功德
我若具說者 或有人聞 心則狂亂 狐疑不信
"수보리야! 만약 선남자 선여인이 뒤의 말세에서 이 경을 수지하
고 독송하여 얻은 공덕을 내가 갖추어서 설하자면, 어떤 사람은
듣고 마음이 광란하여 여우와 같이 의심하여 믿지 않을 것이니라."


〔구결口訣〕
佛言하사대 末法衆生이 德薄垢重하며 嫉妒가 彌深할새 邪見이 熾盛하
리니 於此經中에 如有善男子善女人이 受持讀誦此經하여 圓成法相
하여 了無所得하여 念念에 常行慈悲喜捨하여 謙下柔和하면 究竟에
成就無上菩提하리니 或有人이 不知如來의 正法이 常住不滅하여 聞
說如來滅後 後五百歲에 有人이 能成就無相心하여 行無相行하여
得阿耨多羅三藐三菩提라하면 則必心生驚怖하여 狐疑不信하리라

부처님께서 말씀하시기를, 말법의 중생은 덕이 엷고 번뇌가 무거우
며 질투가 더욱 심해지고 삿된 견해는 매우 치성하다고 하셨다.
이에 선남자 선여인이 이 경을 수지하고 독송하여 법상法相을 원만
하게 이루어 얻을 바 없음을 깨달아 순간순간에 항상 자비희사를
수행하면서 아랫사람에게는 겸손하며 부드럽게 융화하면 구경에
는 무상보리를 성취한다. 혹은 어떤 사람이 여래의 정법正法은

상주常住하고 없어지지 않는다는 것을 알지 못하고, 여래께서 돌아가신 뒤 후오백세에 사람이 무상심無相心을 성취하여 무상행無相行을 행하여 아뇩다라삼먁삼보리를 얻었다고 설하신 것을 들으면, 곧 반드시 마음은 놀라고 두려움이 생겨서 여우와 같이 의심하여 믿지 않으려고 한다.

〔광론廣論〕

受持讀誦此經功德 有不可以稱量的饒益 說多了 反而引人不信和
迷亂 或者是無所是從 那是因爲不能體認 不能領會的緣故
問 云何不能體認
答 如中天麗日 不是任其灼皮膚 守候它的昇起和降下而已
問 云何不能領會
答 如夜空圓月 不是代替燈火燭光 方便人們爲善爲惡而已
問 具說時如何
答 太陽有不可計算的能源 一次太陽的日量 可以溶化一個世界
問 月亮呢
答 梵語說涅槃 其中有一種境界 就是寧靜的 淸涼的 以及祥和的
氣氛

이 경을 수지하고 독송한 공덕은 칭량할 수 없는 이익이 있다는 많은 말씀을 다 마치었으나, 반대로 (어떤 사람들은) 사람들을 불신하고 미혹되어 어지럽게 하는 데로 끌어들이거나 혹자는 따르지 않는다. 이 때문에 마음속으로 인정하고 납득(體認)할 수 없나니,

이해할 수가 없는 연고이다.

문: 어떻게 마음속으로 인정하고 납득하지 못합니까?

답: 마치 허공에 태양이 빛나는데 피부를 그을리지 않으면서 올라갔다가 내려오기를 기다릴 뿐인 것과 같다.

문: 어떻게 이해하지 못합니까?

답: 마치 밤하늘에 둥근 달이 등불이나 촛불로 대체할 수 없는데, 편리하게도 사람들은 좋아하고 싫어할 뿐인 것과 같다.

문: 갖추어서 설한다는 것은 어떤 것입니까?

답: 태양은 계산할 수 없는 능력의 근원이 있어서, 한 차례 태양이 비추는 양으로 하나의 세계를 녹여버릴 수도 있다.

문: 달빛은 어떻습니까?

답: 범어에서 말하는 열반은 그 가운데 하나의 경계가 있으니, 바로 고요하고 청량하며 상스럽고 온화한 기운이다.


須菩提 當知是經不可思議 果報亦不可思議

"수보리야! 이 경은 불가사의하며 과보 또한 불가사의함을 마땅히 알지니라."


〔구결口訣〕

是經義者는 卽無著無相行也라 云不可思議者는 讚歎無著無相行이 能成就阿耨多羅三藐三菩提也이니라

이 경의 뜻이란 바로 무착無著, 무상無相의 행이다. 불가사의는

무착, 무상한 행이 아뇩다라삼먁삼보리를 성취할 수 있음을 찬탄한
것이다.


〔광론廣論〕

讚歎功德 必須深入功德之勝境 也就是說知是經義之所在 不然 如
懷寶不飽 執著不化 行染其中 最後不過留下一具餓死的屍體 寶歸
活人所有 結論是愚蠢之極
問 知是經義 卽得成就嗎
答 知而不行 猶若未知
問 知復起行 必然成就
答 當知行之深淺久暫 始能決定成就高低
問 行之一字 是否欲行於盡形壽
答 如是 如是

공덕을 찬탄하려면 반드시 공덕이 훌륭한 경지에 깊이 들어가야
한다. 다시 말해 경의 뜻이 있는 곳을 아는 것을 말한다. 그렇지
않으면 마치 보배를 품고 있으나 배부르지 않은 것과 같고, 집착하여
변화하지 않으면서 그 가운데서 염착함을 행하여 최후에는 하나의
굶어 죽은 시체처럼 머무는 것에 불과하다. 보배는 살아 있는 사람이
있는 곳으로 돌아가나니, 결론은 어리석고 미련함의 극치인 것이다.
문: 경의 뜻을 아는 게 깨닫는 것입니까?
답: 알고도 수행하지 않으면 알지 못하는 것과 같다.
문: 알고 다시 수행하면 필연코 성취하는 것입니까?

답: 수행에는 깊고 얕음과 오래고 잠깐이 있어 성취하는 것에도 반드시 높고 낮음이 있을 수 있음을 마땅히 알라.

문: 행이라는 한 글자는 몸의 수명을 다하도록 행할 만한 것입니까?

답: 그렇고 그렇다.

# 구경무아분究竟無我分 제십칠第十七

本來無我 安得有人 爲度彼人 故權立我 故受之以究竟無我分

본래 무아인데 어찌 증득한 사람이 있는가. 다른 사람들을 제도하려고
방편으로 나를 세웠으므로 구경무아분으로 이를 받은 것이다.

爾時須菩提 白佛言 世尊 善男子 善女人 發阿耨多羅三藐三菩
提心 云何應住 云何降伏其心 佛告須菩提 善男子 善女人 發阿
耨多羅三藐三菩提心者 當生如是心 我應滅度一切衆生 滅度一
切衆生已 而無有一衆生實滅度者

이때에 수보리가 부처님께 여쭈었다.

"세존이시여! 선남자 선여인이 아뇩다라삼먁삼보리의 마음을
일으킨다면 마땅히 어떻게 머물러야 하며, 어떻게 그 마음을
항복받아야 합니까?"

부처님께서 수보리에게 말씀하셨다.

"선남자 선여인이 아뇩다라삼먁삼보리의 마음을 일으킨다면 반
드시 이와 같은 마음을 일으켜야 한다. '나는 마땅히 모든 중생을

멸도하리라. 이미 모든 중생을 멸도하고 나서도 하나의 중생도 실제로는 멸도한 것이 없다'라고."

〔구결口訣〕

須菩提가 問佛하대 如來滅後後五百歲에 若有人이 發阿耨多羅三藐三菩提心인대는 依何法而住하며 如何降伏其心하리잇고 佛言하사대 當發度脫一切衆生心하며 度脫一切衆生하여 盡得成佛已하대 不得見有一衆生이 是我滅度者이라하시니 何以故오 爲除能所心이며 除有衆生心이며 亦除我見心也라

수보리가 부처님께 여쭙기를 "여래가 돌아가신 뒤 후오백세에 만약 어떤 사람이 아뇩다라삼먁삼보리의 마음을 일으키면 어떤 법에 의지하여 머물며, 어떻게 그 마음을 항복받아야 됩니까?"라고 했다. 부처님께서 말씀하시기를 "반드시 모든 중생을 도탈度脫하겠다는 마음을 일으키고, 이미 모든 중생을 도탈케 하여 모두 성불하게 해도 하나의 중생도 내가 멸도하였다고 보지 않는다."라고 하셨다. 무슨 까닭이냐 하면, 능소심(能所心: 주관과 객관을 나누는 마음)을 없앴기 때문이며, 중생심을 없앴기 때문이며, 또한 아견심我見心도 없앴기 때문이다.

〔광론廣論〕

如來住世 依敎奉行 如來滅後 依法修持 也就是說 人類之通病 長者在 他事自有長者 長者不在時 如法泡製 他事自成己責 進一步 究竟

功德 長者行 並無奇特處 自己行 執著諸相 洋洋得意 因此 佛告後學
如何敎住 如何降伏其心

여래가 세상에 계시면 가르침에 의하여 봉행하고 여래가 돌아가신
후에는 법에 의하여 수지한다. 바꿔 말하면 인류의 병통은 장자(長
者: 집안의 어른, 맏이. 훌륭한 사람)가 있을 때에는 모든 일을 장자에게
의지하지만 장자가 없을 때에는 법답게 갖추어져야 하며, 모든
일은 자기가 이루어야 하고 자기가 책임져야 한다. 한걸음 더 나아가
구경의 공덕은 장자의 행위와 아울러 기특한 것이 없지만, 자기의
행동은 모든 상相에 집착하여 득의양양하다. 이 때문에 부처님께서
는 후학들에게 말씀하시기를 "어떻게 가르침에 머물며 어떻게 그
마음을 항복받느냐?"라고 하신 것이다.


何以故 須菩提 若菩薩有我相 人相 衆生相 壽者相 則非菩薩
"무슨 까닭이냐 하면 수보리야! 만약 보살이 아상, 인상, 중생상,
수자상이 있으면 보살이 아니니라."


〔구결口訣〕
菩薩이 若見有衆生이 可度者이면 卽是我相이오 有能度衆生心하면
卽是人相이오 謂涅槃可求라하면 卽是衆生相이오 見有涅槃可證이
라하면 卽是壽者相이니 有此四相하면 卽非菩薩也이라

보살이 만약 중생을 제도할 것이 있다고 본다면 곧 아상이며,

중생을 제도할 수 있다는 마음이 있으면 곧 인상이며, 열반을 구할 수 있다고 말하면 곧 중생상이며, 열반을 증득할 수 있다고 보면 곧 수자상이다. 이 사상四相이 있으면 곧 보살이 아니다.

〔광론廣論〕
有衆生可度 自己仍在衆生中 無衆生可度 不是衆生度盡 而是自己 與衆生緣盡
有能度衆生之心 乃是我人分別意識 發動應度衆生之願 纔是阿耨 菩提之心
有涅槃可求 無異是捨馬找馬 無涅槃可求 則戀於鞍背 沈淪暫樂
有涅槃可證 好像追逐海市蜃樓 無涅槃可證 則常住生死 永陷輪廻
問 豈非是進退不得麼
答 如人飲食 有飢有飽 執於飢 認飽無益 著於飽 不能不飢 想一想 理應如何

제도할 중생이 있다고 하는 것은 자기가 중생 안에 있음이며, 제도할 중생이 없다고 하는 것은 중생 제도를 다한 게 아니라 자기와 중생의 인연이 다함이다.

중생을 제도하였다는 마음이 있는 것은 아상과 인상의 분별의식이고 마땅히 중생을 제도하겠다는 발원이 발동한 것으로 조금은 아뇩보리의 마음이다.

열반은 구할 게 있다는 것은 말을 버리고 말을 찾는 것과 다름이 없으며, 열반은 구할 게 없다는 것은 말 등의 안장을 그리워하여

222

잠깐의 즐거움에 빠진 것이다.

열반은 증득할 게 있다는 것은 마치 신기루를 추구하는 것과 같으며, 열반은 증득할 게 없다는 것은 생사에 항상 머물면서 영원히 윤회에 떨어짐이다.

문: 어찌 나아감과 물러남을 얻지 못함이 아니겠습니까?

답: 마치 사람이 밥을 먹는 것과 같다. 배고픔과 배부름이 있는데, 배고픔에 집착하면서 배부름을 인식하는 것은 이익이 없고, 배부름에 집착하면서 배고프지 않을 수가 없다면 하나의 생각을 생각하고 있는 것이니 어떻게 이치와 상응하겠는가?

所以者何 須菩提 實無有法發阿耨多羅三藐三菩提心者

"무슨 까닭이냐 하면 수보리야! 참으로 법이 있어 아뇩다라삼먁삼보리의 마음을 일으키는 것이 아니니라."

〔구결口訣〕

有法者는 我人等四法이 是也이니 不除四法하면 終不得菩提하리니 若言我가 發菩提心者이라도 亦是人我等法이니 人我等法이 是煩惱根本이라

법이 있다는 것은 아상, 인상 등과 같은 네 가지 법이니, 네 가지 법을 없애지 않으면 끝내 보리심을 얻을 수 없다. 만약 내가 보리심을 일으켰다고 말하면 이것 역시 인상·아상 등의 법이다. 인상과 아상 등의 법은 바로 번뇌의 근본이다.

〔광론廣論〕

煩惱是根本 不除不成道 無有煩惱者 菩提無所來 四相乃障道因緣

但也是助道根本 四相不是法 法源四相中 實相無相故 煩惱轉菩提

問 住世怎能無煩惱

答 無煩惱即不住世

問 煩惱能轉嗎

答 究竟煩惱 即是轉煩惱

問 什麼是菩提

答 不爲煩惱所轉而轉於煩惱者是

問 菩提來自煩惱嗎

答 能轉即得

번뇌는 근본을 없애지 않으면 성도할 수가 없고 번뇌가 없다면 보리가 오지 않는다. 사상四相은 성도에 장애가 되는 인연이지만 성도를 도와주는 근본이기도 하다. 사상은 법이 아니지만 법의 근원은 사상에 있으며, 실상이 무상無相인 까닭에 번뇌는 보리로 전변轉變한다.

문: 세상에 살면서 어떻게 번뇌가 없습니까?

답: 번뇌가 없으면 세상에 사는 게 아니다.

문: 번뇌가 전변할 수 있습니까?

답: 구경에 번뇌는 즉시 번뇌를 전변한다.

문: 어떤 게 보리입니까?

답: 번뇌로 전변하지 않으면서 번뇌를 전변하는 것이다.

문: 보리는 번뇌로부터 옵니까?
답: 전변할 수 있으면 얻을 수 있다.


須菩提 於意云何 如來於然燈佛所 有法得阿耨多羅三藐三菩提
不 不也 世尊 如我解佛所說義 佛於然燈佛所 無有法得阿耨多
羅三藐三菩提 佛言 如是如是

"수보리야! 너의 뜻은 어떠냐? 여래께서 연등불의 처소에서
법이 있어 아뇩다라삼먁삼보리를 얻었겠느냐?"

"아닙니다, 세존이시여! 제가 부처님께서 설법하신 것을 이해한
것으로는 부처님께서는 연등불의 처소에서 아뇩다라삼먁삼보
리를 얻으신 것이 없습니다."

부처님께서 말씀하셨다.

"이와 같고 이와 같다."


〔구결口訣〕

佛告須菩提하사대 我於師處에 不除四相하여 得授記아 不하여시늘
須菩提가 深解無相之理 故로 言不也이라하니라 善契佛意 故로 佛言
如是如是하시니 言是는 卽印可之辭也라

부처님께서 수보리에게 말씀하시기를 "내가 스승의 처소에 있을
때에 사상四相을 없애지 않고 수기를 얻을 수 있었겠느냐?"라고
하셨다. 수보리는 깊이 무상의 이치를 이해한 까닭에 "아닙니다."라

고 대답하였다. 부처님의 뜻에 잘 계합했으므로 부처님께서는
"이와 같고 이와 같다."라고 말씀하셨으며, 그렇다는 말은 곧 인가하
시는 말이다.

〔광론廣論〕

由迷轉覺 行於覺道 謂之學佛 娑婆世界 本無有法 成就無上正等覺
欲想步入覺道 必先去迷解惑 否則 諸相如縛 任無始以來 十方諸佛
之力 亦不得解脫 何以故 原本無有法而得阿耨多羅三藐三菩提故

미혹함에서 깨달음으로 전환하여 깨달음의 도를 수행하는 게 부처를
배우는 것이다. 사바세계는 본래 법이 없으나 무상한 정등각을
성취하여 깨달음의 도에 들어가려고 한다면 반드시 우선 미혹함을
버리고 해결해야만 한다. 그렇지 않으면 모든 상에 얽매여 무시이래
로 시방의 모든 부처의 능력으로도 역시 해탈할 수가 없다. 왜냐하면
원래 근본적으로 법이 있어 아뇩다라삼먁삼보리를 증득하는 것이
아닌 까닭이다.

須菩提 實無有法如來得阿耨多羅三藐三菩提 須菩提 若有法如
來得阿耨多羅三藐三菩提者 然燈佛則不與我授記 汝於來世 當
得作佛 號釋迦牟尼 以實無有法得阿耨多羅三藐三菩提 是故然
燈佛與我授記 作是言 汝於來世 當得作佛 號釋迦牟尼 何以故
如來者 卽諸法如義

"수보리야! 참으로 법이 있어 여래가 아뇩다라삼먁삼보리를 얻

은 것은 없다. 수보리야! 만약 법이 있어 여래가 아뇩다라삼먁삼
보리를 얻었다고 하면, 연등불께서 나에게 '너는 내세에 반드시
부처를 얻을 것이니 이름을 석가모니[89]라고 하리라.'고 수기하시
지 않았을 것이다. 그러므로 참으로 법이 있어 아뇩다라삼먁삼보
리를 얻은 것은 없는 것이다. 이런 까닭으로 연등불께서는 나에
게 수기하여 주시고 말씀하시기를 '너는 내세에 반드시 부처를
얻을 것이니 이름을 석가모니라고 하리라.'고 하신 것이다. 무슨
까닭이냐 하면, 여래란 곧 모든 법이 여여如如하다는 뜻이기
때문이니라."


〔구결口訣〕
佛言하사대 實無我人衆生壽者하여 始得受菩提記니 我若有發菩提
心하언대 然燈佛이 則不與我授記하시리어늘 以實無所得할새 然燈佛
이 與我授記라하시니 此一段文은 總成須菩提의 無我義라 佛言諸法
如義者는 諸法은 卽是色聲香味觸法이니 於此六塵中에 善能分別
하대 而本體湛然하여 不染不著하여 曾無變異하여 如空不動하여 圓
通瑩徹하여 歷劫常存할새 是名諸法如義라 菩薩瓔珞經에 云하대 毁
譽不動이 是如來[90]行이라 入佛境界經에 云하대 諸欲이 不染故로 敬

---

89 석가모니에서 석가釋迦는 능인能忍의 뜻으로 도탈度脫한다는 뜻이고, 모니牟
尼는 적묵寂默의 뜻으로 마음이 본체가 여여如如하다는 것이다.
90 여래如來: 여如는 본체이며, 본연적인 상태이다. 그렇게 오신 분이 곧 여래
이다.

禮에 無所觀<sup>91</sup>이라하니라

부처님께서 말씀하시기를 '참으로 아, 인, 중생, 수자가 없어야 비로소 보리의 수기를 얻을 수 있다. 내가 만약 보리심을 발하는 마음이 있었다면 연등불께서는 나에게 수기하시지 않았을 것이어늘, 참으로 증득한 것이 없으므로 연등불께서 나에게 수기하신 것이다.'라고 하셨다. 이 하나의 글은 모두 수보리가 무아無我의 뜻을 이룬 것이다.

부처님께서 말씀하신 모든 법이 여여如如하다는 뜻이란, 모든 법은 색성향미촉법이며, 이 육진 속에서 올바르게 분별하면 본체는 담연하여 염착함도 없고 변이도 없어서 공과 같이 부동하며 원통하고 밝게 사무쳐(瑩澈) 겁을 지내도 항상 있는 것이니, 이를 일러 모든 법이 여여如如하다는 뜻이라 말한다. 『보살영락경』에 이르기를 "비방함과 명예에 움직이지 않는 것이 여래행"이라고 했고, 『입불경계경』에 이르기를 "모든 욕망에 염착하지 않는 까닭에 무소관無所觀에 공경하고 예배한다."라고 했다.

〔광론廣論〕

自古有傳法之說 依此經義 無怪謂之敎外別傳 然燈授記 謂如來得阿耨菩提實無有法 基於如如不動 諸法本來空寂 湛然淸淨故

問 佛陀遺敎 不也是法

---

91 무소관無所觀: 모든 법은 얻을 것이 없다는 것을 관하고 생각하는 것. 보는 바 없는 대상, 곧 부처님.

答 法者猶若工具 如筏喩者 卽是明證 善用是法 不善用則成累贅
故如來說諸法如義
問 如筏喩者 誰授其用
答 善用者是
問 什麽人善用
答 體取了諸法如義的人

예로부터 법을 전한다는 말이 있는데, 이 경의 뜻에 의하면 교외별전
教外別傳이라고 말하는 게 괴이하지 않다. 연등불께서 수기하신
것은, 여래가 깨달은 아뇩다라삼먁삼보리는 실제 법이 있는 게
아니고 여여부동에 근거하여 모든 법은 본래 공적하고 담연하고
청정하기 때문이다.

문: 부처님이 가르침을 남기신 것은 법이 아닙니까?

답: 법이란 도구와 같다. 예컨대 뗏목의 비유란 것이 바로 이를
분명히 증명한다. 옳게 사용하면 법이고 옳게 사용하지 않으면
번거로움을 이루므로 여래께서는 모든 법은 여여如如의 뜻과 같다고
말씀하신 것이다.

문: 뗏목에 비유하는 것과 같음은 누가 그것을 사용합니까?

답: 옳게 사용하는 자가 그이다.

문: 어떤 사람이 옳게 사용합니까?

답: 모든 법이 여여如如하다는 뜻을 체득한 사람이다.


若有人言 如來得阿耨多羅三藐三菩提 須菩提 實無有法 佛得阿

耨多羅三藐三菩提 須菩提如來所得阿耨多羅三藐三菩提 於是
中無實無虛

"만약 어떤 사람이 말하기를, '여래께서 아뇩다라삼먁삼보리를
얻었다'고 하면, 수보리야! 실로 법이 있어서 부처님께서 아뇩다라
삼먁삼보리를 얻은 것이 아니니라. 수보리야! 여래가 얻은 아뇩다
라삼먁삼보리 가운데는 실다움도 없고 허망함도 없느니라."

〔구결口訣〕

佛言하사대 實無所得心하여 而得菩提니 以所得心이 不生할새 是故
로 得菩提니 離此心外에 更無菩提는 可得할새 故로 言無實也이시고
所得心이 寂滅하면 一切智가 本有하여 萬行이 悉圓備하여 恒沙德性
이 用無乏少할새 故로 言無虛也이시니라

부처님께서 말씀하시기를, 실로 얻는 바 없는 마음으로 보리를
얻나니, 얻는 바의 마음이 생기지 않는 까닭에 보리를 얻는 것이다.
이 마음을 떠난 밖에 다시 보리를 얻을 수 없으므로 실로 없다고
하신 것이다. 얻었다는 마음이 적멸하면 일체의 지혜가 본래에
있으며, 만행萬行이 원만히 다 구비되면 항사恒沙와 같은 덕성德性
을 써도 조금의 부족함도 없는 까닭에 허망함이 없다고 하신 것
이다.

〔광론廣論〕

無實者 世出世間 一切諸法 如病藥 如暗明 如煩惱菩提

無虛者 應病與藥 因暗顯明 轉煩惱而成菩提
執之有實 著之皆虛

실로 없다는 것은 세간과 출세간의 일체 모든 법은 질병에 약과
같고 어둠에 밝음과 같으며 번뇌에 보리와 같다.
허망함이 없다는 것은 질병에 약으로 응하고, 어둠으로 인해 밝음이
드러나고, 번뇌가 전변하여 보리를 성취하는 것이다.
이를 실로 있다고 고집하여 이에 염착하면 모두가 허망하다.


是故如來說一切法 皆是佛法 須菩提 所言一切法者 卽非一切法
是故名一切法

"이런 까닭으로 여래가 설하기를 '일체의 법은 모두 불법이다'라
고 한 것이니라. 수보리야! 이른바 일체의 법이라는 것은 바로
일체의 법이 아니고 이름이 일체의 법이라고 하느니라."


〔구결口訣〕

能於諸法에 心無取捨하며 亦無能所하여 熾然[92]建立一切法하대 而
心常空寂하니 故知一切法이 皆是佛法이로다 恐迷者는 貪著 一切生
하여 爲佛法할까하사 爲遣此病 故로 言卽非一切法이라하시니라 心無
能所하여 寂而常照하여 定慧가 齊行하여 體用이 一致이면 是故名一
切法이라

---

92 치연熾然: 불이 활활 타서 성해지는 것.

모든 법에서 마음으로 취사함이 없고 또 능소가 없으면 치연하게 일체의 법을 건립하여도 마음이 항상 공적한 까닭에 일체가 모두 불법佛法인 것을 안다. 미혹한 사람이 일체법에 탐착하여 불법을 일으키는 것이 두려워서 이 병을 버리게 하기 위하여 '일체법이 아니다.'라고 말한 것이다. 마음에 능소가 없어지고 고요하되 항상 비추면 선정과 지혜가 가지런히 행해지고 체體와 용用이 일치한다. 그런 까닭에 일체법이라고 이름하는 것이다.

〔광론廣論〕

問 云何一切法 皆是佛法

答 佛法者 引導衆生 由迷轉悟 而成正覺 擧凡一切法 能使衆生 獲得饒益者 故說皆是佛法

問 云何所言一切法 卽非一切法

答 法者 事理之方法也 有何事 須何理 必有其法 反之 無何事 不須理 法亦無用 再說 事理之與法 必須相應或不相應 相應之時 卽是佛法 不相應之時 卽非佛法

問 云何是故名一切法

答 色塵根識 相觸分別 萬法起自因緣 非是分別而有 所謂唯識所現 唯心所造 全在相應與否 故說是名一切法

문: 어떻게 일체법 모두가 불법입니까?

답: 불법이란 중생을 인도하여 미혹함으로부터 깨달음으로 전환하게 하여 정각을 이루게 하며, 일체법을 들어서 중생들로 하여금

요익함을 획득하게 하는 것이므로 모두가 불법이라고 말하였다.

문: 어떻게 일체법은 곧 일체법이 아니라고 말합니까?

답: 법이란 사리事理의 방법이다. 어떤 일이 있으면 모름지기 이치가 있고 반드시 그 법이 있다. 반대로 어떤 일이 없으면 모름지기 이치가 아니니 법도 역시 소용이 없다. 다시 말하면 사리와 함께한 법은 반드시 상응하거나 상응하지 않음이 있다. 상응할 때에는 불법이고 상응하지 않을 때에는 불법이 아니다.

문: 어떤 까닭으로 일체법이라고 합니까?

답: 색진과 근식은 서로 접촉하여 분별하고, 만법은 인연으로부터 일어나고 분별하여 있는 게 아니다. 이른바 유식唯識으로 드러나고 유심唯心으로 만들어져 전체가 상응하는 여부에 있다. 그러므로 일체법이라 말한다.


須菩提 譬如人身長大 須菩提言 世尊 如來說人身長大 則爲非大身 是名大身

"수보리야! 비유하면 사람 몸이 장대한 것과 같으니라."

수보리가 말하였다.

"세존이시여! 여래께서 사람 몸이 장대하다는 것은 바로 큰 몸이 아니고 이름이 큰 몸입니다."


〔구결口訣〕

如來說人身長大 則爲非大身者는 以顯一切衆生의 法身이 不二하

여 無有限量하시니 是名大身[93]이라 法身이 本無處所 故로 言則非大身하시니라 又以色身이 雖大라도 內無智慧하면 卽非大身이오 色身이 雖小라도 內有智慧하면 得名大身이며 雖有智慧라도 不能依行하면 卽非大身이오 依敎修行하여 悟入諸佛의 無上知見하여 心無能所限量하면 是名大身也이라

여래께서 설법하신 사람 몸의 장대長大가 바로 큰 몸이 아니라는 것은 모든 중생에게 법신이 둘이 아니며 한량이 있을 수 없음을 나타내기 위하여 큰 몸이라고 말씀한 것이다. 법신法身은 본래로 처소가 없으므로 큰 몸이 아니라고 말하며, 또 색신이 비록 커도 안에 지혜가 없으면 큰 몸이 아니고, 색신色身이 비록 작아도 안에 지혜가 있으면 큰 몸이라고 말한다. 비록 지혜가 있어도 행하지 않으면 큰 몸이 아니며, 가르침에 의하여 수행하고 깨달아서 모든 부처의 무상無上한 지견知見에 들어서 마음에 능소能所와 한량이 없으면 이를 큰 몸이라고 한다.

〔광론廣論〕

人身長大 乃地水火風四大種性和合而成 合則色身成就 散則一無所有 故說則爲非大身 然而 四大和合 衆相具足 於事則是名大身 進一步說 人身長大 由幼而壯 由老而衰 成住壞空 只是數十年過程而已 終究化爲烏有 唯此過程中 常住數十年之時 則長大之人身健

---

93 큰 몸(大身)에는 두 가지 뜻이 있다. 첫째는 두루 일체에 있는 허공과 같은 것으로 법신이며, 둘째는 공덕대신功德大身인 보신이다.

在 是爲不可否認之事實也

인신이 장대長大한 것은 지수화풍의 사대四大 종성種性이 화합하여 이루어진 것이며, 화합하여 색신이 이루어졌다 흩어져 하나도 소유한 게 없으므로 큰 몸이 아니라고 말하였다. 그러나 사대가 화합하여 모든 상相을 구족하는 일에서 큰 몸이라고 말한다.

한걸음 더 나아가 말하면, 인신이 장대한 것은, 유아였다가 장년이 되고 늙으면 쇠약해지는 성주괴공은 다만 수십 년 과정으로 마치고 끝내는 변화하여 사라진다. 오로지 이 과정에서 항상 수십 년을 머물 때 곧 장대한 인신이 건재하다는 것은 부인하지 못할 사실이다.


須菩提 菩薩亦如是 若作是言 我當滅度無量衆生 則不名菩薩

"수보리야! 보살도 역시 이와 같아서, 만약 '내가 반드시 무량한 중생을 멸도하겠다'고 말한다면 곧 보살이라고 이름할 수 없느니라."


〔구결口訣〕

菩薩이 若言하대 由我說法하여 除得彼人의 煩惱라하면 卽是法我이오 若言하대 我가 度得衆生하라하면 卽有我所이니 雖度脫衆生하나 心有能所하여 我人을 不除할새 不得名爲菩薩이니 熾然說種種方便하여 化度衆生하대 心無能所하면 卽是菩薩也이니라

보살이 만약 말하기를, 내가 설법한 것으로 인하여 저 사람의

번뇌가 없어졌다고 한다면 이는 바로 법아法我이며, 만약 내가 중생을 도탈度脫했다고 말하면 바로 아소我所가 있는 것이다. 비록 중생을 도탈하게 하나 마음에 능소能所가 있어 아상我相과 인상人相을 없애지 않으면 보살이라 말할 수 없다. 치연하게 갖가지 방편을 설하여 중생을 교화하고 제도하여도 마음에 능소가 없어야만 바로 보살이다.

〔광론廣論〕

能度衆生之心 所度衆生之德 皆爲執著之行爲 菩薩者 覺悟之有情也 具般若之勝 人法湛然 淸淨不動 所謂大自在之道心衆生也 否則是爲障中行人 不名菩薩

중생을 도탈한다는 마음과 도탈하였다는 덕 모두가 집착하는 행위이다. 보살은 각오覺悟한 유정이며 반야의 수승함을 구족하고 인상人相과 법상法相에서 담연하며, 청정하고 부동하며 대자재한 도심道心 중생이다. 그렇지 않다면 장애 속에서 수행하는 사람으로서 보살이라고 하지 않는다.

何以故 須菩提 實無有法 名爲菩薩 是故佛說一切法 無我無人無衆生無壽者 須菩提 若菩薩作是言 我當莊嚴佛土 是不名菩薩 何以故 如來說莊嚴佛土者 卽非莊嚴 是名莊嚴

"무슨 까닭이냐 하면 수보리야! 참으로 법이 있어 보살이라고 이름하지 않기 때문이니라. 이런 까닭에 부처님이 말하되 '일체

236

법은 아상, 인상, 중생상, 수자상도 없다.'고 한 것이니라. 수보리야! 만약 보살이 '나는 반드시 불토를 장엄하게 하겠다.'라고 말하면 보살이라고 이름하지 않느니라. 무슨 까닭이냐 하면, 여래가 불토를 장엄한다고 설한 것은 곧 장엄이 아니고 이름이 장엄이니라."

〔구결口訣〕

菩薩이 若言하대 我가 能建立世界者이면 卽非菩薩이니 雖然이나 建立世界하대 心有能所하면 卽非菩薩이오 熾然建立世界하대 能所心이 不生하면 是名菩薩이라 最勝妙定經에 云하대 假使有人이 造得白銀精舍[94]하여 滿三千大千世界하여도 不如一念禪定心이라하니 心有能所하면 卽非禪定이오 能所가 不生하여 是名禪定이니 禪定이 卽是淸淨心也이라

보살이 만약 "내가 세계를 건립할 수 있다.'라고 말하면 곧 보살이 아니다. 비록 세계를 건립한다고 하여도 마음에 능소能所가 있으면 보살이 아니다. 치연하게 세계를 건립한다고 하여도 능소심能所心이 생기지 않아야 보살이라고 한다. 『최승묘정경』에 이르기를 "가령 사람이 백은정사를 짓기를 삼천대천세계에 가득하게 하여도 한 생각 선정하는 마음만 못하다."라고 했다. 마음에 능소가 있으면 바로 선정이 아니며, 능소가 일어나지 않아야 선정이라 이름하니,

---

94 백은정사白銀精舍: 청정무구한 도량을 말한다.

선정은 바로 청정한 마음이다.


〔광론廣論〕

莊嚴佛土者 於五濁惡世 極苦娑婆 建立淸淨莊嚴之世界也

問 是否卽爲人間淨土

答 非也

問 云何莊嚴佛土

答 度衆生之迷津 開菩提之大道

問 轉迷爲覺 卽是莊嚴佛土嗎

答 如是如是

장엄불토란 오탁악세의 지극히 고통스러운 사바세계에서 청정하고 장엄한 세계를 건립하는 것이다.

문: 이는 인간을 위한 정토淨土가 아닙니까?

답: 그렇지 않다.

문: 어떤 게 장엄불토입니까?

답: 중생이 미혹의 나루를 건너게 하여 보리의 대도大道를 여는 것이다.

문: 미혹함을 전환하여 깨닫는 게 곧 장엄불토입니까?

답: 그렇고 그렇다.


須菩提 若菩薩通達無我法者 如來說名眞是菩薩

"수보리야! 만약 보살이 무아의 법에 통달한 자이면 여래는 참으로 이 사람이 보살이라고 말하느니라."

〔구결口訣〕

於諸法相에 無所滯礙할새 是名通達이오 不作解法心할새 是名無我
法이니 無我法者 如來說名 眞是菩薩은 隨分行持하여도 亦得名爲
菩薩이어니와 然이나 未爲眞菩薩하니 解行이 圓滿하여 一切能所心이
盡하여 方得名眞是菩薩이니라

모든 법상法相에 걸리거나 막히는 것이 없는 것을 일러 통달通達이
라고 하며, 법을 이해한다는 마음을 짓지 않는 것을 일러 무아법無我
法이라고 한다. 무아법이란 여래께서 참다운 보살이라 이름하며,
분수에 따라 지니어 행하여도 역시 보살이라 이름하지만 그러나
아직 참으로 보살이라고 할 수 없다. 이해와 수행이 원만하여
모든 능소의 마음이 다해야 비로소 참다운 보살이라는 이름을
얻는다.

〔광론廣論〕

暢而無障謂通 順而臻止謂達

究竟所以 人法兩忘 於第一義而不動

問 解佛所說是什麽

答 是知見

問 行佛所敎是什麽

答 是勝解

問 云何是解行圓滿

答 自覺覺他 無滯無碍

問 不知而行是什麽

答 如瞎子摸象

問 行解圓滿時如何

答 是名眞菩薩

시원스러워 막힘이 없는 것을 통通이라 하고, 수순하여 도달하는 것을 달達이라 한다. 구경에는 인상人相과 법상法相 모두를 잊고 제일의第一義에서 움직이지 않는 것이다.

문: 부처님의 말씀을 어떻게 이해합니까?

답: 보고 안다.

문: 부처님의 가르침을 어떻게 수행합니까?

답: 수승하게 이해한다.

문: 무엇이 수행과 이해가 원만한 것입니까?

답: 스스로 깨닫고 남을 깨닫게 함에 막히거나 방해함이 없는 것이다.

문: 알지 못하고 수행하는 것은 어떤 것입니까?

답: 애꾸눈으로 상象을 베끼는 것이다.

문: 수행과 이해가 원만할 때는 어떻습니까?

답: 이는 참다운 보살이다.

# 일체동관분—體同觀分 제십팔第十八

一眼攝五眼 一沙攝恒河沙 一世界攝多世界 一心攝若干心 故受之以一體同觀分

한 눈으로는 오안五眼을 총섭하고, 한 알의 모래로는 항하의 모래를 총섭하고, 한 세계로 모든 세계를 총섭하고, 한 마음으로 약간의 마음들을 총섭하므로 일체동관분으로 이를 받았다.


須菩提 於意云何 如來有肉眼不 如是世尊 如來有肉眼

須菩提 於意云何 如來有天眼不 如是世尊 如來有天眼

須菩提 於意云何 如來有慧眼不 如是世尊 如來有慧眼

須菩提 於意云何 如來有法眼不 如是世尊 如來有法眼

須菩提 於意云何 如來有佛眼不 如是世尊 如來有佛眼

"수보리야! 너의 뜻은 어떠냐? 여래는 육안이 있느냐?"

"그렇습니다. 세존이시여! 여래께서는 육안이 있습니다."

"수보리야! 너의 뜻은 어떠냐? 여래는 천안이 있느냐?"

"그렇습니다. 세존이시여! 여래께서는 천안이 있습니다."

"수보리야! 너의 뜻은 어떠냐? 여래는 혜안이 있느냐?"
"그렇습니다. 세존이시여! 여래께서는 혜안이 있습니다."
"수보리야! 너의 뜻은 어떠냐? 여래는 법안이 있느냐?"
"그렇습니다. 세존이시여! 여래께서는 법안이 있습니다."
"수보리야! 너의 뜻은 어떠냐? 여래는 불안이 있느냐?"
"그렇습니다. 세존이시여! 여래께서는 불안이 있습니다."

〔구결口訣〕

一切人이 有五眼하건마는 爲迷所覆하여 不能自見할새 故로 佛이 敎하
사대 除却迷心하면 卽五眼이 開明이라하시니 念念에 修行般若波羅
密法하여 初途迷心이 名爲第一肉眼이오 見一切衆生이 皆有佛性하
여 起憐愍心이 是名爲第二天眼이오 痴心不生이 名爲第三慧眼이오
著法心除는 名爲第四法眼이오 細惑이 永盡하여 圓明遍照가 名爲第
五佛眼이라 又云하대 見色身中에 有法身이 名爲天眼 見一切衆生이
各具般若性이 名爲慧眼이오 見性明徹하여 能所永除가 一切佛法이
本來自備가 名爲法眼이오 見般若波羅密이 能生三世一切法이 名
爲佛眼이라

모든 사람은 오안五眼이 있으나 미혹함에 덮여 있어서 스스로 보지
못하므로 부처님께서 미혹한 마음을 없애도록 가르치시니, 즉시
오안이 열리고 밝아져 순간순간에 반야바라밀법을 수행하게 하신
다. 처음에 미혹한 마음을 없애는 것을 제1 육안肉眼이라 하고,

242

일체중생이 모두 불성이 있는 것을 보고 연민하는 마음을 일으키는 것을 제2 천안天眼이라고 하고, 어리석은 마음이 일어나지 않는 것을 제3 혜안慧眼이라 하고, 법에 염착하는 마음이 없어지는 것을 제4 법안法眼이라 하고, 미세한 번뇌가 영원히 다하여 원만히 밝아 두루 비추는 것을 제5 불안佛眼이라 한다.

또 색신 속에 법신이 있는 것을 보는 것을 천안이라 하고, 일체중생은 제각기 반야의 성품을 구족하고 있는 것을 보는 것을 혜안이라 하고, 자성이 명철한 것을 보고 능소가 영원히 없어져 일체의 불법은 본래 스스로 구비함을 보는 것을 법안이라 하고, 반야바라밀이 삼세의 일체법을 일으킴을 보는 것을 불안이라 한다.

〔광론廣論〕

肉眼者 知衆苦 布施功德 供養父母妻兒 得人乘果報

天眼者 知衆苦 大喜大捨 怨憎親疏 平等一如 得天乘果報

慧眼者 解諸苦 修四聖諦法 入三昧禪定 得聲聞乘果報

法眼者 解諸苦 修十二因緣法 行毘鉢舍那[95] 得緣覺乘果報

佛眼者 衆苦自作 衆樂自成 慈悲喜捨 盡皆發生於般若波羅密法 如是住 如是生心 則爲大自在人 得菩薩乘果報

又云 肉眼知苦 天眼知樂 慧眼知是苦是樂 法眼知非苦非樂 佛眼不受苦樂

又云 肉眼知苦受苦 天眼知樂受樂 慧眼離苦得樂 法眼究竟苦樂 佛

---

95 비발사나(毘鉢舍那, Vipasana): 의역하여 관觀이라 한다.

眼無苦無樂

육안은 모든 고뇌를 알고 보시한 공덕과 부모와 처자식을 공양하면서 인승人乘의 과보를 증득한다.

천안은 모든 고뇌를 알고 크게 기뻐하고 크게 버리면서 원증怨憎과 친소親疎 모두가 평등하고 일여한 천승天乘의 과보를 증득한다.

혜안은 모든 고뇌를 이해하고 사성제법을 수행하며 삼매선정에 들어가 성문승의 과보를 증득한다.

법안은 모든 고뇌를 이해하고 12인연법을 수행하며 비발사나를 수행하여 연각승의 과보를 증득한다.

불안은 모든 고뇌는 스스로 만들고 모든 즐거움도 스스로 성취하여 자비희사가 모두 반야바라밀법에서 일어나니, 이렇게 머물며 이렇게 마음을 일으켜 대 자재인이 되어 보살승의 과보를 증득한다. 또 말하기를 "육안은 고뇌를 알고 천안은 즐거움을 알며, 혜안은 고락을 알고 법안은 고락이 아님을 알며, 불안은 고락을 받아들이지 않음이다."라고 한다.

또 말하기를 "육안은 고뇌를 알고 고뇌를 받아들이며, 천안은 즐거움을 알고 즐거움을 받아들이며, 혜안은 고락을 저버리고 법안은 고락을 밝히고 불안은 고락하지 않음이다."라고 한다.


須菩提 於意云何 如恒河中所有沙 佛說是沙不 如是 世尊 如來 說是沙 須菩提 於意云何 如一恒河中所有沙 有如是沙等恒河 是諸恒河所有沙數佛世界 如寧爲多不 甚多 世尊

"수보리야! 너의 뜻은 어떠냐? 예컨대 항하 가운데 모래가 있는데 부처님이 그 모래에 대해 말하였느냐?"

"그렇습니다. 세존이시여! 여래께서는 그 모래에 대해 말씀하십니다."

"수보리야! 너의 뜻은 어떠냐? 한 항하 가운데 있는 모래와 같이 이와 같은 모래들만큼의 항하가 있고, 이 모든 항하가 가지고 있는 모래 수만큼의 불세계가 있다면 많은 것이 아니겠느냐?"

"대단히 많습니다. 세존이시여!"

〔구결口訣〕

恒河者는 西國祇園精舍側近河이니 如來가 說法하실새 指此河하여 爲喩하시니라 佛說하사대 此河中沙를 一沙로 況一世界하면 以爲多아 不아 須菩提는 言하대 甚多하리이다 世尊하니라 佛이 擧此衆多國土者는 欲明其中에 所有衆生이 一一衆生이 皆有若許心數也이니라

항하는 서쪽 나라(인도)의 기원정사 근처에 있는 강인데, 여래께서 설법하시면서 이 강을 가리켜 비유하셨다. 부처님께서는 "이 강 가운데 모래 하나를 하나의 세계라고 견준다면 많다고 하겠느냐?"라고 말씀하셨다. 수보리는 "많습니다. 세존이시여!"라고 대답했다.

부처님께서 이 많은 국토를 거론하신 것은 그 국토에 있는 중생

하나하나의 중생이 모두 다 저런 마음의 수를 가지고 있음을 밝히고
자 하신 것이다.


〔광론廣論〕

佛說覺界之多 猶恒河沙數 一沙一世界 一沙一恒河 盡表三千大千
世界 由此可見 佛說衆生皆有佛性 散佈大千 證其覺心之多 住衆多
之覺界 同樣 衆生未覺之時 衆生繁雜 心心不一 其數幾許 豈非恒河
沙數而能譬喩者

問 說云世界如沙數衆 其理若何

答 衆生是迷 常住娑婆世界 衆生得覺 常住佛陀世界 娑婆世界衆生
多 衆生心亦多 無以形容 藉恒沙而喩者 然而 佛陀世界 於事理而言
非是別有世界 住大千何地何處者 而是衆生迷覺之變異 娑界與世
界隨之變異也

問 試例擧以廣知識可乎

答 衆所周知 世人煩惱之多 可謂多逾恒河沙數 但是 誰又起信 世間
菩提之多 確然同於煩惱之數

問 畢竟如何

答 一沙一恒河 一佛一世界 一迷一衆生 一煩惱一菩提 甚而至一煩
惱中具無數菩提

부처님이 말씀하신 깨달음의 경계가 많음이 항하의 모래 수와 같으
며, 하나의 모래에 하나의 세계, 그리고 하나의 모래에 하나의 항하
모두가 삼천대천세계를 드러내고 있다. 이로써 볼 수 있는 것은,

부처님이 말씀하신 중생 모두가 불성을 가지고 있어 삼천대천세계에 흩어져서 깨달은 마음이 많으며, 모든 깨달음의 경계에 머무는 것이 같음을 증명하신 것이다. 중생이 깨닫지 못하였을 때에는 중생이 번잡하여 마음과 마음이 하나가 아니니 그 수는 얼마이겠는가? 어찌 항하사의 수로 비유할 수 있을까?

문: 세계가 모래 수와 같다고 하는데 그 이치는 어떤 것입니까?

답: 중생이 미혹하였을 때에는 항상 사바세계에 머물지만 중생이 깨달으면 항상 부처의 세계에 머문다. 사바세계의 중생이 많으니 중생의 마음 역시 많음을 형용할 수가 없어 항하의 모래에 비유하였다. 그리고 부처의 세계는 사리事理로 말한다면 다른 세계가 아니고 대천의 어느 곳에든지 있는 것이며, 중생의 미혹함과 깨달음의 변이變異는 사바세계와 더불어 세계를 따라서 변이한다.

문: 예를 들어 거론하신 것은 널리 알게 하려는 것입니까?

답: 모두가 아는 바와 같이 세상 사람들의 번뇌는 많아서 항하의 모래 수에 비유할 수가 있다. 다만 누가 믿음을 일으키면 세간의 보리菩提가 많아서 확연히 번뇌의 수와 같아진다.

문: 필경에는 어떻습니까?

답: 하나의 모래는 하나의 항하이고, 하나의 부처는 하나의 세계이며, 하나의 미혹은 하나의 중생이고, 하나의 번뇌는 하나의 보리이다. 심지어는 하나의 번뇌 가운데 무수한 보리를 구족하고 있다.

佛告須菩提 爾所國土中 所有衆生 若干種心 如來悉知 何以故

如來說諸心皆爲非心 是名爲心

부처님께서 수보리에게 말씀하셨다.

"이 국토[96] 가운데 중생이 가진 갖가지 마음을 여래께서는 모두
알고 있느니라. 무슨 까닭이냐 하면, 여래가 설법한 모든 마음은
다 마음이 아니고 이름이 마음이니라."


〔구결口訣〕

爾所國土中所有衆生이 一一衆生이 皆有若干差別心數하니 心數
가 雖多하나 總名妄心이니 識得妄心의 非心하면 是名爲心이니 此心
이 卽眞心 常心 佛心 般若波羅密心 淸淨菩提涅槃心이라

이 국토 가운데 있는 중생들 가운데 하나하나의 중생들이 모두
약간의 차별하는 마음의 수를 가지고 있는데, 마음의 수가 아무리
많아도 모두 망심이라고 말한다. 망심이 마음이 아니라는 것을
알고 증득하면 바로 이 마음이 바로 진심眞心, 상심常心, 불심佛心,
반야바라밀심, 청정한 보리의 열반심涅槃心이다.


〔광론廣論〕

問 佛云所有衆生 若干種心 如來悉知 究竟有那些心

答 衆生與衆生心不同 一一衆生 心心變異

問 可否例言

---

96 무량한 국토는 바로 무량한 세계이다. 세계 속에 국토는 바로 중생을 의미한
다. 중생은 갖가지 차별의 세계를 가지고 있는 것이다.

248

答 槪略的說 不外貪瞋癡三大類

問 云何皆爲非心

答 轉貪瞋癡而成戒定慧

問 如是 卽是名爲心

答 由凡入聖 由迷轉悟 而行覺道 以達佛心

問 悟不卽是覺嗎

答 悟只是知解 如嗜賭者把身上有用的錢輸了 待身上有了錢 一味
地迷於翻本 結果 又輸了 如是悔 如是犯 如是知 如是解 輪廻於悔犯
知解之中 處於迷悟相對之境 而覺道 則是悟後不定悟的次數或大
小而斷然不犯 完全改變自己 行於新生道路 是爲入於覺 終究圓成
佛心

문: 부처님께서 말씀하시기를, 중생은 약간의 몇 가지 마음이 있는데
여래께서 모두 안다고 하셨습니다. 그렇다면 구경에는 그 마음이
있습니까?

답: 중생과 중생의 마음은 같지 않고 하나하나의 중생도 마음 마음마
다 달라진다.

문: 맞다, 아니다(可否)로 예를 들어 말씀하시겠습니까?

답: 개략적으로 말하면 탐·진·치의 세 부류를 벗어나지 않는다.

문: 어떻게 모두 마음이 아닙니까?

답: 탐·진·치가 전환하여 계정혜를 이룬다.

문: 그렇다면 이것이 마음이라 하는 것입니까?

답: 범부로 말미암아 성인에 들어가고, 미혹함으로 말미암아 깨달음

으로 전환한다. 그리고 깨달음의 도를 수행하여 불심佛心을 통달한다.

문: 오悟는 곧 각覺이 아닙니까?

답: 오悟는 지해知解일 뿐이다. 이는 도박을 좋아하는 사람이 신상에 쓰는 돈을 조달하고는 신상에 돈이 떨어지기를 기다리는 것과 같다. 그러다가 덮어놓고 본전을 되찾겠다는 데 미혹되고 결과적으로 또 돈을 조달하게 된다. 이처럼 후회하고 이처럼 범하고 이처럼 알고 이처럼 이해하면서, 후회하고 범하고 알고 이해하는 가운데 윤회하면서 미혹함과 깨달음을 상대하는 경계에 처해 있다. 하지만 각覺의 길은 곧 오悟한 후에는 오悟의 횟수나 대소가 정해져 있지 않아 절대로 범하지 않고, 완전히 자기를 개변하여 새로 생긴 길로 나아가 각覺에 들어가 궁극에는 원만하게 불심佛心을 성취한다.


**所以者何 須菩提 過去心不可得 現在心不可得 未來心不可得**

"무슨 까닭이냐 하면 수보리야! 과거의 마음은 얻을 수 없고, 현재의 마음도 얻을 수 없고, 미래의 마음도 얻을 수 없느니라."


〔구결口訣〕

過去心不可得者는 前念妄心이 瞥然已過하여 追尋하여도 無有處所이오 現在心不可得者는 眞心이 無相하거니 憑何得見이리오 未來心不可得者는 本無可得거늘 習氣已盡하여 更不復生이니 了此三心의 皆不可得하면 是名爲佛이라

과거의 마음은 얻을 수 없다는 것은 앞의 망심은 홀연히 지나가버려 찾고 찾아도 있는 곳이 없다는 것이다. 현재의 마음을 얻을 수 없다는 것은, 진심眞心은 상이 없는데 어떻게 얻어 볼 수 있겠느냐는 것이다. 미래의 마음도 얻을 수 없다는 것은 본래 얻을 것이 없으니 습기가 이미 다하면 다시는 일어나지 않는다는 것이다. 이 세 마음(三心)을 모두 얻을 수 없다는 것을 깨달으면 바로 부처라고 말한다.

〔광론廣論〕

問 云何過去心

答 意念起 變化輪替 有前後分

問 前念是過去

答 前念滅時 卽成過去

問 後念是現在

答 後念起時 卽是現在

問 何者是未來

答 意念未起之時

問 三心眞不可得嗎

答 三界衆生 三心不絶 變化過程 認識知了 以之行道 三心皆不可得 反之 永遠是輪廻三心之中 沈淪三界之內 只是一個住於貪瞋癡漩流的衆生而已

問 有三心不具之衆生麼

答 有具與不具者

問 試分別說明之

答 前念起 執著不捨 後念生 變幻無常 滿腦子的雜念 盡意識中全是 妄想 回憶 追念 編造 思想 — 無窮的獨頭意識 不絶的沉迷困惑 可了別 是具是不具

문: 어떤 것이 과거심입니까?

답: 의념意念이 일어나면 교대로(輪替) 변화하면서 전후의 구분이 있는 것이다.

문: 전념前念이 과거입니까?

답: 전념이 없어질 때 곧 과거를 이룬다.

문: 후념後念이 현재입니까?

답: 후념이 일어날 때가 곧 현재이다.

문: 어떤 것이 미래입니까?

답: 의념이 일어나지 않을 때이다.

문: 삼심三心은 진실로 증득할 수 없습니까?

답: 삼계의 중생은 삼심이 그치지 않지만, 변화하는 과정에서 인식하여 알아 이로써 도를 수행하니, 삼심 모두 증득할 수 없다. 이와 반대로 영원은 윤회하는 삼심 가운데 있고 침륜하는 삼계 가운데 있지만, 다만 하나의 탐·진·치에 소용돌이치며 머물러 있으면 중생일 뿐이다.

문: 삼심을 구비具備하지 않는 중생이 있습니까?

답: 구비한 자와 구비하지 않는 자가 있다.

문: 분별하여 설명해 주시겠습니까?

답: 전념이 일어나 집착하고 버리지 않으면 후념이 일어나는데 허깨비같이 변화하는 것이 영원함이 없다. 머리에 잡념이 가득하여 의식 가운데 전부가 다 망상이어서 추억을 회상하고 생각을 따르며 날조하며 사고하고 상상하는 등 다함없는 독두의식獨頭意識은 끊이지 않고 미혹함에 빠져 시달린다. 요별하자면 이것이 구비함과 구비하지 않음이다."

# 법계통화분法界通化分 제십구第十九

遍周法界 一化普通 七寶福田 寧如四句 故受之以法界通化分

법계에 두루하여 하나로 변화하여 널리 통하는데, 칠보를 보시한 복전이 어찌 사구게와 같겠는가? 그러므로 법계통화분으로 이를 받은 것이다.


須菩提 於意云何 若有人滿三千大千世界七寶以用布施 是人以是因緣 得福多不 如是 世尊 此人以是因緣 得福甚多 須菩提若福德有實 如來不說得福德多 以福德無故 如來說得福德多

"수보리야! 너의 뜻은 어떠냐? 만약 사람이 삼천대천세계를 칠보로 가득 채워서 보시한다면 이 사람이 이 인연으로 얻은 복은 많지 않겠느냐?"

"그렇습니다. 세존이시여! 이 사람이 이 인연으로 얻은 복은 참으로 많습니다."

"수보리야! 만약 복덕이 참으로 있다면 여래는 얻은 복이 많다고 설하지 않느니라. 복덕이 없는 까닭에 여래는 얻은 복덕이 많다고 설하느니라."

〔구결口訣〕

七寶之福이 不能成就佛果菩提 故로 言無也이시고 以其無量數限
故로 名曰多이라하시니 如能超過하면 卽不說多也하시니라

칠보의 복은 부처님의 과보인 보리를 성취할 수 없으므로 없다고
말하였다. 그리고 그 수가 한량이 없으므로 많다고 말한 것이다.
만약 초과하면 많다고 말하지 않는다.

〔광론廣論〕

問 云何若福德有實 如來不說得福德多
答 七寶以用布施 只是人天果報 究竟不脫輪廻 故說勝義 不云有實
蓋佛陀敎化衆生 旨在離苦得樂 出三界 超輪廻 究竟涅槃 證得阿耨
多羅三藐三菩提道果
問 旣云以福德無故 爲何如來說福德多呢
答 人天福報 修十善業 行六波羅蜜法爲覺道修行 以般若波羅蜜是
基礎 以精進爲原動力 以禪定而運用思想 以持戒而不犯疑貪 以忍
辱而調理習氣 以布施而去除慳吝 資糧具足 所作皆辦 得成就無上
菩提 始爲究竟 或云踏實 而修十善業 福報不凡 但福盡仍墮 輪廻無
期 故佛陀說以福德無故 然而 有修有證 福不唐損 果報不爽 故如來
說得福德多

문: 만약 복덕이 참으로 있다면 어찌하여 여래는 얻은 복이 많다고

설하지 않는다고 하셨습니까?

답: 칠보를 사용하여 보시하는 것은 다만 인천人天의 과보일 뿐 구경에는 윤회를 벗어나지 못한다. 그러므로 훌륭한 뜻이라고만 하지 참으로 있다고는 말하지 않는다. 대개 부처님이 중생을 교화하시는 취지는 괴로움을 떠나 즐거움을 얻어 삼계를 벗어나고 윤회를 초탈하여 끝내는 열반하여 아뇩다라삼먁삼보리의 도과道果를 증득하는 데 있다.

문: 이미 복덕이 없다고 말하였는데 어찌 여래께서는 복덕이 많다고 말합니까?

답: 인천의 복보福報는 십선업을 수행하는 것이다. 육바라밀법을 수행하는 것은 각도覺道의 수행으로 반야바라밀이 기초이고, 정진으로써 원동력을 삼으며, 선정으로써 사상思想을 운용하고 지계로써 의심과 탐냄을 범하지 않으며, 인욕으로써 습기를 조절하고 보시로써 인색함을 없애는 것이다. 자량이 구족하여 이 모두에 힘써 무상한 보리를 성취하면 처음이 구경이 된다. 혹은 성실하게 십선업을 수행하면 복보는 범상하지 않지만 다만 복이 다하면 윤회에 떨어져 기약이 없다. 그러므로 부처님께서는 복덕이 없다고 말씀하신 것이다. 그런데 수행이 있으면 증득이 있고 복은 쓸데없는 게 아니고 과보도 어긋나는 것이 아니므로 여래께서 복덕이 많다고 말씀하신 것이다.

# 이색이상분離色離相分 제이십第二十

三身具足 諸相圓成 人法俱妄 即其具足 故受之以離色離相分

삼신이 구족하여 모든 상이 원만하게 이루어지면, 인人·법法이 모두 없어져 구족하게 되므로 이색이상분으로 이를 받았다.

須菩提 於意云何 佛可以具足色身見不 不也 世尊 如來不應以 具足色身見 何以故 如來說具足色身 即非具足色身 是名具足 色身

"수보리야! 너의 뜻은 어떠냐? 부처님을 구족한 색신[97]으로써 볼 수 있느냐?"

"아닙니다. 세존이시여! 여래를 마땅히 구족한 색신으로써 볼 수 없습니다. 무슨 까닭이냐 하면, 여래께서 설하신 구족한 색신은 곧 구족한 색신이 아니고 이름이 구족한 색신입니다."

---

**97** 구족색신具足色身은 모든 것이 결함이 없이 충족한 상태에 있는 신체身體로서 부처님의 육신肉身을 말한다. 색신은 팔십종호八十種號를 말한다.

〔구결口訣〕

佛意에 恐衆生이 不見法身하옵고 但見三十二相 八十種好 紫磨金[98] 耀하와 以爲如來의 眞身할사하사 爲遣此迷 故로 問須菩提하사대 佛을 可以具足[99]色身으로 見가 不아 三十二相이 卽非具足色身이라 內具 三十二淨行하여 是名具足色身이라 淨行者는 卽六波羅密이 是也이 니 於五根中에 修六波羅密하고 於意根中에 定慧를 雙修함이 是名具 足色身이라 徒愛如來의 三十二相하옵고 內不行三十二淨行하면 卽 非具足色身이오 不愛如來의 色身하옵고 所自持淸淨行하면 亦名得 具足色身이니라

부처님의 뜻은 중생이 법신은 보지 못하고 다만 32상 80종호와 빛나는 자마금만 보고서 여래의 진신眞身으로 삼을까 두려워하시 어 이 미혹을 없애기 위한 까닭에 수보리에게 물으시어 '부처님을 구족한 색신으로써 볼 수 있느냐?'라고 하신 것이다. 32상은 곧 구족한 색신이 아니라 안으로 32가지 청정행淸淨行을 구족해야 이를 말하여 구족한 색신이라고 한다. 청정행이란 곧 육바라밀이 다. 오근五根 가운데서 육바라밀을 닦고, 의근意根 가운데서 선정과 지혜를 함께 수행하는 것을 일러 구족한 색신이라 한다. 단지 여래의 32상만을 좋아하고 안으로 32가지 청정행을 수행하지 않으 면 곧 구족한 색신이 아니다. 여래의 색신을 사랑하지 않고 스스로 청정행을 지니면 역시 구족한 법신을 얻었다고 말한다.

98 자색紫色을 나타내는 황금으로 금 중에서 최상급을 말한다.
99 구족具足은 완전히 원만함을 말하는 것이다.

〔광론廣論〕

三十二相又名三十二大人相 不止眼於佛陀具此相者 如輪王 開無
上覺者

智度論中說 隨此間閻浮提中天竺國人所好 則爲現三十二相 天竺
國人於今故治肩髆 令厚大頭上皆有結爲好 如人相中說 五處長爲
好 眼耳鼻舌臂指髆手足相 若輪若蓮華 若貝若日月 是故佛手足有
千輻輪 纖長指 鼻高好 舌廣長而薄 如是等皆勝於先所貴 故起恭
敬心

三藏法數說三十二相者

足安平相: 足底無凹處

千輻輪相: 足下有輪形

手指纖長: 指細而長

手足柔軟: 手足掌肉柔軟

手足縵網: 有縵網交互如鵝鴨

足跟滿足: 足踵圓滿者

足趺高好: 足背高起而圓

瑞如鹿王: 股肉纖圓者

手長過膝: 長過於膝蓋骨

馬陰藏相: 男根密藏如馬陰

身縱廣相: 頭至足之高與兩手臂張齊

毛空青色: 一一毛孔生青色毛

身毛上靡: 毛右旋向上偃伏

身金色相: 身色如黃金

光常一丈: 身放光明四面各一丈

皮膚細滑: 柔軟滑膩不澁者

七處平滿: 兩足兩掌兩肩頂上無缺陷

兩腋滿相: 腋下豊滿不瘦

身如獅子: 平正威儀 嚴肅如獅

身端直相: 端莊無偏曲者

肩圓滿相: 兩肩圓而腴者

四十齒相: 具四十牙齒者

齒白齋密: 潔白而堅密者

四牙白淨: 四門牙白而大

頰車如獅: 兩頰隆滿不陷

咽津得味: 咽喉中常存津液食時得味

廣長舌相: 舌廣長柔 展曲覆面至髮

梵音深遠: 佛聲淸淨遠聞

眼色紺靑: 眼睛之色如紺靑

牛王眼睫: 眼睫毛殊勝如牛王然

眉間白毫: 眉間有白毫放光

頂成肉髻: 頂上有肉 隆起若髻

依經論所載 如中阿含三十二相經 涅槃經 智度論等皆大同小異 唯
獨無量義經 與法界次第等稍有出入 但大體仍舊雷同 無損於相 何
況本節經旨 卽在莫著好相 而捨如來法身之可責 則不啻棄食留金

誠可憐愍

32상은 또한 32대인상大人相이라고도 한다. 부처님만이 이 상을 구족했다고 보는 데 그치지 않고 전륜성왕과 같이 무상각을 연 사람도 이 상을 구족했다고 본다.

『대지도론』 가운데서 말하기를 "세간의 염부제 중에 천축국 사람들이 좋아하는 바에 따라 32상을 나타내었다. 천축국 사람들은 예나 지금이나 어깨뼈가 두텁고 머리 위에 모두 맺힌 게 있는 것을 좋아한다. 가령 인상人相으로 말하자면 다섯 군데가 뛰어나면 좋다고 하였다. 눈과 귀, 코와 혀, 팔과 손가락, 넓적다리와 수족의 상이 바퀴 같고 연화 같고 조개와 일월 같은 것이다. 이런 까닭으로 부처님의 수족은 천폭륜千輻輪이 있거나 섬세하고 긴 손가락이어야 하며, 코가 높으면 좋고, 혀가 넓고 길면서 엷어야 한다고 보았다. 이와 같은 모두가 귀한 것보다 우선하여 수승하므로 공경심이 일어나는 것이다.

『삼장법수』에서 말한 32상은 다음과 같다.

1. 발이 평안平安한 상: 발밑에 오목한 곳이 없다.
2. 천폭륜千輻輪의 상: 발아래에 바퀴 형태가 있다.
3. 손가락이 섬세하고 긺: 손가락이 섬세하고 길다.
4. 수족이 유연: 수족과 손의 살이 유연하다.
5. 수족에 비단 망 같음: 수족에 비단 망 같은 것이 서로 교차하여 거위와 같다.
6. 발꿈치가 만족함: 발꿈치가 원만하다.

7. 발등이 높으면 좋음: 발등이 높고 둥글다.

8. 상서로움이 사슴 왕 같음: 정강이가 섬세하고 둥글다.

9. 손의 길이가 무릎을 지남: 손의 길이가 무릎 뼈를 넘어야만 한다.

10. 말의 음부처럼 감추어진 상: 남근男根이 비밀스럽게 감추어져서 말의 음부와 같다.

11. 몸이 세로로 넓은 상: 머리부터 발까지와 양손과 팔이 넓고 가지런하다.

12. 털구멍이 청색임: 하나하나의 털구멍에서 청색의 털이 나와 있다.

13. 몸의 털이 위로 쏠림: 털이 오른쪽으로 돌아 위를 향하여 누워 있다.

14. 몸이 항상 금색의 상임: 몸의 색이 황금과 같다.

15. 몸의 빛이 항상 일장一丈임: 몸에서 방광하는 빛이 사방으로 각 일장이다.

16. 피부가 섬세하고 윤기가 있음: 유연하고 윤기가 있으면서 매끄럽고 거칠지 않다.

17. 일곱 군데가 평만平滿함: 양발과 양손, 양어깨와 머리 꼭대기가 결함이 없다.

18. 양 겨드랑이가 평만한 상: 겨드랑이가 풍만하고 수척하지 않다.

19. 몸이 사자와 같음: 평정平正과 위의와 엄숙함이 사자와 같다.

20. 몸이 단정하고 곧은 상: 단정하고 장엄하며 굽어 있지 않다.

21. 어깨가 원만한 상: 양어깨가 둥글고 살찌지 않았다.

22. 40개의 치상齒相: 40개의 치아를 갖추었다.

23. 치아는 희고 가지런하고 치밀함: 결백하고 견고하고 치밀해야 한다.

24. 네 어금니가 희고 깨끗함: 네 문의 어금니가 희고 크다.

25. 뺨이 사자와 같음: 두 뺨이 융기하여 충만하고 패임이 없다.

26. 목구멍의 진액으로 맛을 앎: 목구멍에 항상 진액이 있어 먹을 때에 맛을 느낀다.

27. 넓고 긴 혀의 상: 혀가 넓고 길며 유연하여 펼치거나 구부리면 얼굴을 덮고 머리카락까지 미친다.

28. 범음梵音이 심원함: 부처님의 음성은 청정하여 멀리까지 들린다.

29. 안색이 감청색임: 눈동자의 색이 감청과 같다.

30. 우왕牛王의 속눈썹임: 눈썹 털이 수승함이 우왕과 같다.

31. 미간에서 백호가 있음: 미간에 백호가 있어 방광한다.

32. 머리끝에 육계가 형성되어 있음: 머리끝 위에 살이 있어 튀어나왔는데 마치 상투와 같다.

경론에 있는 것에 의거하면, 예컨대 중아함부 32『상경相經』과 『열반경』,『지도론』 등이 대동소이하다. 오직『무량의경無量義經』과『법계차제法界次第』 등에서 조금의 차이는 있지만 대체적으로는 같다고 할 수 있으니 상에 대해 빠진 것이 없다. 하물며 이 절節에서 경의 취지는 훌륭한 상에 집착하지 말고 여래의 법신을 버리는 것을 책망하는 데 있다. 그러므로 먹을 것을 포기하면서까지 황금을 남겨놓는 것은 진실로 가련하고 애처로울 뿐이다.


須菩提 於意云何 如來可以具足諸相[100]見不 不也 世尊 如來不應
以具足諸相見 何以故 如來說諸相具足 卽非具足 是名諸相具足
"수보리야! 너의 뜻은 어떠냐? 여래를 구족한 모든 상으로 볼
수 있느냐?"
"아닙니다. 세존이시여! 여래를 마땅히 구족한 모든 상으로 볼
수 없습니다. 무슨 까닭이냐 하면, 여래께서 설법하신 모든
상의 구족은 곧 구족이 아니며 이름이 모든 상의 구족입니다."


〔구결口訣〕
如來者는 卽無相法身이 是也이시니 非肉眼의 所見이라 慧眼은 乃能
見之하오니 慧眼이 未明하여 具足 生我人等相하여 以觀三十二相으
로 爲如來者는 卽不名爲具足也오 慧眼이 明徹하여 我人等相이 不生
하여 正智光明이 常照하면 是名具相具足이라 三毒이 未泯하여 言見
如來眞身者는 固無此理하니 縱能見者라도 祇是化身이라 非眞實無
相之法身也이시니라

여래란 곧 무상無相한 법신이니 육안으로는 볼 수가 없으며 혜안으
로만 볼 수 있다. 혜안이 밝지 못하여 아상과 인상 등의 상을

100 구족제상具足諸相은 모든 것이 결함이 없는 상태로서 부처님을 포괄하여
현대인들의 안목과 조화되어 있는 이상의 상태를 말한다. 이는 바로 32상
이다.

구족하여 32상을 관찰함으로써 여래로 삼는 자는 곧 구족이라고
이름할 수 없다. 혜안이 명철하여 아상과 인상 등의 상이 일어나지
않고 바른 지혜의 광명이 항상 비추는 것을 모든 상이 구족한
것이라 이름한다. 삼독이 아직 다하지 않고서 여래의 진신을 보았다
고 말하는 것은 진실로 이 이치에 맞지 않으니, 비록 볼 수 있더라도
이는 화신이며 진실한 무상의 법신은 아니다.

〔광론廣論〕
色身見 諸相見 具足與否 皆非如來成就之道 清淨法身 圓滿報身
千百億化身 究其勝境 皆不可著
如來者 實相無相 寂靜不動 不是知見得見 知解得解者 以能所之心
諸色諸相如何具足 只不過但見其身 不悟其法 無異夢幻泡影 終不
是道也
因此 離色 方可不爲塵勞 離相 始能究竟清淨 成無上菩提大道 證如
來清淨法身 唯有應無所住 不爲色所迷 不爲相所惑 自得三身具足
諸相圓成 周遍三千大天世界 無滯無礙也

색신으로 보는 것과 제상諸相으로 보는 것의 구족 여부는 모두 여래께
서 성취하신 도가 아니다. 청정법신과 원만보신과 천백억화신은
구경의 수승한 경계이지만 모두가 집착할 게 아니다.
여래란 실상이 무상無相이고 적연부동하며, 지견知見으로 보고 지해
知解로 이해할 수 있는 것이 아니다. 능소能所의 마음으로 모든
색상을 어떻게 구족하겠는가! 다만 그 몸을 보는 것에 불과하여

그 법을 깨닫지 못하고 몽환포영夢幻泡影과 다를 게 없으므로 끝내 도가 아니다.

이 때문에 색을 떠나야 비로소 번뇌하지 않을 수 있으며, 상을 떠나야 비로소 구경에 청정해진다. 위없는 보리 대도를 성취하여 여래의 청정법신을 증득하는 것은 오직 마땅히 머무는 바 없음에 있으며 색상에 미혹되지 않아야만 스스로 삼신三身이 구족함을 얻고 모든 상을 원만하게 이루어 삼천대천세계에 두루하여 막히거나 방해됨이 없다.

# 비설소설분非說所說分 제이십일第二十一

終日談空 不談一字 若云有說 卽謗如來 故受之以非說所說分
종일 공을 이야기해도 한 글자도 이야기하지 않았다. 만약 설한 것이
있다고 하면 여래를 비방하는 것이므로 비설소설분으로써 이를 받
았다.

須菩提 汝勿謂如來作是念 我當有所說法 莫作是念 何以故 若
人言如來有所說法 卽爲謗佛 不能解我所說故 須菩提 說法者
無法可說 是名說法
"수보리야! 너는 여래가 이렇게 생각하기를 '나는 반드시 설법한
것이 있다'고 말하지 말라. 이렇게 생각하지 말라. 무슨 까닭이냐
하면, 만약 사람이 '여래께서 설한 것이 있다'고 말하면 곧 부처님
을 비방하는 것이니, 내가 설한 것을 이해할 수 없는 까닭이니라.
수보리야! 설법이란 법을 설할 것이 없는 것을 일러 설법이라고
하느니라."

〔구결口訣〕

凡夫의 說法은 心有所得할새 故로 告須菩提하사대 如來의 說法은 心無所得이라하시니라 凡夫는 作能解心하여 說하거니와 如來는 語默이 皆如하사 所發言辭가 如響應聲하사 任用이 無心하사 不同凡夫의 作生滅心하여 說이시니 若言如來의 說法이 心有生滅者이면 卽爲謗佛이리라 維摩經에 云하대 眞說者는 無說無示하며 聽法者는 無聞無得이라하니 了萬法이 空寂하여 一切名言이 皆是假立인줄하여 於自空性中에 熾然建立 一切言辭하여 演說 諸法의 無相無爲하여 開導迷人하여 令見本性하여 修證無上菩提하게할새

범부의 설법은 마음에 얻는 것이 있다. 그러므로 (부처님께서) 수보리에게 말씀하시기를 "여래의 설법은 마음이 얻은 바가 없다."라고 하셨다. 범부는 이해할 수 있다는 마음을 지어 설하지만 여래께서는 말씀과 침묵이 모두 여여하며, 언사를 일으키는 것이 메아리가 소리에 응답하는 것과 같아서 무심으로 자유로이 운용하시기에 범부가 생멸심을 지어 설하는 것과 같지 않다. 만약 여래의 설법이 마음에 생멸이 있다고 말한다면 바로 부처님을 비방하는 것이다. 『유마경』에 말하기를 "참다운 설법이란 설함이 없고 보여줌이 없는 것이며, 법을 들음이란 들음이 없고 얻음이 없는 것이다."고 하였다. (참다운 설법이란) 만법이 공적함을 깨달아 일체의 이름과 말이 모두 임시로 성립된 것이어서, 스스로 공성 가운데서 치연하게 일체의 언사를 건립하고 모든 법은 무상無相하고 무위無爲하다고 연설하여, 미혹한 사람을 개도하여 본성을 보게 하며 위없는

보리를 수행하여 증득케 하는 것이다.

〔광론廣論〕

如來說法 莫作有所無所之辨 隨宜化度 湛然自在 是爲眞說法也

問 有所無所 無非是說 云何謗佛

答 如父母敎子女 如老師敎學生

問 仍未離敎

答 無法不是離變 有所已具用心

問 云何無法可說 是名說法

答 法喩如筏 令衆生得度 得度需筏 馭筏在己 如來說法 亦復如是
不解所說 自成謗佛

여래의 설법은 있는 바와 없는 바를 분별하지 않고, 알맞게 교화하고
제도하면서 담연湛然하고 자재하니 이것이 참다운 설법이다.

문: 있는 바와 없는 바가 설함 아님이 없다면 어떻게 부처를 비방합
니까?

답: 부모가 자녀를 가르치는 것과 같고, 스승이 학생을 가르치는
것과 같다.

문: 저버리지 않는 가르침입니까?

답: 법이 없다는 것은 법이 변하여 떠나는 것이 아니고 이미 용심用心
을 구족한 것이다.

문: 어찌 설할 수 있는 법이 없는 것을 일러 설법이라고 합니까?

답: 불법을 뗏목에 비유하여 중생으로 하여금 건널 수 있게 하는데,

건널 수 있는 데 필요한 뗏목을 운전하는 것은 자신에게 달려 있다. 여래의 설법도 역시 이와 같다. 설한 것을 이해하지 못하면 스스로 부처님을 비방하는 것이다.


爾時 慧命須菩提白佛言 世尊 頗有衆生 於未來世 聞說是法 生信心不 佛告須菩提 彼非衆生 非不衆生 何以故 須菩提 衆生衆生者 如來說非衆生 是名衆生

이때에 혜명[101] 수보리가 부처님께 여쭈어 말하였다.

"세존이시여! 미래세에 많은 중생들이 이 법을 듣고 신심이 생기겠습니까?"

부처님께서 수보리에게 말씀하셨다.

"그들은 중생이 아니며 중생이 아님도 아니다. 무슨 까닭이냐 하면 수보리야! 중생을 중생이라고 하는 것은 여래가 설하기를 중생이 아니라 이름이 중생이라고 하느니라."


〔구결口訣〕

靈幽法師는 加此 爾時慧命須菩提以下六十二字하니 是長慶二年이러니 今에 現在濠州鐘離寺石碑上에 記하였으니 六祖解가 在前 故로 無解하니 今亦存之하노라

영유법사가 이에 덧붙이기를, '이시혜명수보리爾時慧命須菩提'이

---

101 혜명慧命: 수보리를 말하며, 그 뜻은 법신이 혜명의 생명임을 말한다.

270

하의 62자는 장경 2년, 지금 현재 호주濠州 종리사의 비석에 육조가
해탈하기 전의 기록이라고 하고 있으나 이해할 수는 없고 지금
역시 남아 있을 뿐이다.

〔광론廣論〕

原典無此段 後人之作 不置評 存之無過 刪之亦可

원전에는 이 단락(〔구결〕의 내용)이 없으며, 후인들이 지었기에 논평
하지는 않지만 그냥 두어도 허물이 없고, 이를 제거하여도 역시
옳다.

# 무법가득분無法可得分 제이십이第二十二

無上正智 實無少法 法無所得 正徧歷然 故受之以無法可得分

위없는 바른 지혜는 실로 적은 법도 없으며, 법도 얻는 바가 없어
바르고 두루하고 분명하므로 무법가득분으로써 이를 받은 것이다.


須菩提白佛言 世尊 佛得阿耨多羅三藐三菩提 爲無所得耶 佛言
如是如是 須菩提 我於阿耨多羅三藐三菩提 乃至無有少法可得
是名阿耨多羅三藐三菩提

수보리가 부처님께 여쭈었다.

"세존이시여! 부처님께서 얻으신 아뇩다라삼먁삼보리는 얻은
바 없음이 됩니까?"

부처님께서 말씀하셨다.

"그렇고 그렇다. 수보리야, 내가 아뇩다라삼먁삼보리에 내지
적은 법도 얻은 것이 없으니, 이것을 아뇩다라삼먁삼보리라고
이름하느니라."

〔구결口訣〕

須菩提가 言하오대 所得心이 盡함이 卽是菩提라하니 佛言하사대 如
是如是라 我於菩提에 實無希求心하며 亦無所得心하니 以如是故로
得名阿耨多羅三藐三菩提라하시니라

수보리가 말하기를 "소득심所得心이 다하면 바로 보리입니다."라고
하니, 부처님께서 "그렇고 그렇다. 내가 보리에 실로 희구하는
마음이 없으며 역시 소득심도 없다. 이런 까닭에 아뇩다라삼먁삼보
리라는 이름을 얻었다"라고 하셨다.


〔광론廣論〕

妙湛淸淨不動常寂 乃無上正等覺成就之後而圓滿之殊勝境也

試問 有所得 無所得

問 無所得時 豈非空境

答 有所得時 得到什麼

問 不是阿耨多羅三藐三菩提麼

答 如人問疑 得解 多了什麼 不解時 是否少了什麼

例: 思想之變化 不是增減

묘하고 깊고 청정하고 움직임 없이 항상 고요한 것이 무상정등각을
성취한 후의 원만하고 수승한 경지이다.
시험 삼아 묻노니, 얻은 바가 있는가, 얻은 바가 없는가?
문: 얻은 바가 없을 때에는 어찌 공空의 경지가 아닙니까?
답: 얻은 바가 있을 때에는 무엇을 얻었는가?

문: 이게 아뇩다라삼먁삼보리가 아닙니까?

답: 만약 사람이 의심을 물었을 때 해답을 얻으면 무엇을 많이
안 것이고 해답을 얻지 못한다면 조금도 무엇을 알지 못함인가?

예: 사상의 변화는 늘고 줄어듦이 없다.

# 정심행선분淨心行善分 제이십삼第二十三

一法存心 情性高下 淨心修行 善法何窮 故受之以淨心行善分

하나의 법은 마음에 있으니, 성정性情의 고하에 따라 청정심으로 수행하는 선법이 어찌 다하리오. 그러므로 정심행선분으로 이를 받았다.

復次須菩提 是法平等 無有高下 是名阿耨多羅三藐三菩提 以無我無人無衆生無壽者 修一切善法 則得阿耨多羅三藐三菩提

"또 수보리야! 이 법은 평등하여 높고 낮음이 있을 수 없기에 이름을 아뇩다라삼먁삼보리라고 하느니라. 그러므로 아상·인상·중생상·수자상 없이 일체의 선법을 닦으면 바로 아뇩다라삼먁삼보리를 증득하느니라."

〔구결口訣〕

此菩提法者는 上至諸佛하고 下至昆蟲이 盡含種智하여 與佛無異할새 故로 言平等 無有高下이라하시니 以菩提는 無二故로 但離四相하고 修一切善法하면 則得菩提하리니 若不離四相하고 雖修一切善法

하면 轉增我人하여 欲證解脫之心이라도 無由可了이어니와 若離四相하고 修一切善法하면 解脫을 可期니라 修一切善法者는 對一切法에 無由染著하여 對一切境하여 不動不搖하여 於出世法에 不貪不著不愛하여 於一切處에 常行方便하여 隨順衆生하여 使之歡喜信服하게하여 爲說正法하여 令悟菩提하게 할지니 如是하여 始名修行이니 故로 言修一切善法이라하시니라

이 보리법이란 위로는 모든 부처님에게 이르고 아래로는 곤충에 이르기까지 모두 종지種智를 머금고 있어 부처와 중생은 다르지 않으므로 평등하여 높고 낮음이 있을 수 없다고 말씀하신 것이다. 보리는 둘이 아닌 까닭에 다만 사상四相을 벗어나 모든 선법을 닦으면 바로 보리를 얻는다. 만약 사상을 벗어나지 않고 모든 선법을 닦는다면 아상과 인상이 도리어 증가하여 해탈을 증득하려는 마음만 있어 마침내는 얻을 수가 없다. 만약 사상을 벗어나 모든 선법을 닦으면 해탈을 기약할 수가 있다.

모든 선법을 닦는다는 것은 일체법을 대하여 염착함이 없고 모든 경계에 대하여 동요하는 것이 없어 출세법에도 탐착하거나 애착하지 않으며, 모든 곳에서 항상 방편을 수행하여 중생을 수순하고, 환희하고 믿고 복종케 하며 정법을 설하여 보리를 깨닫게 한다. 이와 같아야 비로소 수행이라고 이름하니, 그러므로 모든 선법을 수행한다고 말한 것이다.

〔광론廣論〕

法 對一切有情衆生之饒益是平等的 只是修學者相應與契合的差
異 就像是天上的陽光 輻射所至 普同一如 平等齊量 唯承受者的相
應和契和 來衡度陽光的價值 可見陽光之大地衆生 其分別之徵結
在衆生 佛陀所說諸法 亦復如是

問 修一切善法 云何得無上菩提

答 善法有二 一者世間 指五戒十善而言 二者出世間 指三學六度
而言

불법은 일체 유정 중생을 상대하여 요익하게 하는 평등한 것이니,
다만 수학하는 사람들이 상응하고 계합하는 것에 차이가 있을 뿐이
다. 마치 하늘의 햇빛이 널리 비쳐 이르는 것이 두루 하나같이
평등한 것과 같다. 오로지 받아들이는 자의 상응하고 계합하는
것에 따라 햇빛의 가치를 가늠하는 것이다. 햇빛을 볼 수 있는
대지의 중생으로서는 그것을 분별하여 결실을 거두는 것이 중생에게
달렸다. 부처님께서 설하신 모든 법도 역시 이와 같다.

문: 일체의 선법을 닦아 어떻게 무상한 보리를 증득합니까?

답: 선법에 둘이 있다. 하나는 세간의 선법으로 오계와 십선을
가리키고, 둘은 출세간의 선법으로 삼학과 육바라밀을 가리켜 말
한다.

須菩提 所言善法者 如來說卽非善法 是名善法

"수보리야! 선법이라 말한 것을, 여래는 곧 선법이 아니라 이름이

선법이라고 말하느니라."

〔구결口訣〕

修一切善法하여 希望果報가 卽非善法이오 六度萬行을 熾然俱作하대 心不望報는 是名善法이라

모든 선법을 닦아 과보를 희망하는 것은 곧 선법이 아니고, 육도만행을 치연하게 함께 지어도 마음에 희망하는 과보가 없으면 이것을 선법이라고 이름한다.

〔광론廣論〕

所云非善法者 善言善意 於人有損 毫無助益 如淨法與禪法 於衆生相應與否 當以契合爲前提 不然 一味藥治百般病 決非善法也 反之應病與藥 是名善法

是故 法以契機契理者是

이른바 선법이 아니라고 한 것은, 선한 말과 선한 뜻이 사람에게 손해가 있고 추호도 도움과 이익이 없다는 것이다. 마치 정법淨法과 선법禪法은 중생에게 상응하는 여부에 의해 마땅히 계합하는 것을 전제로 하는 것과 같으므로 그렇지 않다고 한 것이다. 한 맛이 나는 약이 만병을 치료한다고 하는 것은 결단코 선법이 아니고, 이와 반대로 질병에 따라 약을 주는 게 선법이다.

그러므로 법은 근기에 계합되고 이치에 계합되는 것이 옳은 것이다.

# 복지무비분福智無比分 제이십사第二十四

施寶如山 山非無盡 大身妙智 斯卽寶山 故受之以福智無比分

보배를 산과 같이 베풀어도 산은 다함없는 것이 아니고, 큰 몸이 묘한 지혜가 있으면 이는 곧 보배 산인 것이다. 그러므로 복지무비분으로 이를 받았다.


須菩提 若三千大千世界中 所有諸須彌山王 如是等七寶聚 有人 持用布施 若人以此般若波羅密多經 乃至 四句偈等 受持讀誦 爲他人說 於前福德 百分不及一 百千萬億分 乃至算數譬喩所不能及

"수보리야! 만약 삼천대천세계 가운데 있는 모든 수미산왕이 가지고 있는 것과 같은 칠보의 무더기를 어떤 사람이 이를 이용하여 보시한다고 하자. 만약 사람이 이 반야바라밀경과 내지 사구게 등을 수지 독송하고 다른 사람을 위해 설한다면, 앞의 복덕으로는 백분의 일이라도 미치지 못하며, 백천만억분 내지는 산수와 비유로도 미칠 수가 없느니라."

〔구결口訣〕

大鐵圍山의 高廣이 二百二十四萬里오 小鐵圍山의 高廣이 一百一
十二萬里오 須彌山의 高廣이 三百三十六萬里이니 以此로 名爲三
千大千世界하나니라 就理而言하건대 卽貪瞋痴妄念이 各具一千也
하나라 如爾許山이 盡如須彌로 以況七寶數하시고 持用布施한 所得
福德이 無量無邊하나 終是有漏之因이라 而無解脫之理하거니와 摩
訶般若波羅密多 四句는 經文이 雖少하나 依之修行하면 卽得成佛하
리라 是知持經之福이 能令衆生으로 證得菩提니 故로 不可比니라

대철위산은 높이와 넓이가 224만 리이며, 소철위산은 높이와 넓이
가 112만 리이며, 수미산은 336만 리이니 이로써 삼천대천세계라
고 한다. 이치를 따져 말하면 바로 탐·진·치의 망념은 각각 일천
세계를 갖추고 있는 것이다. 그런 산이 모두 수미산을 다한 것과
같은데, 하물며 칠보의 수를 가지고 보시하여 얻은 공덕은 무량하고
무변하지만 마침내 유루의 인因으로써 해탈의 이치가 없다. 그러나
마하반야바라밀다의 사구게는 경문이 비록 적어도 이에 의지해
수행하면 바로 성불한다. 경을 수지한 복이 중생으로 하여금 깨달음
을 얻게 할 수 있으므로 비교할 수 없음을 알아야 한다.

〔광론廣論〕

山之高廣 世界遼濶 以七寶等量 而用來布施 福德固然很大 果報享
福無量無邊 但是 般若波羅密經 乃導引衆生 成就阿耨多羅三藐三
菩提 是爲究竟解脫之道

問 布施功德 旣然限量 云何是謂六波羅密之首

答 布施之道 本具三途 一者資生施 二者法施 三者無畏施

問 云何資生施

答 資養生命 以護色身

問 云何法施

答 法云達磨 五明具足 以之助人 勝前功德

問 云何五明

答 語言工巧醫方因明內明五者

問 所謂語言 於意云何

答 任何一國度一地區之言語

問 所謂工巧

答 工程技藝 製造發明

問 所謂醫方

答 治療疾病 脈學診斷 以及處方

問 所謂因明

答 論理概詮 因有終結

問 所謂內明

答 本份所學 諸如教法

問 云何無畏施

答 捨己爲人 忘我殉道

問 豈非欲具萬能之才 通天之技 而至把自己也捨了

答 否則 無量無邊功德 如何稱讚 本經中第十七分說 通達無我法

卽是此理

산의 높이와 넓이와 같은 요원하고 광활한 세계에 칠보로써 같은 양을 이용하여 보시한 복덕은 물론 매우 크고 과보를 누리는 것도 무량무변하다. 하지만 반야바라밀경으로 중생을 인도하여 아뇩다라삼먁삼보리를 성취케 하는 것은 구경의 해탈의 도가 된다.

문: 보시한 공덕은 이미 한량이 있는데 어떻게 육바라밀이 으뜸이라고 합니까?

답: 보시의 도는 본래 세 가지 길이 있는데, 첫째는 자생시資生施이고, 둘째는 법시法施이며, 셋째는 무외시無畏施이다.

문: 어떤 게 자생시입니까?

답: 생명을 자양하고 색신을 보호하는 것이다.

문: 어떤 게 법시입니까?

답: 법은 달마라고 하며, 오명五明을 구족하여 이로써 사람들을 돕는 것이 이전의 공덕보다 수승하다.

문: 어떤 것이 오명五明입니까?

답: 언어言語와 공교工巧, 의방醫方과 인명因明, 내명內明의 다섯이다.

문: 언어라고 하는 것은 어떤 것입니까?

답: 한 나라에서 한 지역을 제도하는 것이 언어이다.

문: 공교는 무엇입니까?

답: 공정工程과 기예, 제조, 발명이다.

문: 의방은 어떤 것입니까?

답: 질병을 치료하는 것으로 맥脈을 배워 진단하고 처방하는 것이다.

문: 어떤 게 인명입니까?

답: 논리로 개괄적으로 설명하는 것으로 원인에는 끝내 결과가 있는 것이다.

문: 어떤 게 내명입니까?

답: 근본과 부분을 배운 것이 모두 교법敎法과 같음이다.

문: 무외시는 어떤 것입니까?

답: 자기를 버리고 다른 사람을 위하고, 나를 잊고 도를 위해 죽는 것이다.

문: 어찌 만능의 재능을 갖추고자 함이 없이 하늘을 통하는 기예로 자기를 파악하고 또 버릴 수 있습니까?

답: 그렇지 않다. 무량무변한 공덕을 어떻게 칭찬하던가! 이 경 제17분에 말씀하시기를 '무아법을 통달하는 것이 곧 이 진리이다.'라고 하셨다.

# 화무소화분化無所化分 제이십오第二十五

化門建立 未脫筌蹄[102] 以要言之 實無所住 故受之以化無所化分

교화하는 문이 건립되었으나 아직 통발을 벗어나지 못하니, 이를
요약하여 말하면 실로 머무는 바가 없는 것이다. 그러므로 화무소화분
으로 이를 받았다.

須菩提 於意云何 汝等勿謂如來作是念 我當度衆生 須菩提 莫
作是念 何以故 實無有衆生如來度者 若有衆生如來度者 如來則
有我人衆生壽者

"수보리야! 너의 뜻은 어떠냐? 너희들은 여래께서 '나는 마땅히
중생을 제도하리라.'라는 생각을 하고 있다고 말하지 말라. 수보
리야! 무슨 까닭이냐 하면, 실로 여래가 제도할 중생이 없느니라.
만약 여래가 제도할 중생이 있다면 여래는 곧 아·인·중생·수자
상이 있는 것이니라."

---

102 전제筌蹄: 고기를 잡는 통발이나 토끼를 잡는 덫을 말한다.

284

〔구결口訣〕

須菩提가 意謂하대 如來가 有度衆生心이라할새 佛이 爲遣須菩提의
如是疑心 故로 言莫作是念하라하시니라 一切衆生이 本自是佛이니
若言如來가 度得衆生하여 成佛이라하면 卽爲妄語이니 以妄語故로
卽是我人衆生壽者이니 此는 爲遣我所心也라 夫一切衆生이 雖有
佛性하나 若不因諸佛說法하면 無由自悟하니 憑何修行하여 得成佛
道하리오

수보리의 뜻은 여래가 중생을 제도한다는 마음이 있다고 말할
것이므로 부처님께서는 수보리의 이와 같은 의심을 없애기 위하여
"이런 생각을 하지 말라."고 하셨다. 일체중생은 본래 스스로 부처이
다. 만약 여래께서 중생을 제도하고 증득하여 성불하였다고 하면
바로 망어妄語인 것이다. 망어인 까닭에 바로 아·인·중생·수자이
며, 이는 아소심(我所心: 내 것이라는 마음)을 없애기 위한 것이다.
대개 일체중생이 비록 불성이 있다고 하여도 만약 부처님의 설법이
란 원인이 없으면 스스로 깨달을 연유가 없는데 무엇을 의지하여
수행해 불도를 이루겠는가?

〔광론廣論〕

我當度衆生 我願度衆生 前者著相自恃 後者平等發心 相較之下 後
者似勝前者 究其所以 則二者皆未離相 執著於衆生之中 無有是處
雖然如是 果必有華 華必有樹 樹來自果 任如何 其間過程 不可或缺
缺則便是無中生有 同樣無有是處

내가 마땅히 중생을 제도한다고 하고 내가 중생을 제도하기를 바란다
고 하는데, 전자는 상에 집착하여 스스로를 믿는 것이고 후자는
평등한 발심이다. 서로 비교하여 보면 후자는 전자보다 낫지만,
궁극적으로 그 이유를 보면 두 가지 모두 아직 상相을 버리지 못한
것이며, 중생에게 집착하는 가운데 있으므로 옳지 않다.

비록 이렇다고 하여도 열매는 반드시 꽃이 있어야 하고, 꽃은 반드시
나무가 있어야 하며, 나무는 열매로부터 나온다. 어떻든 그 사이의
과정은 결여될 수가 없다. 결여되면 곧 무無에서 유有가 일어나는
것이니 이와 같은 것은 옳지 않다.


須菩提 如來說有我者 則非有我 而凡夫之人 以爲有我 須菩提
凡夫者 如來說卽非凡夫 是名凡夫

"수보리야! 여래가 내가 있다고 설하는 것은 곧 내가 있는 것이
아니거늘, 범부들은 내가 있다고 한다. 수보리야! 범부라는 것은
여래가 설하길, 곧 범부가 아니라 이름이 범부이니라."


〔구결口訣〕

如來說有我者에서 是는 自性淸淨하신 常樂我淨之我이사 不同凡夫
의 貪瞋無明虛妄不實之我하니 故로 言凡夫之人이 以爲有我이라하
시니라 有我人者는 卽是凡夫오 我人不生이 卽非凡夫이며 心有生滅
하면 卽是凡夫요 心無生滅하면 卽非凡夫며 不悟般若波羅密多하면
卽是凡夫요 若悟般若波羅密多하면 卽非凡夫이며 心有能所하면 卽

是凡夫요 心無能所하면 卽非凡夫라

여래가 내가 있다고 설하신 것은 자성이 청정한 상락아정常樂我淨의 나이며, 범부의 탐·진·무명과 허망하여 진실이 아닌 나와 같은 것이 아니다. 그러므로 범부들은 말하되, 내가 있다고 한다. 아상과 인상이 있는 자는 곧 범부이며, 아상과 인상이 일어나지 않으면 곧 범부가 아니다.

마음에 생멸이 있으면 곧 범부이며, 마음에 생멸이 없으면 곧 범부가 아니다. 반야바라밀다를 깨닫지 못하면 곧 범부이며, 반야바라밀다를 깨달으면 곧 범부가 아니다. 마음이 능소가 있으면 곧 범부이며, 마음이 능소가 없으면 곧 범부가 아니다.

〔광론廣論〕

我 卽是主宰 主是我體 宰是我用

我 乃是五蘊假合而立名 非實我者

我 因生起能所之心 而我執我著者

凡夫 無些許斷惑之功 迷亂於世俗者

凡夫 貪瞋心重 癡疑執著 耽於世樂

凡夫 習氣惡濁 染汚私欲 不以爲苦

梵語波羅 表凡夫之功 異生之德 乃聖賢相對者 亦如〔구결口訣〕中說 不淨不實 貪瞋生滅 皆凡夫之相 反之 卽非凡夫也

凡夫之所以不淨 只爲有我 所以不實 只爲有我 犯貪犯瞋 生滅不絶 無不是只爲有我也

自古至今 一個我者 演變世界 諍鬪奪取 在在是我 因此 煩惱與所知
使得這個我 看破不能 放下不捨 自在不得 而永遠相續於輪廻之中

아我는 주재이니, 주主는 나의 본체이고 재宰는 나의 씀씀이이다.
아는 바로 오온이 임시로 화합하여 세운 이름이지 진실한 내가
아니다.

아는 태어남으로 인하여 능소의 마음이 일어난 것으로 내가 나에게
집착하는 것이다.

범부는 미혹함을 끊는 공덕이 조금도 없어 세속에 미혹되어 어지러운
것이다.

범부는 탐내고 성내는 마음이 무겁고, 어리석음과 의심과 집착으로
세상의 향락을 탐한다.

범부는 악하고 탁한 습기로 사욕을 더럽게 물들였으면서도 이를
괴로움으로 여기지 않는다.

범어에서 바라波羅는 범부의 공덕과 다른 삶의 덕을 표시하는 것으로
바로 성현이 상대하는 것이다. 또한 〔구결口訣〕에서 말한 것과 같이
청정한 것도 아니고 진실한 것도 아니며, 탐욕과 성냄이 생멸하는
것이 모두 범부의 상이다. 이와 반대이면 곧 범부가 아니다.

범부가 청정하지 못한 까닭은 단지 나가 있기 때문이며, 진실하지
못한 까닭도 단지 나가 있기 때문이다. 탐욕과 성냄을 범하면서
생멸이 그치지 않으니 이는 나가 있기 때문이 아님이 없다.

예로부터 지금까지 하나의 '아我'라는 것이 세계를 변화시키고 욕망
의 바다를 만들었다. 투쟁과 탈취는 모두 아我에 있는 것이다. 이로

인하여 번뇌와 소지所知가 바로 이 아를 얻어 간파할 수도 없고 놓아버릴 수도 없으니, 자재함을 증득하지 못하고 영원히 윤회 속에 상속하고 있는 것이다.

# 법신비상분法身非相分 제이십육第二十六

色見聲求 是行邪道 於玆妙契 獨露眞常 故受之以法身非相分

색으로 보고 음성으로 구하는 것은 삿된 도를 행하는 것이다. 이에 더욱 묘한 곳에 계합하여 홀로 진상이 드러나는 까닭에 법신비상분으로 이를 받았다.


須菩提 於意云何 可以三十二相觀如來不 須菩提言 如是如是 以三十二相觀如來 佛言若以三十二相觀如來者 轉輪聖王卽是 如來 須菩提白佛言 世尊 如我解佛所說義 不應以三十二相觀 如來

"수보리야! 너의 뜻은 어떠냐? 32상으로 여래를 관찰할 수 있느냐?"

수보리가 말하기를

"그렇고 그렇습니다. 32상으로 여래를 관찰합니다."

부처님께서 말씀하셨다.

"만약 32상으로 여래를 관찰한다면 전륜성왕도 곧 여래이니라."

수보리가 부처님께 아뢰었다.

"세존이시여, 제가 부처님께서 설법하신 뜻을 이해하기로는 마땅히 32상으로 여래를 관찰할 수 없습니다."

〔구결口訣〕

世尊이 大慈하사 恐須菩提가 執相之病을 未除하사 故로 作此問하여시늘 須菩提가 未知佛意하여 乃言如是하니 如是之言이 早是迷心이어늘 更言以三十二相으로 觀如來라하니 又是一重迷心이라 離眞이 轉遠할새 故로 如來는 爲說除彼迷心하사 若以三十二相으로 觀如來者면 轉輪聖王이 卽是如來라하시니라 轉輪聖王이 雖有三十二相한들 豈得同如來 世尊하리오 引此言者는 以見須菩提의 執相之病하사 令其所悟가 深澈하게 하여시늘 須菩提가 被問하와 迷心이 頓釋할새 故로 云如我解佛所說義는 不應以三十二相으로 觀如來라하니 須菩提는 大阿羅漢이라 所悟는 甚深하대 方便하여 不生迷路하여 以冀世尊하여 除遣細惑하여 令後世衆生으로 所見이 不謬也하게하니라

세존께서 크게 자비로우시어 수보리가 상에 집착하는 병을 아직도 없애지 못한 것을 염려하시는 까닭에 이런 질문을 하신 것이다. 수보리는 부처님의 뜻을 알지 못하고 바로 "그렇고 그렇습니다."라고 대답한다. 이것은 미혹한 마음이다. 다시 "32상으로 여래를 관한다."고 말하니 또 하나의 거듭된 미혹한 마음이다. 진여를 떠남이 점점 멀어지는 까닭에 여래께서는 저 미혹한 마음을 없애기 위하여 설법하시되, 만약 32상으로 여래를 관한다면 전륜성왕이

곧 여래라고 하신 것이다. 전륜성왕은 비록 32상이 있다고 하나 어찌 여래이신 세존과 증득한 것이 같겠는가?

세존께서 이 말을 인용하신 것은 수보리의 상에 집착하는 병을 보시고 그로 하여금 깨닫는 것이 깊고 명철하게 하시고자 함이다. 수보리가 질문을 받고 미혹한 마음이 바로 풀리는 까닭에 "제가 부처님께서 설법하신 뜻을 이해하기로는 마땅히 32상으로 여래를 관할 수 없습니다."라고 말했다. 수보리는 대아라한으로 깨달은 것이 매우 깊지만, 방편을 증득하여 길을 잃지 않고 세존께서 미세한 번뇌를 없애주시기를 바라며, 후세 중생들로 하여금 보는 바가 잘못되지 않게 되기를 바란 것이다.


〔광론廣論〕

見 如此的解釋 可謂知解

觀 如此的注意 可謂知見

常謂 見解 基於不離主見 自我意識潛在心底 故有仁智之差 深博之別 但是 總不離相之執著

問 佛具三十二相 不可著相 轉輪王具三十二相 可以執著嗎

答 轉輪王不是如來 凡俗不捨名位諸相 故執於王相

問 佛具相 云何不可著

答 相乃形態 究之無實

問 何者是實

答 一切假名假立 皆無有實 唯究竟內容價值 是爲勝境差別相

견見을 이처럼 해석한다면 지해知解라고 말할 수 있다.

관觀을 이처럼 주의한다면 지견知見이라 말할 수 있다.

항상 이르기를, 견해는 기본적으로 주관적 봄을 벗어나지 않고 자아의식은 잠재된 마음의 바닥이라 한다. 그러므로 인仁과 지智의 차이가 있고 깊고 얕음의 구별이 있다. 다만 이 모두는 상의 집착을 벗어나지 못한다.

문: 부처님은 32상을 구족하고 있으면서 상에 집착하지 않을 수 있는데, 전륜성왕은 32상을 구족하고 있으면서 집착합니까?

답: 전륜성왕은 여래가 아니고 범부 속인으로 명성과 지위의 모든 상을 버리지 못했다. 그래서 왕의 상에 집착한다.

문: 부처님은 상을 구족하였는데 어떻게 집착하지 않습니까?

답: 상은 형태일 뿐 구경에는 실체가 없다.

문: 무엇이 실체입니까?

답: 일체는 임시의 이름으로 임시로 세운 것이니 모두 실체가 없다. 오로지 궁극적인 내용과 가치는 차별상을 뛰어넘는 경지이다.


爾時世尊 而說偈言

若以色見我 以音聲求我 是人行邪道 不能見如來

이때에 세존께서 게송으로 말씀하셨다.

"만약 색으로 나를 보거나

음성으로 나를 구하면

이 사람은 사도를 행하는 것이라

여래를 볼 수가 없느니라."

〔구결口訣〕

若以兩字는 是는 發語之端이라 色者는 相也오 見者는 識也오 我者는
是一切衆生身中에 自性이 淸淨하여 無爲無相한 眞常之體라 不可
高聲念佛하여 而得成就니 念은 須正念이 分明하여 方得悟解하나니
若以色聲으로 求之하면 不可見也라 是知於相中에 觀佛하며 聲中에
求法하면 心有生滅이라 不悟如來矣로다

'약이若以' 두 글자는 말의 실마리이며, '색色'은 상相이고 '견見'은
식識이다. '아我'는 일체중생의 몸속에 자성이 청정하고 무위하고
무상한 진상의 본체로서 고성염불高聲念佛하여 성취할 수 없다.
염念은 반드시 정념正念이 분명해야 이해하고 깨달을 수 있나니,
만약 색과 소리로 이를 구하면 볼 수 없다. 상相 가운데서 부처를
관하거나 소리 가운데서 법을 구하면 마음은 생멸이 있어서 여래를
깨닫지 못한다.

〔광론廣論〕

口訣中不可高聲念佛而得成就 念須正念分明 方得悟解 若以色聲
求之 不可見也之句 似乎不像六祖思想 蓋先不論念佛之法 卽以色
聲求佛之說 已是祖師見地 何以故 基於念佛法 一切以有爲信 爲願
爲行 是其三大資糧 不可違背者也 六祖一代巨匠 難不成不知念佛
法之門竅麼 相中觀佛 聲中求法 心有生滅 皆念佛法門之要旨也

然或以禪而釋偈言 則念佛之道 相去遠矣 因爲禪以無爲要 淨以有
爲基 有無混淆 如何溶和 豈非謗禪毀淨 一無是處麼

問 世尊偈言 意旨如何

答 如來之見 見在法身 以聲色而爲標的 必然不見

問 如何得知法身

答 法者理事圓融而結成之果

問 法身本體所存之色身 是否隨之消失 或是另有一身而代替之

答 譬如一學者或一聖賢人 與魯愚無識之人 以人言 猶色身之本位
學者或聖賢人並未離於人 只是本具之內容和價值不同 其他一無
改變或消失

問 云何以色見 以聲求 是行邪道

答 三十二相爲色身好相 並非如來眞實之身 於好相前 求告如來 能
得如來法身之見麼

問 云何是人行邪道

答 譬如外道邪命者 每藉佛菩薩之名 以音聲傳話交談 而云佛如何
如何 怪戾亂神之行爲 邪惡之極也

구결口訣에서 "고성염불高聲念佛하여 성취할 수 없다. 염념은 반드시
정념正念이 분명해야 이해하고 깨달을 수 있나니, 만약 색과 소리로
이를 구하면 볼 수 없다."고 하는 구절은 육조대사의 사상과 같지
않다! 대개 먼저 염불의 법을 논하지 않고 '색성色聲'으로 부처를
구하고자 하는 말은 이미 조사의 견지이다. 왜냐하면 기본적으로
염불법에는 일체를 믿고 발원하며 수행하는 삼대자량三大資糧이

있어 이를 위배할 수가 없기 때문이다. 육조는 일대의 거장이시니 어찌 염불법의 관문을 성취하지도 못하고 알지도 못함을 어려워했겠는가! "상相 가운데서 부처를 관하거나 소리 가운데서 법을 구하면 마음은 생멸이 있다."는 말은 모두가 염불법문의 요지이다.

그러나 혹 선禪으로써 이 게송을 해석하면 곧 염불의 도와는 서로 거리가 멀다. 왜냐하면 선은 무로써 요지를 삼고 정토는 유로써 기반을 삼기 때문이다. 유와 무를 뒤섞으면 어지러우니 어떻게 융화할 것인가! 감히 선을 비방하고 정토를 훼손해서는 안 되나니, 하나도 옳을 것이 없다.

문: 세존께서 게송으로 하신 말씀의 뜻과 취지는 어떤 것입니까?

답: 여래의 견見은 법신法身을 봄에 있나니, 성색聲色으로 나타내면 필연적으로 보지 못한다.

문: 어떻게 법신을 알 수 있습니까?

답: 법이란 이사理事가 원융하여 결실을 이룬 과보이다.

문: 법신의 본체가 존재하는 곳은 색신이어서 이를 부정하면 따라서 없어지는 것입니까, 혹은 따로 하나의 몸이 있어 대체하는 것입니까?

답: 비유하면 한 사람의 학자나 혹은 한 사람의 성현과 미련하고 우둔하고 무식한 사람과 같다. 사람을 예로 들어 말하자면, 마치 색신의 본래 자리는 학자와 성현이란 사람과 함께 사람에게서 떠나지 않는 것이다. 다만 본래 갖추고 있는 내용과 가치는 같지 않으며, 나머지는 하나도 바꾸거나 소실됨이 없다.

문: 어떻게 색으로써 보고 음성으로써 구하는 것이 사도를 행하는

것입니까?

답: 32상은 색신의 좋은 상이기도 하지만 여래의 진실한 몸은 아니다. 좋은 상 앞에서 여래를 간절히 구한다고 해서 여래의 법신을 볼 수가 있겠는가!

문: 어떻게 이 사람이 삿된 도를 행합니까?

답: 비유하면 외도의 사명(邪命: 숙명론자)이란 자는 매번 불보살의 명호를 모욕하고, 음성으로 전하는 말과 서로 대화하면서 부처는 '어떠하고 어떠하다'라고 말하는데, 이는 괴상한 난신亂神의 행위로서 사악함의 극치이다.

# 무단무멸분無斷無滅分 제이십칠第二十七

相而無相 空且不空 亘古亘今 孰云斷滅 故受之以無斷無滅分
상이지만 무상이며 공은 또 불공인 것이 예부터 지금까지인데 누가
단멸斷滅이라고 하는가? 그러므로 무단무멸분으로 이를 받은 것이다.

須菩提 汝若作是念 如來不以具足相故 得阿耨多羅三藐三菩提
須菩提 莫作是念 如來不以具足相故 得阿耨多羅三藐三菩提 須
菩提 汝若作是念 發阿耨多羅三藐三菩提心者 說諸法斷滅相 莫
作是念 何以故 發阿耨多羅三藐三菩提心者 於法不說斷滅相
"수보리야! 네가 만약 이런 생각을 하되 '여래께서는 구족상이
아닌 까닭에 아뇩다라삼먁삼보리를 증득하셨다.'라고 할 수 있
다. 수보리야! '여래께서는 구족상이 아닌 까닭에 아뇩다라삼먁
삼보리를 증득하셨다.'라고 생각하지 말지니라. 수보리야! 네가
만약 이런 생각을 하되 '아뇩다라삼먁삼보리의 마음을 일으킨
사람은 모든 법을 단멸상이라고 말한다.'라고 생각할 수 있다.
이런 생각을 하지 말지니라. 왜냐하면 아뇩다라삼먁삼보리의

마음을 일으킨 사람은 법에서 단멸상을 말하지 않느니라."

〔구결口訣〕

須菩提는 聞說眞身의 離相하옵고 便謂하대 不修三十二淨行하사 而
得菩提라할새 佛語須菩提하사대 莫言如來는 不修三十二淨行하여
而得菩提라하니 汝는 若言不修三十二淨行하여 得阿耨菩提者인댄
即是斷佛種性이라 無有是處하리니

수보리가 "진신眞身은 상을 벗어나는 것이다."라고 설법하시는 것
을 듣고 바로 "32가지 청정행을 수행하지 않고도 보리를 증득한다."
라고 말하므로 부처님께서는 수보리에게 말씀하시기를 "여래께서
32종류의 청정행을 수행하지 않고도 보리를 증득한다고 말하지
말라. 네가 만약 32가지 청정행을 수행하지 않고도 아뇩다라삼먁삼
보리를 증득한다고 말하는 것은 바로 부처의 종자種子를 끊는 것이
어서 옳은 것이 아니다."라고 하셨다.

〔광론廣論〕

得成無上菩提 三十二相隨具 但修三十二相 無異說諸法斷滅 發無
上菩提心者 並不是說不同時具足三十二相也
問 口訣中爲何說三十二淨行
答 淨行乃成就好相之道

위없는 보리를 증득하여 성취하면 32상이 따라서 구족된다. 다만
32상을 수행하면 모든 법이 단멸斷滅하다고 말하는 것과 다름이

없다. 위없는 보리심을 발한 사람은 동시에 32상을 구족하지 않는다
고 말하지 않는다.

문: 구결 가운데서 말하는 32정행淨行은 무엇입니까?

답: 정행은 바로 좋은 상의 도를 성취하는 것이다.

# 불수불탐분不受不貪分 제이십팔第二十八

大心成忍 本自無貪 世福甚多 云何有受 故受之以不受不貪分

큰마음은 인忍을 이루고 본래 스스로 세간의 복이 매우 많은 것을 탐내지 않는데, 어찌 받는 것이 있으리오. 그러므로 불수불탐분으로 이를 받았다.

須菩提 若菩薩以滿恒河沙等世界七寶持用布施 若復有人知一切法無我 得成於忍 此菩薩勝前菩薩所得功德 何以故 須菩提 以諸菩薩不受福德故 須菩提白佛言 世尊云何 菩薩不受福德 須菩提 菩薩所作福德 不應貪著 是故說不受福德

"수보리야! 만약 보살이 항하의 모래 수와 같은 세계에 가득한 칠보를 가지고 보시하고, 만약 사람이 일체법이 무아임을 알고 인忍을 얻어 이루면, 이 보살이 얻은 공덕은 앞의 보살이 얻은 공덕보다 더욱 훌륭하다. 무슨 까닭이냐 하면 수보리야! 모든 보살은 복덕을 받지 않는 까닭이니라."

수보리가 부처님께 여쭈었다.

"세존이시여! 어찌하여 보살은 복덕을 받지 않습니까?"

"수보리야! 보살은 지은 복덕에 마땅히 탐착하지 않으므로 복덕을 받지 않는다고 말한 것이니라."

〔구결口訣〕

通達一切法하여 無能所心이 是名爲忍이니 此人所得福德이 勝前七寶福德하니라 菩薩所作福德은 不爲自己하여 意在利益一切衆生 故로 言不受福德이라하시니라

일체법에 통달하여 능소심能所心이 없는 것을 일러 인忍이라고 한다. 이 사람이 얻은 복덕은 앞에 칠보 복덕보다 훌륭하다. 보살이 지은 복덕은 자기를 위한 것이 아니고, 그 뜻이 일체중생을 이롭게 하는 데 있다. 그러므로 복덕을 받지 않는다고 말한다.

〔광론廣論〕

問 爲何世尊强調七寶布施功德 不如知法無我 而成於忍之功德

答 無我之法 先於忍波羅密下工夫 忍之功德成就 卽得無我之法 如是成就 卽成就無上菩提矣

問 菩薩不受福德 是因 是果

答 爲饒益衆生 已達無我之境 故因果俱不受

問 種因得果 云何不受

答 回向衆生 可以不受

問 云何回向

答 回轉趣向 也就是回自己之善而轉向於人

問 試例言之 可乎

答 往生論云 回己功德 普施衆生 共見阿彌陀如來 生安樂國 如自己
於事或理上有饒益時 普施於人 以期共享

문: 세존께서는 어떻게 칠보로 보시한 공덕을 법이 무아임을 알고
인忍의 공덕을 성취한 것만 못하다고 강조하십니까?

답: 무아의 법은 인忍바라밀에 우선하여, 인忍의 공덕을 성취하여야
무아의 법을 증득한다. 이처럼 성취하면 무상한 보리를 성취하는
것이다.

문: 보살이 복덕을 받아들이지 않는 것이 인과입니까?

답: 중생을 요익하게 하고 이미 무아의 경지에 이르렀으므로 인과를
받지 않는다.

문: 인因을 심어서 열매를 얻는데 어떻게 받지 않습니까?

답: 중생에게 회향하므로 받지 않는다.

문: 무엇이 회향입니까?

답: 돌이켜 나아가는 것이다. 또한 자기의 선善을 돌려서 다른 사람에
게로 전향하는 것이다.

문: 예를 들어 말씀해 주셨으면 좋겠습니다.

답: 『왕생론往生論』에 말하기를 "자기 공덕을 회향하여 중생들에게
널리 베풀면 모두가 아미타여래를 보고는 안락국安樂國에 태어난
다."라고 하였다. 자기 일이나 이치적으로 요익함이 있을 때에 다른
사람에게 널리 베풀어 모두가 향유하기를 기약하는 것이다.

# 위의적정분威儀寂靜分 제이십구第二十九

去來坐臥 無不如如 故受之以威儀寂靜分

가고 오고 앉고 누움이 여여如如하지 않음이 없으므로 위의적정분으로
이를 받았다.

須菩提 若有人言 如來若來若去 若坐若臥 是人不解我所說義
何以故 如來者 無所從來 亦無所去 故名如來

"수보리야! 만약 어떤 사람이 여래는 오기도 하고 가기도 하고
앉기도 하고 눕기도 한다고 말하면 이 사람은 내가 설법한 뜻을
이해하지 못한 것이니라. 왜냐하면 여래는 오고 가는 것이 없는
까닭에 여래라고 이름하느니라."

〔구결口訣〕

如來는 非來며 非不來며 非去이며 非不去이며 非坐이며 非不坐이며
非臥이며 非不臥이니 行住坐臥 四威儀中에 常在空寂하시며 卽是如
來也니라

여래는 옴도 아니고 오지 않음도 아니며, 감도 아니고 가지 않음도
아니며, 앉음도 아니고 앉지 않음도 아니며, 누움도 아니고 눕지
않음도 아니니, 행주좌와의 네 가지 위의 가운데서 항상 공적함에
있는 것이 바로 여래이다.


〔광론廣論〕

行住坐臥 如來亦不捨棄 唯住於四威儀中而如如不動也

問 如如不動 豈非第一義諦

答 如如乃圓滿無礙之謂 不動乃隨緣方便之謂 得以無礙方便 始成
圓滿功德 得能方便無礙 始成隨緣化度 如是 卽可謂 立於第一義諦
之如來也

問 四威儀中 能見如來麽

答 行者不耳四威儀而得成如來 得成如來不是四威儀 見與不見 皆
不如來

행주좌와는 여래 역시 버리지 않나니, 오직 사위의 중에서 여여부동
할 뿐이다.

문: 여여부동은 어찌 제일의제第一義諦가 아닙니까?

답: 여여는 원만하고 걸림이 없는 것을 말하고, 부동은 바로 인연에
따르는 방편을 말한다. 걸림 없는 방편을 얻어야 비로소 원만한
공덕을 성취하고 방편에 걸림 없음을 얻어야 비로소 인연에 따라
교화할 수 있다. 이와 같으면 곧 제일의제의 여래를 세운다고 말할
수 있다.

문: 사위의 가운데서 여래를 볼 수 있습니까?

답: 수행하는 사람은 사위의를 저버리지 않고 여래를 성취하고, 여래를 성취했다고 사위의인 것은 아니다. 견見과 불견不見 모두 여래가 아니다.

# 일합이상분一合理相分 제삼십第三十

信心不斷 斯卽微塵 信寶徧充 是名世界 界塵一合 法爾如然 故受之以一
合理相分

신심이 끊어지지 않는 것, 이것이 곧 미진微塵이다. 믿음의 보배가
두루 충만한 것을 이름하여 세계라고 한다. 세계와 미진이 하나로
화합하는 것은 자연 그대로의 모습이므로 일합이상분으로 이를 받
았다.

須菩提 若善男子 善女人 以三千大千世界 碎爲微塵 於意云何
是微塵衆 寧爲多不 須菩提言 甚多 世尊 何以故 若是微塵衆實
有者 佛則不說是微塵衆 所以者何 佛說微塵衆 卽非微塵衆 是
名微塵衆

"수보리야! 만약 선남자 선여인이 삼천대천세계를 부수어서 미
진을 만들었다고 하자. 너의 뜻은 어떠하냐? 이 미진들은 얼마나
많겠느냐?"

수보리가 말했다.

"매우 많습니다, 세존이시여! 무슨 까닭이냐 하면, 만약 이 미진들이 참으로 있다고 하면 부처님께서 이를 바로 미진들이라고 설하지 않으셨을 것입니다. 무슨 까닭이냐 하면, 부처님께서 설법하신 미진들은 미진들이 아니며 이름이 미진들일 뿐이옵니다."

〔구결口訣〕

佛이 說三千大千世界하사 以喩一切衆生性上에 微塵之數가 如三千大千世界中에 所有微塵하시니 一切衆生의 性上에 妄念微塵은 卽非微塵者어니와 聞經悟道하여 覺慧常照하여 趣向菩提也라 念念不住하여 常在淸淨할새 如是淸淨微塵이면 是名微塵衆이라

부처님께서 설하신 삼천대천세계는 일체중생의 성품 위에 미진의 수가 삼천대천세계 가운데 있는 미진과 같음을 비유하신 것이다. 일체중생의 성품 위에 있는 망념妄念의 미진은 곧 미진이 아니니, 경을 듣고 도를 깨달으면 깨달음의 지혜가 항상 비추어서 보리로 나아가게 된다. 순간순간 머무는 것 없이 항상 청정하니, 이와 같이 청정한 미진을 일러 미진들(微塵衆)이라고 한다.

〔광론廣論〕

微塵喩多 非衆生性多 性乃種性 萬千一如 三千大天世界碎爲微塵 微塵之數雖多 而微塵之性一如 覺悟此理 則識 佛說微塵衆 卽非微塵衆 是名微塵衆之理

問 口訣有錯誤

答 體解不同 理會各異 非誤也

미진은 많음을 비유하지만 중생의 성품이 많은 것은 아니다. 성품은 종성種性으로서 만천萬千이어도 하나이다. 삼천대천세계도 부수어지면 미진이고 미진의 수가 비록 많아도 미진의 성품은 하나이다. 이 이치를 각오覺悟하는 것이 곧 식識이며, 부처님께서 미진들이라 말씀하신 것은 미진들이 아니고 이름이 미진들이라는 이치이다.

문: 구결에 착오가 있습니까?

답: 체득하여 이해하는 게 같지 않고 이치에 회합하는 게 다를 뿐이지 잘못은 아니다.


世尊 如來所說三千大千世界 卽非世界 是名世界

"세존이시여! 여래께서 설하신 삼천대천세계는 곧 세계가 아니고 이름이 세계입니다."


〔구결口訣〕

三千者는 約理而言컨대 則貪瞋痴妄念이 各具一千한 數也라 心爲善惡之本이라 能作凡作聖하여 其動靜이 不可測度라 廣大無邊로 故名大千世界라

삼천이란 이치에 의거해 말하면 탐·진·치의 망념이 각각 일천의 수를 구비하고 있는 것이다. 마음은 선악의 근본이니 범부도 만들고

성인도 만들 수 있으며, 그 움직임과 고요함은 추측하여 헤아릴
수 없이 광대무변한 까닭에 이름을 대천세계라고 한다.


〔광론廣論〕

世爲遷流 界爲方位 遷流之世 成住壞空 方位之界 各立有主 在在相
對之勢 三千大天世界 乃各個小世界一銀河系累積之數 合則三千
分則小千 而每一小千 復可分割 也就是一小千中各具無數世界 一
小千仍係無數世界累積而成者

세世는 천류(遷流, 흐름)이며, 계界는 방위이다. 천류의 세는 성주괴
공하고, 방위의 계는 제각기 세운 주체가 있다. 곳곳에 상대의 세력이
있어 삼천대천세계는 바로 제각기 작은 세계인 하나의 은하계가
누적된 수이고, 합하면 삼천이 되고 나누면 소천이 된다. 하나의
소천마다 다시 분할할 수 있다. 다시 말해 하나의 소천 가운데
무수한 세계가 갖추어져 있으니 하나의 소천은 바로 무수한 세계가
누적하여 성립된 것이다.


何以故 若世界實有者 則是一合相 如來說一合相 則非一合相
是名一合相

"무슨 까닭이냐 하면, 만약 세계가 참으로 있다면 곧 일합상이
아니니라. 여래가 설하는 일합상은 곧 일합상이 아니며 이름이
일합상이니라."

〔구결口訣〕

心中明了가 莫過悲智二法하니 由此二法하여 而得菩提하나니 說一
合相者는 心有所得할새 故로 卽非一合相이오 心無所得하면 是名一
合相이니 一合相者는 不壞假名하여 而談實相할지라

마음속의 명료함은 자비와 지혜의 두 법을 넘어설 수 없으니,
이 두 법으로 말미암아 보리를 얻는다. 일합상이라고 설하신 것은
마음이 얻는 바가 있는 까닭에 곧 일합상이 아니고, 마음이 증득한
게 없으면 이름을 일합상이라고 한다. 일합상은 임시적인 이름을
없애지 않고도 실상實相을 말하는 것이다.

〔광론廣論〕

一合相者 大至世界 小至微塵 無論情與無情 皆衆緣和合而成 集衆
小以成色 也就是世俗所說的物質元素 佛典中謂種性 質礙 微塵 積
合之則生 分散之則滅 此生滅之說 乃指一物相 如世界 人等
問 云何人之一合相
答 四大以成體 五蘊以爲用 諸根以表相 諸識以顯境 衆緣和合 人之
一合相成就矣

일합상이란 크게는 세계에 이르고 작게는 미진에 이르기까지의
유정과 무정을 막론하고 모두가 인연이 화합하여 이루어진 것이다.
여럿이 모여 작게는 색을 이루니, 다시 말하면 세속에서 말하는
물질원소이고, 불교에서는 종성種性, 질애質礙, 미진微塵이라 말한
다. 누적되어 합하면 곧 생기고 분산하면 곧 멸한다. 이 생멸이란

말은 바로 하나의 물상을 가리키는데, 예컨대 세계와 사람 등과
같다.

문: 어떻게 사람이 일합상입니까?

답: 사대四大는 몸을 이루고 오온五蘊은 작용으로 하며 제근諸根은
모양을 표현하고 여러 식識은 경계를 드러낸다. 여러 연緣이 화합하
여 사람이라는 하나의 화합상을 이룬 것이다.


須菩提 一合相者 卽是不可說 但凡夫之人 貪著其事

"수보리야! 일합상이란 곧 설할 수 없지만, 다만 범부들은 그
일에 탐착하느니라."


〔구결口訣〕

由悲智二法하여 成就佛果菩提라 說不可盡이며 妙不可言이어늘 凡
夫之人은 貪著文字事業하여 不行悲智二法하니 若不行悲智二法하
고 而求無上菩提하면 何有可得이리오

자비와 지혜의 두 법으로 말미암아 불과인 보리를 성취하는 것이니,
말로 다할 수가 없고 묘하기도 이를 데 없다. 범부들은 문자나
사업에 탐착하여 자비와 지혜의 두 법을 수행하지 않는다. 만약
자비와 지혜의 두 법을 수행하지 않고 무상한 보리를 구한다면
어떻게 얻을 수 있으리오!

〔광론廣論〕

緣聚緣散 卽一合相之成壞現象 聚則成 散則壞 卽是不可說 但 凡夫
執著 相上留連 貪欲滿足 苦樂不分 以爲我如何 其實 物相之病 卽在
迷惑 而生執著 倘若如楞嚴所說 頓然體悟 若無我者 逢物不生 則執
無所執 著無所著 一切無明業惑 煩惱所知 皆無障無礙 成眞如之實
相 得如來之勝境也 故說 一合相 卽非一合相 是名一合相

연緣이 모이고 연이 흩어지는 것은 곧 일합상이 이루어지고 무너지는
현상이다. 모이면 이루어지고 흩어지면 무너지지만 곧 말로 할
수가 없다. 다만 범부는 상에 집착하여 계속 머물고 탐욕에 만족하여
괴로움과 즐거움을 구분할 줄 모른다. 나를 위하는데 어떤가? 하지만
실제로는 물상物相의 병이니. 곧 미혹함이 있어 집착을 일으킨다.
만약『능엄경』에서 말씀하신 것과 같다면 단박에 본체를 깨닫고,
만약 내가 없다면 사물을 만나도 일어나지 않는다. 곧 집착하는
바가 없기에 일체의 무명, 업業, 혹惑, 번뇌장, 소지장에 모두 장애를
받지 않으며 진여의 실상을 성취하여 여래의 수승한 경지를 증득하게
된다. 그러므로 말씀하시기를 "일합상은 곧 일합상이 아니며 이름이
일합상이니라."라고 하신 것이다.

# 지견불생분知見不生分 제삼십일第三十一

四見俱非 是名四見 故受之以知見不生分

사견四見이 모두 아닌 것을 이름하여 사견이라 하므로 지견불생분으로 이를 받았다.


須菩提 若人言 佛說我見人見衆生見壽者見 須菩提 於意云何 是人解我所說義不 不也 世尊 是人不解如來所說義 何以故 世尊說我見人見衆生見壽者見 卽非我見人見衆生見壽者見 是名 我見人見衆生見壽者見

"수보리야! 만약 어떤 사람이 말하기를 '부처님께서 아견·인견· 중생견·수자견을 설했다.'라고 말한다면, 수보리야! 너의 뜻은 어떠냐? 이 사람은 내가 설한 뜻을 이해하였느냐?"

"아닙니다. 세존이시여! 이 사람은 여래께서 설법하신 뜻을 이해 하지 못하였습니다.

무슨 까닭이냐 하면, 세존께서 설법하신 아견·인견·중생견·수 자견은 바로 아견·인견·중생견·수자견이 아니고 이름이 아견·

인견·중생견·수자견입니다."

〔구결口訣〕

如來說此經者는 令一切衆生으로 自悟般若智慧하며 自修行菩提
果이시어늘 凡夫人이 不解佛意하여 便謂하대 如來가 說我人等見이라
고 不知如來는 說甚深無相無爲般若波羅密法하옵나니 如來所說我
人等見이 不同凡夫의 我人等見하니 如來說一切衆生이 皆有佛性
이 是眞我見이시고 說一切衆生이 有無漏智하여 性本自具足이 是人
見이시고 說一切衆生이 本自無煩惱가 是衆生見이시고 說一切衆生
性이 本不生不滅이 是壽者見이시니라

여래께서 이 경을 설법하신 것은 일체중생으로 하여금 스스로
반야지혜를 깨닫고 스스로 보리의 과를 수행케 하고자 하신 것이다.
범부들은 부처님의 뜻을 이해하지 못하고 "여래께서 아견我見과
인견人見과 같은 견을 설법했다."고 말하니, 여래께서 설법하신
매우 심오한 무상無相 무위無爲의 반야바라밀법을 알지 못한다.
여래께서 설법하신 아견과 인견과 같은 견은 범부의 아견, 인견과
같은 견이 아니다. 여래께서 설법하신 일체중생은 모두 불성이
있다는 이것이 참다운 아견我見이며, 일체중생은 무루지(無漏智:
번뇌가 없는 지혜)가 있고 불성은 본래 스스로 구족하다고 설하는
것이 인견人見이며, 일체중생은 본래 스스로 번뇌가 없다고 설하는
것이 중생견衆生見이며, 일체중생의 성품(불성)은 본래 불생불멸
하다는 것이 수자견壽者見이다.

〔광론廣論〕

我見: 自性覺 成菩提 捨修學

人見: 多犯過 受衆苦 自造作

衆生見: 多煩惱 無明惑 永輪廻

壽者見: 始而終 常相續 住生滅

復云

我見: 佛性

人見: 觀照

衆生見: 法門

壽者見: 涅槃

四見無定論 具善不善法 饒益者是 無益者非 相應者是 不相應者非

아견: 자성自性이 깨달아 보리를 이루고 수학修學을 버린다.

인견: 많은 허물을 범하고 모든 고뇌를 받는 것은 스스로가 지은 것이다.

중생견: 많은 번뇌와 무명과 혹惑은 영원히 윤회한다.

수자견: 처음부터 끝까지 항상 상속하며 생멸에 머물러 있다.

다시 말한다.

아견은 불성이고 인견은 관조觀照이며, 중생견은 법문이고 수자견은 열반이다.

네 가지 견해는 정해진 논리가 없어 선과 불선의 법을 구족하고 있다. 요익한 것은 옳고 요익하지 않은 것은 그르며, 상응하는 것은 옳고 상응하지 않는 것은 그르다.

須菩提 發阿耨多羅三藐三菩提心者 於一切法 應如是知如是見
如是信解 不生法相 須菩提 所言法相者 如來說卽非法相 是名
法相

"수보리야! 아뇩다라삼먁삼보리의 마음을 일으킨 사람은 일체
법을 마땅히 이와 같이 알고 이와 같이 보며 이와 같이 믿고
이해하여 법상을 내지 말아야 하느니라. 수보리야! 이른바 법상
이라는 것은 여래가 설하길, 곧 법상이 아니라 이름이 법상이
니라."


〔구결口訣〕

發菩提心者는 應見一切衆生이 皆有佛性하며 應見一切衆生의 無
漏種智는 本自具足하며 應信一切衆生의 本無煩惱이며 應信一切衆
生의 自性이 本無生滅하여 雖行一切智慧 方便하여 接物利生하여도
不作能所之心이니 口說無相法하대 而心有能所하면 卽非法相이오
口說無相法하고 心行無相行하대 而能所心이 滅하면 是名法相也이
니라

보리심을 일으킨 사람은 반드시 일체중생은 모두 불성이 있다는
것을 보며, 일체중생은 무루종지를 본래 구족했음을 보며, 일체중
생은 본래 번뇌가 없음을 믿으며, 일체중생의 자성은 본래로 생멸이
없다는 것을 믿어야 한다.

비록 일체의 지혜와 방편을 행하여 대상을 접해 이로움이 생겨도

능소能所의 마음을 일으키지 말라. 입으로는 무상법無相法을 말하는데 마음으로 능소能所가 있으면 곧 법상이 아니다. 입으로는 무상법을 말하고 마음이 무상행을 행하며 능소심이 없으면 이를 일러 법상이라고 한다.

〔광론廣論〕

法相者 從本相而起分別 盡世出世間 一切有爲與無爲之法 皆以諸法一性殊相 謂之法相

法相各具諦義 有體有用有相有境 應如是知 如是見 如是信解 不著不染 能所不生 事理具足 圓融無礙 證無上道

법상이란 본래 상을 따라 분별을 일으키는 것이다. 세간과 출세간을 다해 일체의 유위법과 무위법은 다 모든 법이 하나의 성품으로서 수승한 상相이니, 이를 일러 법상이라 한다.

법상은 제각기 진리의 뜻을 가지고 있으니 체體와 용用이 있고 상相과 경境이 있다. 마땅히 이와 같이 알고 이와 같이 보며 이와 같이 믿고 이와 같이 이해하여 염착하지 않으면 능소가 일어나지 않아 사리事理가 구족하고 원융무애하여 무상도를 증득한다.

# 응화비진분應化非眞分 제삼십이第三十二

一念發心 獲福亦爾 應身化物 豈得已哉 眞佛流通 於事畢矣 故受之以應化非眞分

한 생각이 마음을 일으키면 얻은 복이 또한 같은데, 응신應身과 화신化身의 물을 어찌 증득證得하려고 하는가? 진신불眞身佛을 유통하므로 응화비진분이라고 한다.

須菩提 若有人以滿無量阿僧祇世界七寶 持用布施 若有善男子善女人 發菩提心者 持於此經 乃至四句偈等 受持讀誦 爲人演說 其福勝彼 云何爲人演說 不取於相如如不動

"수보리야! 만약 어떤 사람이 한량없는 아승지 세계에 가득한 칠보를 가지고 보시하더라도 만약 선남자, 선여인이 보리심을 일으켜 이 경 내지는 사구게 등을 지녀 수지 독송하며 다른 사람을 위하여 연설하면 그 복은 앞의 것보다 뛰어나니라. 어떻게 남을 위해 연설하는가? 상을 취하지 않고 여여하고 부동하느니라."

〔구결口訣〕

七寶福이 雖多하나 不如有人이 發菩提心하여 受持此經四句하여 爲人演說하니 其福이 勝彼하여 百千萬億으로 不可譬喩이니 說法善巧方便은 觀根應量하여 種種隨宜를 是名爲人演說이라 所聽法人이 有種種相貌가 不等하거든 不得作分別之心하고 但了空寂如如之心하여 無所得心하며 無勝負心하며 無希望心하며 無生滅心할새 是名如如不動也라

칠보의 복덕이 비록 많아도 어떤 사람이 보리심을 일으켜 이 경의 사구게를 수지하고 다른 사람을 위하여 연설하는 것만 못하다. 그 복덕은 칠보의 복덕의 백천만억 배보다 훌륭하여 비교할 수가 없다. 설법의 선교방편으로 근기를 관찰하고 기량器量에 응하여 갖가지로 옳은 것을 따르는 것을 일러 사람을 위하여 연설한다고 한다. 법을 듣는 사람은 갖가지 모양새가 서로 같지 않으나 분별심을 짓지 말 것이니, 다만 공적하고 여여한 마음을 요달하여 얻는다는 마음이 없고 승부의 마음도 없으며 희망의 마음도 없고 생멸의 마음도 없으면 이를 일러 여여부동이라고 한다.


〔광론廣論〕

財施以資色身 究竟異滅 法施以養慧命 導引覺路 而得阿耨多羅三藐三菩提 究竟涅槃 二者相較 勝劣分明 無需衡量也

問 云何不取於相

答 取相卽著 逢物生心

問 云何如如不動

答 無念而念 無相無著 無住生心 圓成後捨 究竟無餘 所謂萬法歸一
一歸何處 對曰 一在萬法之中

재시로써 색신을 자양하면 구경에는 바뀌어 없어진다. 법시로써
혜명을 자양하면 깨달음의 길로 인도하여 아뇩다라삼먁삼보리를
얻어 구경에 열반하게 한다. 이 둘을 서로 비교하면 훌륭한 것과
훌륭하지 못한 게 분명하여 따져볼 필요도 없다.

문: 어떤 게 상을 취하지 않는 것입니까?

답: 상을 취하면 곧 집착하여 사물을 만나면 마음이 일어나는 것이다.

문: 어떤 게 여여부동한 것입니까?

답: 생각 없이 생각하고 상도 없고 집착도 없으며, 머무름 없이
마음을 내며 원만히 이룬 후에 버리며 구경에는 남음이 없는 것이다.
이른바 "만법이 하나로 돌아가면 하나는 어디로 돌아가는가?" 대답
하기를 "하나는 만법 속에 있음이다."라고 하는 것이다.

何以故 一切有爲法 如夢幻泡影 如露亦如電 應作如是觀

"무슨 까닭인가?

일체 유위법은

꿈과 환상과 물거품과 그림자와 같고

이슬과 같고 또한 번개와 같으니

마땅히 이와 같은 관찰할지니라."

〔구결口訣〕

夢者는 是妄身이오 幻者는 是妄念이오 泡者는 是煩惱요 影者는 是業
障이니 夢幻泡影業이 是名有爲法이니 若無爲法者는 則眞實이며 離
名相하니 悟者는 無諸業하니라

몽夢은 허망한 몸이며, 환幻은 허망한 생각이며, 포泡는 번뇌이며,
영影은 업장이다. 몽환포영의 업을 일러 유위법이라 한다. 무위법
과 같은 것은 곧 진실이며 명상名相을 떠난 것이니 깨달은 사람은
모든 업이 없다.


〔광론廣論〕

山野行脚 每宿林間水邊 一日 止於巖頂 沐於月下 結跏趺坐 面前
置鉢盂 內盛淸泉 眼觸處 不禁驚訝 心念道
流泉打水 竟然捧鉢載月 歸來而不自覺 洵然懵憧
大德 你可曾 捧鉢載月歸

산야에서 행각하며 매일 숲속과 냇가에서 자는데 하루는 바위 꼭대기
에 앉아 달빛 아래에서 목욕하고 결가부좌하였다. 눈앞에 발우를
놓고 속은 맑은 샘물로 채우고 눈이 닿는 곳마다 놀라움을 금치
못하다가 마음으로 생각하여 말했다.
"흐르는 샘물이 물을 때려 문득 발우 받드니 달이 담겨 있네. 돌아와도
자각하지 못하다가 소리 없이 마음이 고요해졌다네."
대덕이여! 그대는 알겠는가? 발우 받들어 달 담아 돌아옴을!

322

佛說是經已 長老須菩提 及諸比丘 比丘尼 優婆塞 優婆夷 一切
世間天人阿修羅 聞佛所說 皆大歡喜 信受奉行

부처님께서 이 경을 설하여 마치시니 장로 수보리와 모든 비구,
비구니와 우바새, 우바이와 일체 세간의 천, 인, 아수라가 부처님
의 설하심을 듣고 모두 크게 환희하여 믿고 받아 지니고 받들어
행하였다.


〔구결口訣〕
無 有後序 從略

없는 것이지만 후서가 있어서 따라서 생략하였다.


〔광론廣論〕
法筵豐盛 法味無窮 浸淫於法 能不禪悅爲食 法喜充滿麽
南無般若波羅密金剛經

법의 연회가 풍성하고 법미가 무궁하여 불법에 젖어드니 선열을
먹지 않고도 법희가 충만하다네!
나무반야바라밀 금강경!

# 금강경 육조구결六祖口訣 후서後序

육조대감선사설六祖大鑒禪師說

法性이 圓寂하여 本無生滅이지만 因有生念하여 遂有生緣할새 故로 天得命之以生하노니 是故로 謂之命이라 天命이 旣立하면 眞空이 入有하여 前日生念이 轉而爲意識하여 意識之用이 散而爲六根하여 六根이 各有分別이어든 中有所總持者할새 是故로 謂之心이라 心者는 念慮之所在也며 神識之所含也며 眞妄之所共處者也라 當凡夫聖賢幾會之地也이니 一切衆生이 自無始來로 不能離生滅者는 皆爲此心所累일새 故로 諸佛이 惟敎人了此心하시니 此心을 了하면 卽見自性하리라 見自性하면 則是菩提也이니 此는 在性時에 皆自空寂하여 而湛然若無하니 緣有生念하여 而後有者也이니라 有生하면 則有形하나니 形者는 地水火風之聚沫者也이니 以血氣로 爲體하여 有生者之所託也이니 血氣足則精足하고 精足則生神하고 神足하면 則生妙用하나니 然則妙用者는 卽是在吾圓寂時之眞我也이니 因形之遇物 故로 見之於作爲而已니라 但凡夫는 迷而遂物하고 聖賢은 明而應物하나니 遂物者는 自彼하고 應物者는 自我하나니 自彼者는 著於所見할새 故覓輪廻하고 自我者는 當體常空하여 故로 萬劫에 如一이니 合而觀之하건대 皆心之妙用也이니라 是故로 當其未生之時하여 所謂性者는 圓滿具足하여 空然無物하여 湛乎自然하여 其廣大는 與虛

空等하여 往來變化는 一切自由이니 天雖欲命我以生한들 其可得乎
아 天猶不能命我以生은 況於四大乎이며 況於五行乎이여 旣有生念
하면 又有生緣할새 故로 天得以生으로 命我하며 四大得以氣로 形我
하며 五行이 得以數로 約我하나니 此有生者之所以有滅也이니라 然
則生滅則一이로대 在凡夫聖賢之所以生滅則殊하니 凡夫之人은 生
緣念有하며 識隨業變하여 習氣薰染이 因生愈甚할새 故로 旣生之後
에 心著諸妄하여 妄認四大하여 以爲我身하며 妄認六親하여 以爲我
有하며 妄認色聲하여 以爲快樂하며 妄認塵勞하여 以爲富貴하여 心
自知見이 無所不妄하여 諸妄旣起하여 煩惱萬差하니 妄念이 奪眞하
여 眞性이 遂隱하여 人我爲主하고 眞識爲客하여 三業이 前引하고 百
業이 後隨하여 流浪生死하여 無有涯際하니 生盡則滅하고 滅盡復生
하여 生滅相循하여 至墮諸趣하나니 在於諸趣하여 轉轉不知하여 愈
恣無明하여 造諸業苦하여 遂至塵沙劫盡하여도 不復人身하나니라 聖
賢은 則不然하시니 聖賢은 生不因念하사 應迹而生하사 欲生則生하
사 不待彼命하실새 故로 旣生之後에 圓寂之性이 依舊湛然하사 無體
相하시며 無罣礙하사 其照萬法이 如靑天白日하사 無毫髮隱滯하실새
故로 建立一切善法하사 徧於沙界하사대 不見其少하시며 攝受一切
衆生하사 皈於寂滅하사대 不以爲多하시며 驅之하여도 不能來하며 遂
之하여도 不能去하여 雖託四大爲形하시며 五行爲養하시나 皆我所假
라 未嘗妄認하사 我緣苟盡하면 我迹當滅이사 委而去之하시며 如來
가 去耳시나 於我何與哉리오 是故로 凡夫는 有生則有滅하여 滅者는
不能不生하거니와 聖賢은 有生하시며 亦有滅하사대 滅者는 歸於眞空

하시나니 是故로 凡夫生滅은 如身中影하여 出入相隨하여 無有盡時
하고 聖賢生滅은 如空中雷하사 自發自止하여 不累於物하시나니 世
人은 不知生滅之如此하여 而以生滅로 爲煩惱大患하나니 蓋不自覺
也이로다 覺則見生滅하대 如身上塵하여 當一振奮耳니 何能累我性
哉리오 昔我如來가 以大慈悲心으로 愍一切衆生의 迷錯顚倒하여 流
浪生死之如此하시며 又見一切衆生이 本有快樂自在性하여 皆可修
證成佛하시고 欲一切衆生으로 盡爲聖賢生滅하고 不爲凡夫生滅하
사대 猶慮一切衆生이 無始以來에 流浪日久하여 其種性이 已差하여
未能以一法으로 速悟일새 故로 爲說八萬四千法門하시니 門門이 可
入이라 皆可到眞如之地니 每說一法門하심이 莫非丁寧實語일새 欲
使一切衆生으로 各隨所見法門하여 入自心地하여 到自心地하며 見
自性佛하여 證自身佛하면 卽同如來케 하시니 是故로 如來는 於諸經
에 說有者는 欲使一切衆生으로 覩相生善이시고 說無者는 欲使一切
衆生으로 離相見性이시니 所說色空도 亦復如是하니라 然而衆生은
執著하여 見有가 非眞有이며 見無가 非眞無이니 其見色見空이 皆如
是執著하여 復起斷常二見하여 轉爲生死根蒂하니 不示以無二法門
하면 又將迷錯顚倒하여 流浪生死가 甚於前日일새 故로 如來는 又爲
說大般若法하사 破斷常二見하사 使一切衆生으로 知眞有眞無와 眞
色眞空이 本來無二하며 亦不遠人하여 湛然寂靜하여 只在自己性中
하시니 但以自己性智慧로 照破諸妄하면 則曉然自見하리니 是故로
大般若經六百卷이 皆如來가 爲菩薩果人하사 說佛性하시니 然而其
間에 猶有爲頓漸者說이어시니 惟金剛經은 爲發大乘者說하시며 爲

326

發最上乘者說하시니 是故로 其經이 先說四生四相하시고 此云凡所
有相이 皆是虛妄이니 若見諸相非相하면 卽見如來라하시니 蓋顯一
切法하여 至無所住하여 是爲眞諦일새 故로 如來는 於此經에 凡說涉
有이어든 卽破之 以非하사 直取實相하사 以示衆生하시니 蓋恐衆生
이 不解所說하여 其心이 反有所住故也이니라 如所謂佛法이 卽非佛
法之類가 是也이니라

법성은 원만하고 적정하여 본래 생멸이 없는데, 유有로 인하여
생각이 일어나며 유를 따라서 연緣이 일어난다. 그러므로 하늘의
명령을 얻어 생기므로 천명天命이라고 한다. 천명이 이미 서면
진공은 유에 들어서 전날에 일어난 생각이 전변하여 의식이 되며,
의식의 작용이 흩어져 육근이 되며, 육근은 제각기 분별이 있는
가운데 총지하는 것이 있으므로 이를 마음이라고 한다. 마음은
생각하는 곳이며, 신식(정신)을 머금고 있는 곳이며, 진과 망이
함께 있는 곳이며, 마땅히 범부와 성현의 기미가 모이는 곳이다.
일체중생이 예로부터 생멸을 벗어나지 못하는 것은 모두가 이
마음을 지나치게 사용하기 때문이다. 그러므로 모든 부처님께서는
오로지 사람을 가르쳐 이 마음을 알게 하신 것이니, 이 마음을
알면 곧 자성을 보며, 자성을 보면 곧 보리인 것이다. 이것이
자성에 있을 때에는 모든 것이 스스로 공적하고 담연하여 없는
것 같지만, 연緣이 있으면 생각을 일으킨 뒤에 있게 되는 것이다.
일어남이 있으면 바로 형상이 있으니, 형상은 지수화풍이 모인

것으로 혈기로써 몸을 삼고 일어남이 있는 것에 의탁하는 것이다. 혈기가 충족하면 바로 정精이 충족되고, 정이 충족되면 바로 신神이 일어나며, 신이 충족되면 바로 묘용妙用이 일어난다. 그러므로 묘용이란 바로 내가 원만하고 적정한 때의 참다운 나(眞我)이다. 형상으로 하여 사물을 만나는 까닭으로 그것을 보고 행위를 일으킬 뿐이지만, 다만 범부는 미혹하여 사물만 쫓아가고 성현은 밝아서 사물에 응한다. 사물을 쫓아가는 것은 자신의 객체(自彼)이며, 사물에 응수하는 것은 자신의 주체(自我)이니, 자신의 객체란 보는 것에 염착하는 까닭에 윤회를 구하는 것이며, 자신의 주체란 구경의 본체가 항상 공한 까닭에 만겁에도 한결같으니 합하여서 이를 관하면 모두가 마음의 묘용인 것이다. 이런 까닭으로 이것이 일어나지 않을 때를 당하여, 이른바 성품이란 원만하고 구족하고 텅 비어 사물이 없으며, 맑고 맑아 자연스러우며 그 광대함이 허공과 같아서 왕래하고 변화하는 것이 일체에서 자유스러우니, 하늘이 비록 나에게 명하여 일으키고자 하나 어찌 얻을 수 있겠느냐? 하늘도 오히려 나에게 명하여 일어날 수 없는데, 하물며 사대四大와 오행五行이겠는가. 이미 생각이 일어남이 있고 또 연이 일어남이 있으므로 하늘이 생生으로써 나에게 명하고, 사대가 기氣로써 나를 형성하며, 오행은 수數로써 나를 제약할 수 있으니, 이는 생生이 있음으로 멸滅이 있는 까닭이다.

그러므로 생멸은 곧 하나이지만 범부와 성현의 생멸은 다른 것이다. 범부들의 생은 생각을 반연함에 있고, 식은 업을 따라

변하며, 습기와 훈염薰染은 생으로 인하여 더욱 심해지므로 이미 태어난 뒤에는 마음이 모든 망념에 염착하여 허망하게 사대를 내 몸이라고 인식하며, 허망하게 육친六親을 내 소유라고 인식하며, 허망하게 성색聲色을 쾌락으로 인식하며, 허망하게 진로塵勞를 부귀로 인식한다. 마음 스스로가 알고 보면 허망하지 않음이 없으며, 모든 망념이 이미 일어나면 번뇌는 만 가지로 차별이 있다. 망념이 진심을 빼앗으면 진여심眞如心은 드디어 숨게 되어 인상人相과 아상我相이 주인이 되고 진식眞識은 객이 되며, 삼업三業이 앞에서 인도하며 백업百業이 뒤를 따른다. 생사에 유랑함이 끝이 없어 생이 다하면 멸하고 멸이 다하면 다시 생하여, 생멸이 서로 순환하여 모든 취(趣: 중생이 주거하는 국토)에 떨어짐에 이르고, 모든 취에 있으면서도 전전輾轉함을 알지 못한다. 더욱 무명無明은 방자해져 모든 업의 그물을 만들어 드디어는 진사겁珍沙劫이 다하도록 다시 사람 몸으로 돌아오지 못한다. 성현은 그렇지 않나니, 성현의 태어남은 생각으로 인하지 않았으며 자취에 응하여 태어난 것이다. 태어나고자 하면 태어나고 명命을 기다리지 않으므로 이미 태어난 뒤에 원적한 성품은 예전과 같이 담연하여 체상體相도 없고 걸림도 없어 만법을 비추는 것이 푸른 하늘의 밝은 해와 같아 머리카락도 숨기거나 걸림이 없다. 그러므로 일체의 선법善法을 건립하여 갠지스 강의 모래처럼 무수한 세계에 두루하여 그 작음을 보지 않고 일체중생을 거둬들여 적멸에 귀의하게 하는 데 많다고 여기지 않는다. 몰아도 오지 않으며 쫓아도 가지 않는다. 비록 사대를 의탁하여 형상으로 삼고 오행五行으로 기른 것이 있어도 모두 내가 임시로 빌린 것이니, 일찍이 허망하게 잘못 인식한 것이 아니다. 나의 인연이 진실로 다하면 나의 자취는 마땅히 사라질 것이다. 버리고 가는 것이 오고감과 같을 뿐이니 내가 어디에 관계하겠는가? 이런 까닭에 범부는 생이 있으면 바로 멸이 있는 것이다. 멸한 자는 생기지 않을 수 없거니와, 성현은 생이 있고 역시 멸이 있되 멸하면 진공으로 돌아간다. 이런 까닭에 범부의 생멸은 마치 몸의 그림자와 같이 출입함에 서로 따르는 것이 다할 때가 없는 것이다. 성현의 생멸은 공중의 우레와 같아서 스스로 일어나고 스스로 그쳐서 사물에 누가 되지 않는다. 세간 사람들은 생멸이 이와 같음을 알지 못하고 생멸로써 번뇌의 큰 근심으로 삼으니 모두 스스로 깨닫지 못한 까닭이다. 깨달으면 생멸을 몸의 티끌과 같이 보게 되어 떨쳐버릴 것이니 어찌 나의 성품에 누가 되겠는가?

옛날 우리 여래께서 대자비심으로 일체중생의 미혹과 착오와 전도됨과 생사에 유랑함이 이와 같음을 어여삐 여기셨으며, 또 일체중생이 본래 쾌락하고 자재한 성품이 있어 모두 수행하면 성불할 수 있음을 보시고 일체중생 모두가 성현의 생멸이 되게 하고 범부의 생멸이 되지 않게 하고자 하셨는데, 오히려 일체중생은 무시이래로 유랑한 날이 오래되어 그 종성種性이 이미 어긋나서 한 법으로는 빨리 깨닫지 못함을 염려하시어 팔만사천법문을 설하셨다.

문마다 들어갈 수 있어 모두 진여의 땅에 이를 수 있고 한 법문을 설하실 때마다 친절하고 진실한 말이 아님이 없으시다. 일체중생으로 하여금 제각기 법문에 따라 스스로의 마음자리에 들어 자기의 마음자리에 이르게 하시며, 자성이 부처임을 보고 자신이 부처임을 증득하여 곧 여래와 같게 하고자 하였다. 이런 까닭에 여래께서 모든 경에서 유有를 설하신 것은 일체중생으로 하여금 상을 보고 선을 내게 하신 것이며, 무無를 설하신 것은 일체중생으로 하여금 상을 떠나 성품을 보게 하신 것이니, 색과 공을 설하신 것도 역시 이와 같다.

그러나 중생들은 집착하여 유를 보아도 참다운 유가 아니며, 무를 보아도 참다운 무가 아니니, 그 색을 보고 공을 봄이 모두 이와 같이 집착하여 다시 단견斷見과 상견常見을 일으켜 전전하여 생사의 뿌리로 삼는다. 둘이 아닌 법문(無二法門)으로써 보이지 않으면 또 미혹하고 착오하고 전도되어 생사에 유랑하는 것이 전보다 심하므로 여래께서는 또 대반야법을 설하시어 단견과 상견의 두 견을 끊어 깨뜨리시고 일체중생으로 하여금 진유眞有·진무眞無와 진색眞色·진공眞空이 본래 둘이 아니며 또한 사람과 멀지 않다고 하셨다.

담연하고 적정하여 다만 자기 본성 속에 있으며, 다만 자기 본성의 지혜로써 모든 망념을 비추어 깨뜨리면 밝은 모양이 스스로 나타나리라. 그러므로 『대반야경』 육백 권은 모두 여래께서 보살과 위菩薩果位의 사람을 위하여 불성을 설하신 것이다. 그러나 그 속에는 오직 돈점頓漸한 자를 위하여 설하셨으며, 오직 『금강경』은 대승을 일으킨 사람을 위해 설하시고, 최상승을 일으킨 사람을 위하여 설하셨다. 그러므로 그 경에서 먼저 사생四生과 사상四相을 설하시고, 다음에는 "무릇 상이 있는 것은 모두 허망한 것이며, 만약 모든 상이 아님을 보면 바로 여래를 본다."고 하셨으니, 대개 일체법은 머무는 것이 없음에 이르러야 이것이 참다운 진제眞諦임을 드러내신 것이다. 따라서 여래께서는 이 경에서 무릇 유와 교섭하면 이를 깨뜨려서 부정하시어 곧 실상을 취하여 중생에게 보이시니, 대개 중생이 설하신 것을 이해하지 못하고 그 마음이 도리어 머무는 바가 있을까 두려워하신 까닭이다. 이른바 "불법은 곧 불법이 아니다."라는 것은 이를 두고 말하는 것이다.

# 후서後序[103]

是故로 六祖大師가 於五祖에 傳衣付法之際에 聞說此經에 云 應無
所住而生其心하고 言下大悟하니 是爲第六祖이니 如來가 云一切諸
佛과 及諸佛阿耨多羅三藐三菩提法이 皆從此經出이라하시니라 其
信乎哉인저 適이 少觀壇經하여 聞六祖가 由此經見性하고 疑必有所
演說하오대 未之見也하였다 及知曹州濟陰하여 於邢君固處에 得六
祖[구결口訣]一本하여 觀其言簡辭直하여 明白利斷하여 使人易曉
而不惑하고 喜不自勝하며 又念京東河北陝西人이 資性質樸信厚하
며 遇事決裂하나니 若使學佛性하면 必能勇猛精進하여 超越過人하
리니 然其爲講師者가 多傳百法論 上生經而已라 其學者는 不知萬
法이 隨緣生할새 緣盡法亦應滅인줄하고 反以法爲法하여 固守執著
하여 遂爲法所縛하여 死不知解는 猶如陷沙之人이 力與沙爭하여 愈
用力而愈陷하니 不知勿與沙爭하면 即能出陷하나니 良可惜也이로
다 適이 遂欲以六祖金剛經[구결口訣]로 鏤板流傳하여 以開發此數

---

103 나적의 『금강경해의金剛經解義』(속장경 24책 No.0459, P.533b)의 원문에서는
    앞의 육조구결 후서의 마지막 문장과 연결되어 있으나, 앞의 "여소위불법如
    所謂佛法 즉비불법지류即非佛法之類 시야是也"이란 문장까지가 육조대사의
    후서로 인정되고 있으므로, 지금의 후서부터를 나적의 후서로 본다.

方學者佛性하려하대 然以文多脫誤할새 因廣求別本刊校하여 十年
間에 凡得八本하니 惟杭越建陜四本이 文多同할새 因得刊正謬句하
니 董君猶이 力勸成之하여 且從諸朝士하여 以資募工하여늘 大夫聞
者가 皆樂見助하며 四明鏤君常願이 終承其事하니라 嗚乎라 如來云
하사대 無法可說이 是名說法이라하시니 夫可見於言語文字者는 豈
佛法之眞諦也이리오 然非言語文字 則眞諦를 不可得而傳也이니 學
者因六祖〔구결口訣〕하여 以求金剛經하고 因金剛經하여 以求見自
佛性하여 見自佛性 然後에야 知佛法이 不止於〔구결口訣〕而已이라
如此卽六祖之於佛法에 其功은 可思議乎哉아 或者는 以六祖가 不
識字하여 疑〔구결口訣〕이 非六祖所作이라하니 譬夫大藏經이 豈是
世尊地作耶이리오 亦聽法者之所傳也이니라 或六祖言之하여시늘
而弟子傳之한대 吾不得而知也이로다 苟因〔구결口訣〕하여 可以見
經이면 何疑其不識字也이리오

이런 까닭에 육조대사는 오조로부터 의발과 법을 부촉 받았을
때에 이 경에서 "마땅히 머무는 바 없이 그 마음을 내라(應無所住而生
其心)."고 말씀하신 것을 듣고 곧바로 크게 깨달아 제6조가 되었던
것이다. 여래께서 말씀하시길, 일체 제불과 모든 부처님의 아뇩다
라삼먁삼보리법이 이 경에서부터 나온다고 하셨으니 그것을 믿을
것이다! 나는 어려서부터 『육조단경』을 보았는데, 육조께서 이
경에서 견성하셨다는 것을 듣고 반드시 연설하신 것에 있으리라
의심하였으나 그때까지 이를 보지 못했다.

   그러다 조주(曹州: 산동성 정도현)의 제음濟陰에 이르러서 형군이
거처하는 곳에서 육조 구결 한 권을 얻어 그 말을 살펴보니 간단하고
솔직하며 명백하고 예리함을 알았으며, 사람들로 하여금 밝게
이해하게 하여 의혹이 없게 하는 데서 기쁨을 감출 수가 없었다.
또 생각하니 수도 동쪽 하북성의 협서 사람들은 자질과 성품이
순박하고 믿음이 깊으며 매사에 결렬함이 있으니, 만약 그들에게
불성을 배우게 한다면 반드시 용맹 정진하는 것이 보통사람들을
넘어설 것이라 여겼다. 그러나 그곳의 강사는 『백법론』과 『상생경』
을 전할 뿐이었고, 배우는 사람은 만법이 인연을 따라 생기고
인연이 다하면 법 또한 반드시 없어지는 것을 알지 못했다. 이와
반대로 법으로써 법을 위하여 완고하게 집착하여 드디어는 법에
구속되어 죽어도 해탈함을 알지 못하는 것이 마치 모래구덩이에
빠진 사람이 힘으로 모래와 싸우면 힘을 쓸수록 더욱 더 빠지게
됨과 같았으며, 모래와 다툼이 없으면 바로 빠진 곳에서 벗어날
수가 있음을 알지 못한 것은 진실로 애석한 일이다.

   내가 마침내 『육조금강경』(구결)의 판본을 유통하여 여러 지방
의 배우는 이들의 불성을 개발하고자 했으나, 문장에 탈자와 오자가
많았다. 그래서 널리 다른 판본과 간행된 본을 구하여 10년 동안
8책을 얻었는데 오직 항주, 소흥, 남경, 합현(杭越建陜)의 네 본이
본문이 많이 같아서 잘못된 문구를 바르게 간행하기에 이르렀다.
동군董君은 힘껏 이 일을 도왔으며 또 조정의 모든 선비들은 자금과
기술자를 모았으며 대부들은 이를 듣고 기꺼이 도움을 주어 사방에

서 모인 사람들이 항상 이 일을 마칠 것을 기원하였다.

오호라! 여래께서 말씀하시기를 "법을 설할 수 없는 것을 일러 법을 설함이라고 한다."라고 하셨으니, 무릇 언어문자로 볼 수 있는 것이 어찌 불법의 진제眞諦이겠는가? 그러나 언어문자가 아니면 진제는 전할 수 없는 것이다. 배우는 사람은 『육조구결』로써 『금강경』을 구하고, 『금강경』으로 인하여 자신의 불성 보기를 구하며, 스스로의 불성을 본 뒤에야 불법은 『구결』에 그치는 것이 아님을 알 것이다. 이와 같으니 육조의 불법에 대한 공덕을 생각할 수나 있겠는가! 어떤 사람은 육조는 문자를 알지 못한다고 하여 『구결』이 육조의 저작이 아니라고 의심한다. 비유하자면 대장경이 어찌 세존 스스로의 저작이리요? 역시 들은 사람들이 전한 것이다. 혹 육조께서 설법하시는 것을 듣고 제자가 전했다고 해도 상관이 없다. 진실로 『구결』로 인하여 경을 볼 수 있다면 어찌 문자를 알지 못한다고 의심하리요?

원풍元豊 7년(1084) 6월 10일

천태天台 나적羅適 근서謹序

범연凡然 이동형李東炯

경북 안동 출생
고려대학교 졸업
한양대학교 공학박사
역·저서에『반야심경 강의』,『선림보훈 주해』,『불교의 효』,
『지장경 효사상』,『대장부론』,『육묘법문』등이 있다.

# 금강경육조대사구결

초판 1쇄 인쇄 2015년 11월 6일 | 초판 1쇄 발행 2015년 11월 13일
육조 술 | 백운 광론 | 이동형 역 | 펴낸이 김시열
펴낸곳 도서출판 운주사

(02832) 서울시 성북구 동소문로 67-1 성심빌딩 3층
전화 (02) 926-8361 | 팩스 0505-115-8361
ISBN 978-89-5746-441-0 93220    값 15,000원
http://cafe.daum.net/unjubooks 〈다음카페: 도서출판 운주사〉